智能科学技术著作丛书

智能车辆高精度定位理论与技术

赵祥模　著

科 学 出 版 社
北　京

内 容 简 介

本书围绕智能车辆全时空、高精度、高可靠、低成本定位这一核心科学问题，详细阐述各种经典定位理论、算法和技术实现，并重点对作者在基于视觉、激光雷达及多传感器数据融合的智能车辆定位等领域的研究成果进行系统深入的论述，包括系统的原理、关键算法、测试实验分析和应用实例等。全书分三个部分，共7章。第一部分(第1章)对智能车辆发展历程、高精度定位对智能车辆的意义及高精度定位技术的国内外发展现状进行简单介绍。第二部分(第2～6章)为高精度定位技术的基础内容，具体介绍高精度定位技术方法。第三部分(第7章)为高精度定位技术的应用实例，分别论述地下停车场、隧道通行、“城市峡谷”、校园物流配送等几个场景中智能车辆高精度定位技术的具体应用情况。

本书可以为从事智能车辆、车辆定位、传感器融合和高精度定位研究的学者，尤其是智能车辆高精度定位方面的研究人员和开发人员提供参考。同时，本书也可以作为相关专业的研究生教材。

图书在版编目（CIP）数据

智能车辆高精度定位理论与技术／赵祥模著. —北京：科学出版社，2022.3

（智能科学技术著作丛书）

ISBN 978-7-03-071823-5

Ⅰ. ①智…　Ⅱ. ①赵…　Ⅲ. ①智能控制-汽车-车辆定位系统　Ⅳ. ①U463.67

中国版本图书馆CIP数据核字（2022）第040177号

责任编辑：张海娜　李　娜／责任校对：任苗苗
责任印制：吴兆东／封面设计：陈　敬

科学出版社出版
北京东黄城根北街16号
邮政编码：100717
http://www.sciencep.com
北京中科印刷有限公司印刷
科学出版社发行　各地新华书店经销
*
2022年3月第　一　版　开本：720×1000　B5
2023年2月第二次印刷　印张：12
字数：236 000

定价：98.00元

（如有印装质量问题，我社负责调换）

《智能科学技术著作丛书》序

"智能"是"信息"的精彩结晶，"智能科学技术"是"信息科学技术"的辉煌篇章，"智能化"是"信息化"发展的新动向、新阶段。

"智能科学技术"(intelligence science & technology，IST)是关于"广义智能"的理论方法和应用技术的综合性科学技术领域，其研究对象包括：

· "自然智能"(natural intelligence, NI)，包括"人的智能"(human intelligence，HI)及其他"生物智能"(biological intelligence，BI)。

· "人工智能"(artificial intelligence, AI)，包括"机器智能"(machine intelligence，MI)与"智能机器"(intelligent machine，IM)。

· "集成智能"(integrated intelligence，II)，即"人的智能"与"机器智能"人机互补的集成智能。

· "协同智能"(cooperative intelligence，CI)，指"个体智能"相互协调共生的群体协同智能。

· "分布智能"(distributed intelligence，DI)，如广域信息网、分散大系统的分布式智能。

"人工智能"学科自 1956 年诞生以来，在起伏、曲折的科学征途上不断前进、发展，从狭义人工智能走向广义人工智能，从个体人工智能到群体人工智能，从集中式人工智能到分布式人工智能，在理论方法研究和应用技术开发方面都取得了重大进展。如果说当年"人工智能"学科的诞生是生物科学技术与信息科学技术、系统科学技术的一次成功的结合，那么可以认为，现在"智能科学技术"领域的兴起是在信息化、网络化时代又一次新的多学科交融。

1981 年，中国人工智能学会(Chinese Association for Artificial Intelligence，CAAI)正式成立，25 年来，从艰苦创业到成长壮大，从学习跟踪到自主研发，团结我国广大学者，在"人工智能"的研究开发及应用方面取得了显著的进展，促进了"智能科学技术"的发展。在华夏文化与东方哲学影响下，我国智能科学技术的研究、开发及应用，在学术思想与科学方法上，具有综合性、整体性、协调性的特色，在理论方法研究与应用技术开发方面，取得了具有创新性、开拓性的成果。"智能化"已成为当前新技术、新产品的发展方向和显著标志。

为了适时总结、交流、宣传我国学者在"智能科学技术"领域的研究开发及应用成果，中国人工智能学会与科学出版社合作编辑出版《智能科学技术著作丛书》。

需要强调的是，这套丛书将优先出版那些有助于将科学技术转化为生产力以及对社会和国民经济建设有重大作用和应用前景的著作。

我们相信，有广大智能科学技术工作者的积极参与和大力支持，以及编委们的共同努力，《智能科学技术著作丛书》将为繁荣我国智能科学技术事业、增强自主创新能力、建设创新型国家做出应有的贡献。

祝《智能科学技术著作丛书》出版，特赋贺诗一首：

智能科技领域广
人机集成智能强
群体智能协同好
智能创新更辉煌

涂序彦

中国人工智能学会荣誉理事长

2005年12月18日

前　言

智能车辆作为一种特殊形式的轮式机器人一直面临着三大核心技术难题，分别是“我在哪”“要去哪”“怎么去”，翻译成对应的逻辑语言就是“车辆位姿与环境感知”“路径规划”“避撞决策、轨迹跟踪与运动控制”。车辆高精度自主定位是实现上述步骤的共性技术和核心基础。20 世纪 90 年代初，以全球定位系统(global positioning system，GPS)为核心的民用卫星导航和电子地图技术的普及，为智能车辆的宏观路径规划与自主定位提供了极大的便利。但是在长时间的实践过程中发现，由于地面环境复杂，存在山地、密林、隧道、“城市峡谷”、地下停车场等众多卫星信号盲区，单一的卫星导航定位技术很难实现智能车辆在多样化交通场景下，全时空连续、高频输出、高可靠、低成本的高精度定位需求。由于该问题的复杂性和基础性，2018 年作者将“道路交通车辆全时空、高精度、高可靠、低成本定位”列入《10000 个科学难题 · 交通运输科学卷》中。2020 年，中国科学技术协会也将“无人车如何实现在卫星不可用条件下的高精度智能导航”列入当年的十大工程技术难题中。

近年来，世界各国都开始积极投身于智能车辆高精度定位这一领域的研究和开发，并取得了阶段性的成果。例如，移动机器人领域的航迹推算、无线定位、即时定位与地图构建(simultaneous localization and mapping，SLAM)技术为智能车辆高精度定位提供了一种全新思路，并在月球车、火星车等航天器上开始应用，但是以上技术仍然存在定位范围小、累积误差大、实现成本高等问题。因此，如何从系统和技术层面解决这一核心难题将是智能交通系统领域长期面临的一项艰巨任务。

本书重点论述作者在基于视觉、激光雷达以及多传感器数据融合的智能车辆定位等领域的研究成果及经典理论与算法。全书共 7 章，第 1 章主要介绍国内外智能车辆高精度定位技术的发展现状、研究历程、技术瓶颈，以及当前主流的定位技术；第 2 章主要介绍基于全球导航卫星系统的智能车辆高精度定位技术；第 3 章主要介绍基于无线网络的智能车辆高精度定位技术；第 4 章主要介绍基于视觉的智能车辆高精度定位技术；第 5 章介绍基于激光雷达的智能车辆高精度定位技术；第 6 章介绍基于多传感器数据融合的智能车辆组合定位技术；第 7 章介绍高精度定位技术在智能车辆中的应用实例。撰写本书的目的是希望读者能够通过本书快速入门智能车辆高精度定位这一领域，并掌握多种定位方法的核心算法与实现技术，为日后开展更加深入的科学研究或解决实际工程问题奠定坚实基础。

本书由赵祥模教授组织撰写及统稿，课题组成员徐志刚、闵海根、周经美、王振、康俊民、孙朋朋参与了智能车辆高精度定位的研究和测试验证工作；刘占文、闵海根、周经美、王振、康俊民、孙朋朋、张宇琴、程超轶、蒋梓君等承担了资料整理、版面编排、文字校对、图表绘制、文献核查等辅助工作。

本书的撰写得到了国家自然科学基金项目“智能汽车复杂动态环境的深度层级感知与理解方法研究”(U1864204)、国家重点研发计划项目“自动驾驶电动汽车封闭测试环境构建与场地测试技术研究”(2018YFB0105104)和“高速公路智能车路协同系统技术体系及测试评估方法”(2019YFB16000101)、高等学校学科创新引智计划“车-路信息感知与智能交通系统创新引智基地”(B14043)，以及“车联网”教育部-中国移动联合实验室的支持。

由于相关技术在不断发展，加之作者水平和能力有限，书中难免存在不当之处，望广大读者批评指正。

作　者

2021 年 10 月于长安大学

目　　录

《智能科学技术著作丛书》序
前言
第 1 章　绪论 ……………………………………………………………… 1
1.1　智能车辆 ……………………………………………………………… 1
1.2　高精度定位对智能车辆的意义 ……………………………………… 5
1.3　智能车辆高精度定位技术发展现状 ………………………………… 6
1.3.1　全球导航卫星系统 ………………………………………………… 6
1.3.2　自主定位技术 ……………………………………………………… 7
1.3.3　无线电定位技术 …………………………………………………… 7
1.3.4　视觉定位技术 ……………………………………………………… 9
1.3.5　组合定位技术 ……………………………………………………… 11
参考文献 ………………………………………………………………… 14
第 2 章　基于全球导航卫星系统的智能车辆高精度定位 ………………… 19
2.1　全球导航卫星系统 …………………………………………………… 19
2.2　全球导航卫星系统的基本原理 ……………………………………… 21
2.3　全球导航卫星系统的定位算法 ……………………………………… 23
2.4　多模式接收机的卫星信号校正关键技术及实例 …………………… 29
2.4.1　校正原理 …………………………………………………………… 29
2.4.2　基带信号的产生 …………………………………………………… 29
2.4.3　基于傅里叶变换的 NH 码解调 …………………………………… 33
参考文献 ………………………………………………………………… 36
第 3 章　基于无线网络的智能车辆高精度定位 …………………………… 38
3.1　无线网络定位基本原理 ……………………………………………… 38
3.1.1　三边测量定位原理 ………………………………………………… 38
3.1.2　三角测量定位原理 ………………………………………………… 39
3.1.3　极大似然估计定位原理 …………………………………………… 39
3.1.4　最小二乘定位原理 ………………………………………………… 41
3.2　基于无线网络的车辆定位算法 ……………………………………… 43
3.2.1　基于信号源的 RSSI 定位算法分类 ……………………………… 45
3.2.2　基于 RFID 锚节点的车辆无线定位 ……………………………… 46

3.3 基于 5G 无线网络的定位及其应用场景 …… 53
3.3.1 基于 5G 无线网络的定位 …… 53
3.3.2 5G+北斗通信定位一体化系统 …… 55
参考文献 …… 57
第 4 章 基于视觉的智能车辆高精度定位 …… 59
4.1 基于视觉的智能车辆定位理论 …… 59
4.1.1 车辆运动姿态描述 …… 61
4.1.2 闭环检测与地图构建 …… 65
4.2 基于双目视觉的智能车辆定位算法 …… 69
4.2.1 基于线性最小二乘法的运动估计 …… 70
4.2.2 基于非线性最小二乘法的运动估计 …… 74
4.3 基于视觉的智能车辆定位关键技术及实例 …… 76
4.3.1 基于路面特征点匹配的车辆定位 …… 76
4.3.2 基于鲁棒特征点的视觉里程计 …… 83
4.3.3 基于图像抗模糊的视觉里程计 …… 90
参考文献 …… 101
第 5 章 基于激光雷达的智能车辆高精度定位 …… 104
5.1 激光雷达定位基本原理 …… 104
5.2 激光雷达定位算法 …… 107
5.2.1 二维激光雷达智能车辆高精度定位 …… 107
5.2.2 三维激光雷达智能车辆高精度定位 …… 113
5.3 基于激光雷达的智能车辆高精度定位关键技术及实例 …… 120
5.3.1 基于扫描匹配的二维激光雷达定位 …… 120
5.3.2 基于 NDT 的三维激光雷达定位 …… 130
参考文献 …… 140
第 6 章 基于多传感器数据融合的智能车辆组合定位 …… 142
6.1 多传感器数据融合定位基本原理 …… 142
6.1.1 多传感器数据融合概念 …… 142
6.1.2 多传感器数据融合原理 …… 142
6.2 多传感器数据融合定位算法 …… 143
6.3 多传感器数据融合定位关键技术及实例 …… 144
6.3.1 GNSS/DR/MM 组合定位 …… 144
6.3.2 GNSS/车身传感器/视觉 SLAM 组合定位 …… 151
参考文献 …… 167

第7章　高精度定位技术在智能车辆中的应用实例 …… 168
7.1　地下停车场 …… 168
7.2　隧道通行 …… 170
7.3　“城市峡谷” …… 172
7.4　校园物流配送 …… 174
参考文献 …… 178

第1章 绪 论

1.1 智能车辆

近年来，随着科学技术的快速发展，智能驾驶领域得到了美国、日本等发达国家的高度重视。美国交通运输部于2020年1月发布了《确保美国在自动驾驶汽车技术中的领先地位：自动驾驶汽车4.0》战略，用于支持本国自动驾驶技术产业的快速发展。欧盟于2015年发布了《欧洲自动驾驶智能系统技术路线》报告，主要涉及车内技术、基础设施、大数据、系统集成与验证、系统设计、标准化、法律框架、宣传措施八项内容。欧洲的研究重点是智能交通体系、辅助驾驶系统、自动驾驶测试等方面的技术。日本在自动驾驶方面也出台了一系列政策，例如，2014年启动的“自动驾驶系统战略创新促进项目”和2016年启动的“无人驾驶评价据点整备项目”，主要目标是建立相关的基础设施，在2020年东京奥运会期间推出无人驾驶出行服务。随后，瑞典、英国、法国、德国也相继出台相关法规和行动计划发展自动驾驶技术测试及产业，以加快推进自动驾驶技术的发展。

智能车辆的概念早在20世纪20年代就已提出，但直到20世纪80年代才得到真正的发展。国外关于自动驾驶车辆的研究，最早可以追溯到1939年纽约世界博览会上首次展出的通用汽车公司制作的自动驾驶汽车模型，但是当时技术条件有限，即计算机技术成熟度低、人工智能尚未发展、摄像头雷达等感知设备尚未民用，导致通用汽车公司的自动驾驶汽车计划搁置。

真正使得自动驾驶研究不断向前发展的是由美国国防部下属的子机构国防高级研究计划局(Defense Advanced Research Projects Agency，DARPA)于2004年开始举办的无人驾驶挑战赛，后面简称DARPA挑战赛。DARPA于2004年3月在150mi①的莫哈韦沙漠路段举办了首届无人驾驶挑战赛，有15支车队报名参加了此次比赛，由于路况复杂，当时没有一个参赛车队顺利完成比赛，而其中卡内基梅隆大学车队的Sandstorm(一辆改装过的悍马)自主行驶了7.4km，夺得桂冠[1]。DARPA于2005年10月在沙漠中举办了第二届比赛，此次参赛车队增加到了23支，同时举办方为参赛车队提供了关键的全球定位系统路点以及各种障碍物的具体位置信息，最终有5支参赛车队顺利完成了比赛，其中斯坦福大学车队的Stanley

① 1mi=1.609344km。

夺得了冠军[2]。为了推动城市环境下智能车辆技术的研究，2007 年 DARPA 举办了在城市道路环境下的无人驾驶挑战赛，最终卡内基梅隆大学车队的 Boss 智能车夺冠[3]。DARPA 举办的这三届无人驾驶挑战赛，大大推动了智能车辆技术的发展。

经过十多年的发展，当前国外的智能车辆技术发展主要由一些知名的信息技术(information technology，IT)公司巨头与汽车生产企业推动。其中，最具代表性的是美国谷歌(Google)公司旗下的 Waymo 公司和特斯拉公司生产的 L3 级自动驾驶汽车。Waymo 公司的研发理念是计算机将完全取代人类驾驶，最初方案是要求驾驶员坐在方向盘后面，以便可以在紧急情况下接管汽车。但在 2013 年的一次实验之后，Waymo 公司决定坚持完全用计算机取代人类驾驶，因为 Waymo 公司认为在危险发生时，驾驶员的反应速度不可能比计算机系统更快[4]。目前，Waymo 公司已经成为自动驾驶领域当之无愧的领头羊，其累计行程超过了 2000 万 mi(3218.688 万 km)，并且推出了完全无人驾驶的出租车服务。美国另一家具有代表性的智能车辆研发公司(特斯拉公司)并没有像 Waymo 公司那样采用完全由计算机自动驾驶的技术路线，而是将提高驾驶员驾驶体验设定为研发目标，并实现相应的辅助驾驶功能，其研发理念是智能车辆不会完全取代驾驶员的角色和地位。特斯拉公司已经将一些基本的智能驾驶功能整合到商用车中，但仍要求驾驶员随时准备接管并控制车辆[5]。据统计，特斯拉公司的智能车辆在自动驾驶(autopilot)模式下的行驶里程已经超过了 2.2 亿 mi[6]。目前，Waymo 公司的智能车辆仍处于测试阶段，而特斯拉公司已经实现商业化量产，并在全球汽车市场拥有一定的规模。

我国智能车辆的研究起步较晚，但是发展迅速。最早在 1980 年，哈尔滨工业大学、中国科学院沈阳自动化研究所和国防科技大学三家单位联合承担了“遥控驾驶的防核化侦察车”项目的研究[7]。1996 年，由清华大学、国防科技大学、北京理工大学、浙江大学和南京理工大学五家院校共同研制成功了中国第一台智能车 ATB-1(Autonomous Test Bed-1)[8]。该车在演示实验中，直线道路自主行驶速度最高达到 21km/h，弯道速度最高可达 12km/h。ATB-1 的诞生标志着中国智能驾驶行业正式起步并进入探索期，智能驾驶技术的研发正式启动。其后在 ATB-1 的基础上研制了第二代智能车 ATB-2，该车在性能上有了较大的提升，在 2001 年的演示中最高速度超过了 74km/h，平均速度为 30.6km/h，夜间行驶最高速度为 15km/h[9]。2005 年，第三代智能车 ATB-3 也顺利研制成功，该车在环境感知、多传感器数据融合的目标识别与跟踪以及全天候导航方面得到了进一步的提升[10]。国防科技大学在 2002 年成功研制了智能车——红旗 CA7460，该智能车能够自主检测前方障碍物并进行变道，最高自主行驶速度超过 110km/h[11]。清华大学于 2003

年成功研制了 THMR-V(Tsinghua Mobile Robot-V)，该车设计了城区环境和高速环境两种驾驶模式，其最高自主驾驶速度也超过 100km/h[12]。陆军军事交通学院智能车研发团队从 2004 年开始研究智能车辆技术，先后完成了智能车辆在高速公路、普通道路上的一系列实验，进一步验证了智能车辆的稳定性、智能性和安全性，也让研发的智能车辆行驶动作更接近人类驾驶。目前，国内研究智能车辆技术的高校及研究机构主要有国防科技大学、陆军军事交通学院、清华大学、北京理工大学、西安交通大学、长安大学、同济大学、上海交通大学、武汉大学、中国科学院等。

自 2008 年开始，国家自然科学基金委员会启动了“视听觉信息的认知计算”研究计划，并从 2009 年开始至今共举办了十二届“中国智能车未来挑战赛”(Intelligent Vehicle Future Challenge，IVFC)。该项比赛吸引了国内大量的智能车科研团队的积极参与，推动了国内智能车辆关键技术的研究与发展，大大提高了中国智能车的技术研发水平[13]。从 2009 年开始，IVFC 的参赛车队逐年增多，比赛项目逐渐完善，比赛对智能车智能化水平的要求越来越高，同时参赛车辆配置的传感器也由多到少，但其功能不断强化，智能车辆已从实验室走向城市、高速等真实道路环境，其自主行驶速度也在不断地提升。

第 1～4 届 IVFC 对智能车的基本性能进行了测试，主要包括交通信号识别、动静态障碍物检测、弯道行驶、交叉口行驶、U 形转弯和终点停车以及在特定路线中完成特定动作的综合测试。第 5～12 届 IVFC 在江苏常熟举行，比赛设置了城郊道路测试、城区道路测试、越野道路测试及混合道路测试内容，重点考核智能车智能感知交通标志、人、车、物，以及自主决策和正确行为控制的能力。在 2019 年的比赛中，首次引入了模拟机动车与非机动车混行、交通拥堵和城乡道路环境中全球导航卫星系统(global navigation satellite system，GNSS)信号缺失情况下的地下停车场自主泊车、高架道路环境中前车坠物时的紧急避让等测试场景，鼓励参赛车队充分展示全程不依赖 GNSS 信号的自主定位感知能力，从而更加全面、真实地测试无人驾驶出行服务的相关技术成熟度，推进无人驾驶的实际应用和产-学-研融合发展。图 1.1 展示了几所高校的智能车。

(a) 陆军军事交通学院“猛狮号”

(b) 清华大学“睿龙号”

(c) 北京理工大学比亚迪速睿智能车

图 1.1　国内高校智能车

为了加速推进我国军队地面智能作战平台的装备发展与技术进步，中国人民解放军总装备部于 2014 年 9 月举办了“跨越险阻 2014”首届地面智能车平台挑战赛。不同于国家自然科学基金委员会举办的智能车比赛，该比赛项目主要是根据军事需求设计的，突出了对智能车战场环境适应性的考核，这不仅是一项搭建展示平台、明确需要导向、加快技术发展的具体措施，也是一次引领科技创新、促进军民融合的有益探索。比赛全程智能车辆均自主行进，对街垒、路障、损毁装备、倒塌墙体、壕沟、弹坑、水坑以及动态障碍物等进行自主避让，并通过隧道[14]。十余家科研院所的 21 支参赛车队展开激烈角逐，国防科技大学“神虎”车队以第一名的成绩脱颖而出，获得第二、三、四名的分别是国防科技大学“绝地”车队、北京理工大学“泰坦”车队和陆军军事交通学院“哈弗”车队。2018 年 9 月，陆军装备部和陆军研究院在北京昌平联合举办“跨越险阻 2018”第三届陆上无人系统挑战赛，136 支参赛车队在 12km 的赛道上展开激烈角逐。本届比赛主要围绕空地协同搜索、野外战场自主机动与侦察、雷场通道等 44 个科目展开，更加突出技术成果向实战应用转化。图 1.2 展示了比赛的精彩瞬间。

(a) 野外战场侦察装备

(b) 城镇战场侦察与搜索

(c) 物资装备运输

图 1.2　“跨越险阻 2018”比赛掠影

1.2　高精度定位对智能车辆的意义

近年来，智能驾驶技术飞速发展。典型的智能车辆通常由感知模块、决策模块、路径规划模块和控制模块组成，车辆自主定位是确定车辆的位置和姿态(以下简称位姿)的过程，对上述所有模块都是至关重要的。与普通车辆相比，智能车辆需要识别的精度不是“正行驶在什么道路上”，而是“行驶在哪个车道”。通常一条车道的宽度有限，智能车辆行驶过程中所允许的定位误差要控制在安全范围内，这就必须依赖高精度的定位系统。目前，大规模智能驾驶的主要障碍在于如何实现低成本、连续时空的高精度定位。GNSS 定位技术是使用最广泛的车辆定位手段，然而当智能车辆在城市环境行驶时，存在明显的 GNSS 多路径反射问题，这样获得的 GNSS 定位信息很容易产生误差，对于在有限道路宽度高速行驶的车辆，较大定位误差容易产生交通事故。差分全球导航卫星系统(differential global navigation satellite system，DGNSS)利用 GNSS 伪距码可以达到 1～2m 的定位精度，但这还远远不能满足定位精度要求。惯性导航系统在 GNSS 信号衰减或信号丢失时经常被用来定位车辆，但随着时间推移极易产生累积误差，高精度定位技术作为现代智能车辆实现车道级定位的关键技术，已经成为智能车辆与车路协同研究领域的热点。

高精度定位技术包括绝对定位和相对定位两种方式。绝对定位是指类似卫星导航的定位技术，可以提供车辆的绝对位置坐标。相对定位是指不依赖外界参照物的自主定位算法，如基于惯性导航器件的航迹推算系统和视觉里程计等。在定位效果方面，绝对定位尽管会产生偏离误差，但是可以帮助车辆迅速缩小定位范围，大幅提高系统的定位效率。相对定位精度较高，但是在车辆运行一段时间后，会产生累积误差。因此，将绝对定位和相对定位技术进行深度融合已成为当前主流的高精度定位算法。

与民航、铁路、水运等交通方式相比，道路交通环境异常复杂，桥梁、隧道、高架路、城市摩天大厦、林荫道、高山、密林等因素会严重影响 GNSS 的定位效果。智能车辆在复杂交通环境运行过程中，具有多尺度的定位需求，对于像交叉口协同运行、车辆队列间距控制、穿行隧道、自动泊车等精细化的交通场景，通常需要厘米级的定位精度，而针对车道保持、车辆自动变道、自动紧急制动、弯道车速控制等智能交通应用，需要毫米级的定位精度。传统的全球导航卫星系统定位算法均无法满足智能车辆的这些定位要求，因此开发一种能为智能车辆提供全时空连续、高频输出的高精度定位系统，已成为智能车辆领域亟待解决的基础难题。

1.3　智能车辆高精度定位技术发展现状

高精度定位是智能车辆实现的必备前提和重要基础，单一的定位技术很难满足智能车辆在复杂道路环境中的多尺度定位需求，也无法满足智能车辆在多样化交通场景下的全时空连续、高频输出、高可靠性的高精度定位需求，因此通常需要多种定位技术相互组合和深度融合，才能实现取长补短，满足需求。目前，主流的定位技术包括全球导航卫星系统、自主定位技术、无线电定位技术、视觉定位技术和组合定位技术等。

1.3.1　全球导航卫星系统

全球导航卫星系统泛指全球的、区域的和增强的所有导航系统，如美国的GPS[15]、俄罗斯的全球导航卫星系统(global navigation satellite system, GLONASS)[16]、欧洲的伽利略(Galileo)卫星导航系统[17]、我国的北斗卫星导航系统(简称北斗系统)[18,19]及其相关的增强系统，如美国的广域增强系统(wide area augmentation system, WAAS)、欧洲的欧洲地球静止卫星重叠导航服务(European geostationary navigation overlay service, EGNOS)系统和日本的多功能卫星增强系统(multifunctional satellite augmentation system，MSAS)等。GPS 算法是目前最通用的 GNSS 定位算法，如图 1.3 所示，具有成本低、应用广、全天候等优点。但是也有其局限性：一方面在卫星信号被遮挡的地方(如隧道、山区公路、高楼林立的城市)，GNSS 接收机无法接收到卫星定位信号；另一方面 GNSS 的定位精度通常在 20～30m，无法满足车道级的定位需求。针对 GNSS 的缺陷，DGNSS 基于地面的参考基站计算每颗卫星的伪距并更正，主要针对 GNSS 卫星信号中计时、轨道和大气的误差进行了改进，基站将这些伪距更正后，通过无线方式传输给车辆接收者以进行位置校准。一般来说，DGNSS 最好的定位精度保持在 1m。然而对于一些安全应用，如车辆碰撞预警和车辆自动变道决策，该精度仍然无法满足实际需求，同时在卫星信号被遮挡的地方 DGNSS 无法正常工作。

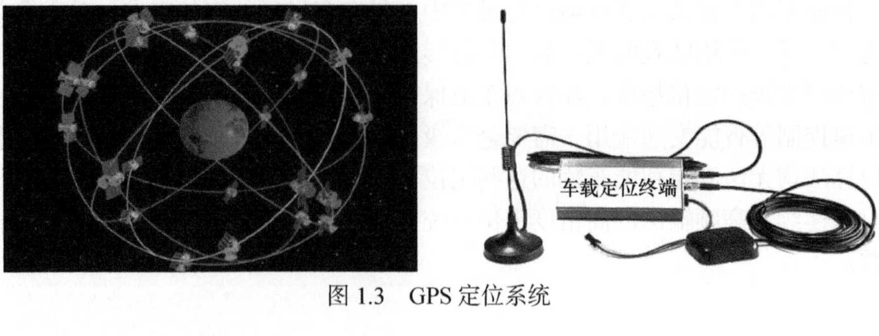

图 1.3　GPS 定位系统

1.3.2　自主定位技术

自主定位技术与其他定位技术相比，不依赖外部通信和导航设备，实现独立自主定位，外界对其影响比较小。航迹推算(dead reckoning，DR)[20]是一种常用的车辆自主定位技术，它依靠惯性传感器(里程计、陀螺仪、加速度计、电子罗盘等，如图 1.4 所示)获取车辆的位移和航向信息。航迹推算系统有两个应用前提：①需要获取移动目标的初始位置；②需要实时获取目标在所有时刻的移动距离与方向。根据使用传感器的不同，可将其分为基于里程计的航迹推算系统和基于惯性传感器的航迹推算系统。

图 1.4　惯性传感器

(1) 基于里程计的航迹推算系统[21]。通过轮速编码器(里程计)获取车轮的转向和转速，然后基于运动模型估计采样车辆的相对位姿。该算法简单、成本低且易于实时完成。然而，它容易受运动学参数标定误差、编码器量化精度、车轮与地面的不良接触、地面的不平整、运行中经过意外物体等因素影响，产生恒定的系统误差以及随机变化的非系统误差。同时，误差存在累积，因而必须周期性削减误差，否则车辆定位会产生发散。

(2) 基于惯性传感器的航迹推算系统[22]，也称为惯性导航系统(inertial navigation system，INS)。通过陀螺仪、加速度计等获取车辆相识过程中的加速度与速度，然后积分推导出车辆的姿态增量。它具有自主、隐蔽、全天候、抗干扰和瞬时测量精度高等优点。然而，其主要部件陀螺仪会随时间漂移，导致其定位误差随时间进行累积，因而难以实现长时间的独立工作，而且初始位置测量对准时间长。因此，该系统对惯性元件质量的要求非常高，但也只能在一定程度上改善定位精度，不能从根本上消除定位误差。

自主定位技术虽不可避免地引入了累积误差，但是它具有短距离范围内较好的定位性能，是智能车辆定位系统中不可或缺的组成部分。

1.3.3　无线电定位技术

无线电定位[23](radio localization)是根据无线电信号在已知位置的固定点与移

动物体之间传播过程中的时间、相位差、振幅或频率的变化，来直接或间接确定距离、距离差、方位等定位参数，从而达到用位置线确定待定点位置的测量技术，如图 1.5 所示，图中 AP 表示访问节点(access point，AP)。

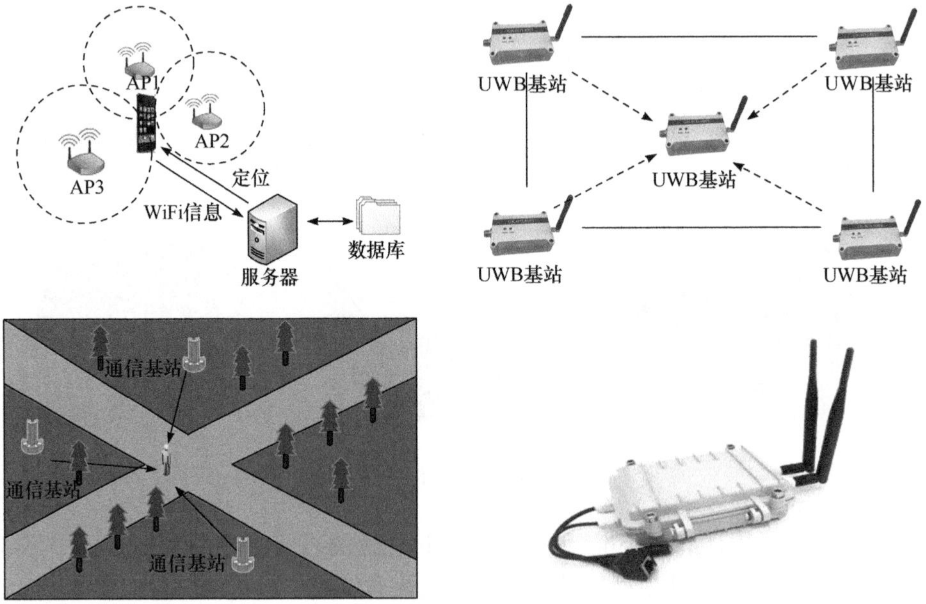

图 1.5　无线电定位技术

(1) WiFi[24]定位技术。2004 年，Airespace 公司开发了一种基于 WiFi 无线网络实现个人定位的系统，其采用无线电波定位技术，定位精度在 10m 之内。

(2) 超宽带[25](ultra wide band，UWB)。UWB 采用三角测量算法精确计算用户位置，其定位精度远远高于卫星定位，可达到 10cm 之内。

(3) 3G/4G/GSM/WCDMA[26](GSM 为全球移动通信系统，WCDMA 为宽带码分多址)网络三角测量定位技术。例如，电信的增值服务，即位置服务(location-based service，LBS)，基于移动通信网，获取使用者的位置信息(经纬度坐标数据)。

(4) 射频识别(radio frequency identification，RFID)[27]定位技术。通过对三个或三个以上 RFID 信标采用三角测量原理可以估计车辆位置[28-30]。赵泰洋等[31]提出了一种基于 RFID 原理的交通信息获取系统与车辆定位算法。信号衰减会引起到达时间差(time difference of arrival，TDOA)估计误差较大，传统算法的性能会快速恶化，该算法有效地解决了该问题，可以满足车辆定位需求。Zhang 等[32]提出了在道路环境下基于有源射频识别的车辆定位算法，其在道路两侧布置大量 RFID 节点，根据 RFID 的信号强度与距离关系计算车辆位置。

无线电定位技术受多径干扰、非视距传播和码分多址(code division multiple access，CDMA)中的多址干扰等因素影响比较大，虽然现在已经提出了较多解决思路，但是仍存在问题并影响定位精度。

1.3.4 视觉定位技术

根据不同的定位原理，视觉定位技术主要分为基于信标检测的车辆定位、基于场景图像匹配的车辆定位和基于视觉里程计的车辆定位等。

1) 基于信标检测的车辆定位

单目视力算法[33]对三个或三个以上信标采用三角测量原理[34]实现车辆位置估计。信标是指能够被车载传感器识别或者接收信息且全局坐标已知的显著物体，可分为人工信标和自然信标。人工信标是指车辆运行环境中人为设置的一些标识物，如灯塔，其维护较困难，不适合大规模环境下的应用。自然信标是自然环境存在的静态特征物体，如公路、树、交通灯、道路标记等，可通过检测其位置进行车辆定位[35,36]。然而，自然信标由于随机分布，特征提取较困难，以致增加了计算量，但随着计算机技术的快速发展，基于自然信标的车辆定位已成为研究趋势。美国马里兰大学的 Wu 等[37]提出了一种基于道路标记匹配的车辆定位算法，该算法事先对道路标记(如指示箭头、限速标记、斑马线)进行勘测，道路标记图像和与之对应的 GNSS 经纬度存储在数据库中。然后在需要定位的车辆上安装一台相机，实时拍摄路面图像，并通过车载计算机识别图像中的道路标记，一旦检测出道路标记，就将其与数据库中存储的道路标记进行特征匹配，匹配成功就可以给出此刻车辆的精确位置，这种算法的性能主要依赖信标检测过程的精确度。

2) 基于场景图像匹配的车辆定位

车辆通过车载传感器感知周围环境，使用获得的局部特征信息构建局部场景图像，然后对比该局部场景图像与预先存储的全局环境场景图像，如果两个场景图像互相匹配，即可计算出当前环境下车辆的位置参数。其中，场景模型的建立和高效的匹配算法是视觉定位技术中的两个关键技术，局部场景指车身传感器某一特定位置和方向的场景。以视觉传感器为例，该算法包括两步：①存储全局环境场景的全方位图像和相应的位置信息构成数据库；②在数据库中搜索与输入的局部场景图像最相似的图像并计算其相应的位置[38]。Sato 等[39]采用动态规划匹配(dynamic programming matching，DPM)和动态时间规整(dynamic time warping，DTW)匹配输入图像与数据库中的全方位相机获得的图像序列，以实现车辆自主定位。日本名古屋大学的 Uchiyama 等[40]提出了一种基于街景序列图像匹配的车辆自主定位算法。该算法采用全向相机拍摄的街景图像和同时记录的 GNSS 数据构建数据库，然后将车上安装的两个普通相机拍摄的画面作为输入图像在数据库中查找最接近的图像序列，根据数据库中匹配成功的图像 GNSS 信息，利用三角测量原理确定当前车辆的位置。实验结果表明，该算法的定位精度超过一般 GNSS 算法，横向定位精度误差小于 1.5m。该算法需要建立数据量庞大的数据库，数据检索时间长，实时性难以得到保障。相较于基于信标检测的车辆定位，基于场景图像匹配的车辆定位不需要事先知道几何对象的位置，但是它不能估计车辆横向位置。因此，该算法常用于建立数据库时的轨迹与后续车辆自主定位时车辆运行的轨迹一致的环境下，但是对于相似环境或对称环境，场景图像匹配算法不能保证解决全局定位问题。

3) 基于视觉里程计的车辆定位

视觉里程计(visual odometry，VO)通过单个或者多个相机采集图像数据，基于图像匹配技术估计车辆运动信息[41]，实际应用中涉及不同的视觉系统，如单目视觉、双目视觉、全景视觉和深度图像(red green blue+depth map，RGB-D)视觉系统等[42-44]。近年来，视觉定位技术广泛应用于导航定位领域，美国国家航空航天局(National Aeronautics and Space Administration，NASA)开发的火星探测器“勇气号”和“机遇号”[45-47]是最成功的应用之一。2013 年 12 月 2 日，中国发射了嫦娥三号探测器，据专家介绍，嫦娥三号的研发攻克了高精度月面视觉定位技术等探月的关键技术[48]。视觉里程计是视觉导航的一种特殊形式，1987 年，Matthies 等[49]提出了视觉里程计的概念并设计了相应框架，至今大多数系统仍在遵循。2004 年，Nister 等[50]设计了一种实时的视觉里程计系统，并根据视觉系统不同分别提出了基于单目视觉和立体视觉的里程计，为后续研究奠定了理论基础。视觉里程计用相机完成，设备要求低，不存在编码器读数不准、传感器精度降低或惯性导航漂移等因素引起的数据误差，常用于复杂城市环境下、GNSS 失效下的导航任务等。近年来相对定位技术被广泛研究[51,52]，Zhou 等[53]提出了一种基于路面图像特征的轨迹提取算法，针对平坦路面，基于 Hu 矩和灰度特征估计图像序列变化，进而计算车辆轨迹，相较于 GNSS，该方法计算的车辆轨迹更加光滑且精度较高。罗杨宇等[54]提出了一种基于光束平差法的移动机器人双目视觉里程计，采用立体匹配获取图像三维对应关系，通过光束平差分段优化相机相对运动参数，实现机器人自主定位，它能够避免轮速编码器测量的局限且定位精度较高。施啸天[55]提出了一种基于智能移动设备的双侧单目视觉里程计系统，分别研究了视觉里程计单侧失效和双侧正常运行的情况，输出结果精度较高且具有鲁棒性。

综上所述，基于信标检测和场景图像匹配的车辆定位，属于绝对定位范畴，是指在车辆起点状态未知的情况下对车辆进行定位，可以直接获得车辆在全局坐标系中的坐标。基于视觉里程计的车辆定位是基于测量值的积累，属于相对定位范畴，轨迹误差随时间会不可逆地持续增长直至车辆定位失效，不适合用于车辆长时间、长距离单独地进行位置估计，在实际环境中应用时可以通过周期性地消除误差来弥补该不足。

1.3.5 组合定位技术

组合定位技术[56-58]是近代导航技术发展的结果。单一的定位系统具有其独特性和局限性，因此融合多种类型的定位系统能够互相补充，构成一种多冗余度、高精度的多功能定位系统，基本原理如图 1.6 所示。组合定位的本质是绝对定位和相对定位两类算法的切换与融合：当 GNSS、北斗系统等绝对定位失效时启动相对定位进行补偿，而相对定位的测量值存在累积误差且数据处理量较大，需要绝对定位修正。目前，常用的组合方案有 DR/MM(map matching，地图匹配)组合定位、GNSS/MM 组合定位、GNSS/DR 组合定位、GNSS/INS 组合定位和 GNSS/DR/MM 组合定位等[59]。其中，MM[60]是将其他定位设备获得的车辆行驶轨迹和地图数据库中预先存储的道路信息结合起来，由此确定车辆相对于电子地图的位置信息。其实施的基本前提是电子地图的数据精度足够高，远优于轨迹获取装置，且路网拓扑结构完全正确。组合定位技术在改善车辆定位精度方面具有重要作用，多应用于智能交通系统领域，如交通状态预测的数据处理。

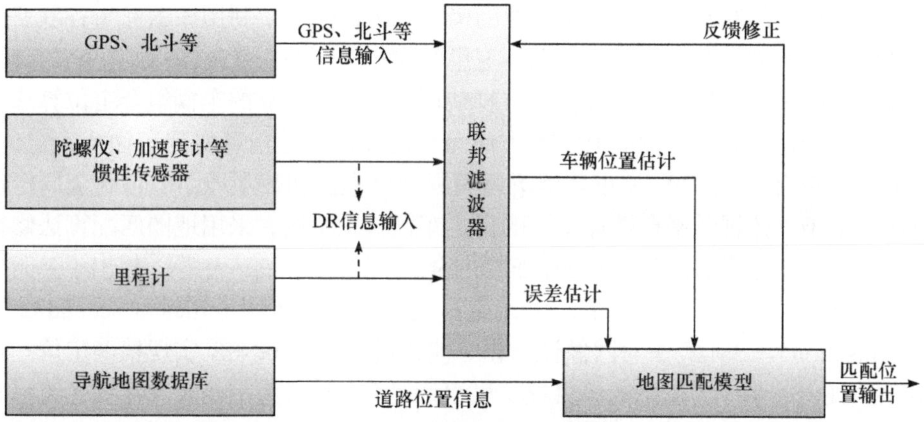

图 1.6　车辆组合定位基本原理

20 世纪 70 年代开始，各个国家竞相发展各种用途的组合定位导航系统。20 世纪 80 年代中期，美国 ETAK 公司的汽车导航系统投入市场，将数字地图、航迹推算和地图匹配技术相结合[61,62]。20 世纪 90 年代，由于 GNSS 的局限性，美国 Oldsmobile 公司推出了第一款组合定位导航系统 GuideStar，通过结合 GNSS 与地图匹配弥补 GNSS 的不足[63]。同时期还有美国的 TravTek、日本的 CruiseMate 和 VICS(video investigation combat system，视频侦查作战系统)、法国的 Carminat 等[64]。我国的车辆定位导航系统的研究始于 20 世纪 80 年代末期，一些科研院所纷纷取得了明显进步。近年来，随着经济的飞速发展，中国汽车保有量已居世界第一位，越来越多的国内厂商也开始涉足车辆组合导航研究领域[65]。

国内外研究人员在致力于组合定位导航系统的研究时，对相应的组合定位技术也进行了大量研究[66]。加州大学河滨分校的 Vu 等[67]提出了一种视频传感器和 DGNSS 辅助惯性导航系统的车辆定位算法，主要解决 GNSS 信号被遮挡或处于不稳定状态环境中的定位问题。该算法采用道路中事先进行位置测量的交通灯作为路标并存入数据库中，当车辆在道路上行驶时，车载相机检测到交通灯后，立即从数据库中进行图像检索，一旦匹配成功，即可得到交通灯的绝对位置，然后通过双目视觉测量反推出车辆的绝对位置，利用该绝对位置可对惯性导航系统的初始位置进行更新。在其他时刻，系统则采用扩展卡尔曼滤波器(extended Kalman filter，EKF)对惯性导航传感器和 DGNSS 的定位进行紧耦合的信息融合，可得到较为精确的车辆定位信息。德国测量与自动化控制研究所的 Pink 等[68]提出了一种基于航拍图像匹配的车辆定位算法。结合道路航拍图像中的道路标记与车载相机采集路面图像中的道路标线实现车辆的定位。新泽西州立大学的 Senlet 等[69]提出了一种基于立体视觉和卫星图像匹配的车辆定位算法。该算法通过车辆上安装的两个摄像头获取道路前景图像，基于立体视觉理论对道路图像进行三维重建，然后在三维重建的基础上获得道路图像的俯视图(top-view)，利用该图像与谷歌卫星地图中的图像进行匹配，最后根据与卫星图像相匹配的矢量地图得到车辆的具体位置。Huang 等[70]提出了一种在城市复杂环境下高度可靠的车辆组合定位算法，采用扩展卡尔曼滤波器融合 RFID、方向盘角度以及轮速信息实现车辆精确定位。Alonso 等[71]提出了一种城市环境下运用视觉里程计和数字地图的精确全局定位算法，基于立体视觉平台估计车辆的自主车辆移动轨迹，采用地图匹配算法修正其结果，进而计算出在数字地图中车辆的全局位置。Lovegrove 等[72]提出了基于后泊车摄像头的精确视觉测程算法，通过高效二阶最小化(efficient second-order minimisation，ESM)算法对图像计算相对偏移量，融合 GNSS 实现精确定位。郑驰等[73]提出的基于光流法的单目视觉里程计研究，通过卡尔曼滤波器将光流法和特征点匹配算法进行融合，在考虑实时性的基础上降低误差实现平坦路面上的自主定位。潘尧等[74]提出了智能车辆双目视觉与地图组合定位，通过局部道路信息构造驾驶地图进行位置初步映射，进而通过立体视觉匹配技术感知周围环境实现精确定位，具有较好的定位效果且成本较低。朱凯等[75]分析研究了基于单目视觉的同步定位与建图(SLAM)算法，总结并提出了其设计思路、工作过程以及性能特点，为本领域研究指出了发展方向。

高精度定位是实现智能车辆高精度轨迹预测与控制、智能车辆安全应用和个性化智能交通应用的基础。本书对作者所在课题组近五年来在智能车辆高精度定位技术领域的研究成果进行详细的梳理和总结，希望对促进我国智能车辆高精度定位理论与算法向更深层次的领域发展有一定的指导意义，也为我国车载高精度定位产品开发提供扎实的理论基础和关键技术指引。

近年来，课题组完成了多种形式的智能车辆高精度定位实验系统的搭建，并在长安大学车联网与智能车辆自动驾驶测试场开展了大量的实验与测试。在测试场里，成功实现了行人避碰、车辆前向碰撞预警、隧道穿行、过 S 形障碍等 9 类典型场景测试。课题组还将前期研究的多种高精度定位技术进行融合，并集成在自主研发的信达号智能车辆系统上，其结构示意图如图 1.7 所示。该系统采用多传感器数据融合技术实现了车载视觉传感器、激光雷达、毫米波雷达等多源异构传感器的融合，实现了周围环境、障碍物、移动目标的精确感知，并通过多层次决策实现了智能车辆的最佳路线规划和轨迹精准控制，可以在完全无人操作的情况下完成既定任务，并在高速公路、城市道路、封闭园区多种场景下进行了全方位的测试，在世界智能驾驶挑战赛、重庆 i-VISTA 自动驾驶汽车挑战赛、国家自然科学基金委员会“中国智能车未来挑战赛”多个比赛中获得重要名次和奖项。

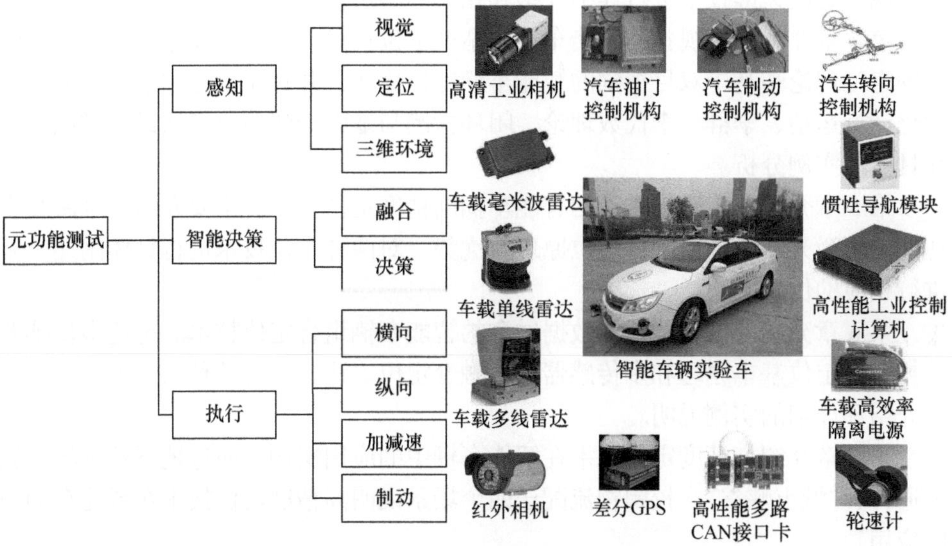

图 1.7　长安大学智能车辆结构示意图

CAN：控制器局域网络

尽管课题组的研究成果在实验环境中得到了应用，但是针对未来更多大规模的推广应用，还需要进一步对相关的研究成果进行整合。通过与工业界的合作，提升定位系统的可靠性，并降低其成本，使其能适应极端的天气条件和复杂的交通环境，最终满足智能车辆全时空、低成本、高可靠的定位需求。通过系统性的商业化开发和推广，推动智能交通、智能车辆行业的技术进步，对未来交通系统进行精准管理，达成安全、绿色、高效、便捷的交通目标。

目前，智能车辆高精度技术是整个智能交通产业发展的瓶颈，如果该项技术取得突破，将带来整个行业的革命性变革。目前，很多国际一流的研究团队正在致力于解决这个领域的技术难题，低成本、高精度、高可靠的车辆定位系统的商业化落地指日可待。

本书针对课题组在智能车辆高精度定位技术方面的研究成果进行系统总结，主要研究内容如下：

第 1 章介绍国内外智能车辆高精度定位技术的发展现状，分析目前定位技术存在的难题和不足，并对当前主流的定位技术进行介绍。

第 2 章介绍基于全球导航卫星系统的智能车辆高精度定位技术。主要论述卫星定位基本原理及全球导航卫星系统定位算法，并对多模式接收机的卫星信号校正算法进行介绍和实例说明。

第 3 章介绍基于无线网络的智能车辆高精度定位技术。主要论述基于单目视觉的车辆定位系统基本原理和基于路面特征的车辆导航定位算法，并对三种车辆单目视觉定位关键技术进行详细介绍和相关的实例说明。

第 4 章介绍基于视觉的智能车辆高精度定位技术。主要论述基于视觉的智能车辆定位理论和基于双目视觉的智能车辆定位算法，并对视觉定位系统中非线性优化计算运动、李群与李代数理论、闭环检测与地图构建多个算法进行详细介绍和具体的实例分析。

第 5 章介绍基于激光雷达的智能车辆高精度定位技术。主要介绍二维激光雷达和三维激光雷达的概念、定位原理及优势，对两种定位技术进行具体阐述，并进行相应的仿真实验。

第 6 章介绍基于多传感器数据融合的智能车辆组合定位技术。论述多传感器数据融合定位基本原理和多传感器数据融合定位算法，并对两种组合定位方案进行介绍和详细的实例说明。

第 7 章介绍高精度定位技术在智能车辆中的应用实例。通过地下停车场、隧道通行、“城市峡谷”、校园物流配送四个场景说明高精度定位技术在智能车辆中的应用。

参 考 文 献

[1] Woodfill J I, Gordon G, Buck R. Tyzx deepsea high speed stereo vision system[C]. Conference on Computer Vision and Pattern Recognition Workshop, Washington D. C., 2004: 41-45.

[2] Thrun S, Montemerlo M, Dahlkamp H, et al. Stanley: The robot that won the DARPA Grand Challenge[J]. Journal of Field Robotics, 2006, 23(9): 661-692.

[3] Urmson C, Anhalt J, Bagnell D, et al. Autonomous Driving in Urban Environments: Boss and the Urban Challenge[M]. Heidelberg: Springer, 2009.

[4] 特斯拉和谷歌的路线之争：到底谁代表了无人驾驶技术的未来[EB/OL]. http://teach.qq.com/a/20160707/007473.htm[2018-06-15].

[5] 姜允侃. 无人驾驶汽车的发展现状及展望[J]. 微型电脑应用, 2019, 35(5): 60-64.

[6] 贾玉龙. 无人驾驶汽车的起源与发展[J]. 信息记录材料, 2018, 19(4): 106-107.
[7] 程加园, 朱定见. 汽车自动驾驶系统的研究[J]. 装备制造, 2010, (1): 153-162.
[8] 余振刚, 张婧, 牟晴. 国内外无人驾驶汽车发展现状及我国发展对策建议[EB/OL]. http://www.paper. edu. cn/releasepaper/content/201605-673[2017-06-01].
[9] 陈龙. 城市环境下无人驾驶智能车感知系统若干关键技术研究[D]. 武汉: 武汉大学, 2013.
[10] 辛煜. 无人驾驶车辆运动障碍物检测、预测和避撞方法研究[D]. 合肥: 中国科学技术大学, 2014.
[11] 戴斌, 聂一鸣, 孙振平, 等. 地面无人驾驶技术现状及应用[J]. 汽车与安全, 2012, (3): 46-49.
[12] 于元隆, 樊铁锟, 何克忠. 移动机器人 THMR-V 遥控系统的设计与实现[J]. 计算机工程与应用, 2003, 39(25): 202-205.
[13] 陈慧岩, 熊光明, 龚建伟, 等. 无人驾驶汽车概论[M]. 北京: 北京理工大学出版社, 2014.
[14] 熊伟. 跨越险阻挑战未来——专访兵器地面无人平台研发中心副主任刘进[J]. 兵器知识, 2016, (12): 46-51.
[15] van Dierendonck A J. The new L5 civil GNSS signal[J]. GNSS World, 2000, 11(9): 64272.
[16] GLONASS interface control document (GLONASS-ICD)[S]. Coordination Scientific Information Center, Moscow, 2002.
[17] Hein G W, Godet J, Issler J, et al. Status of Galileo frequency and signal design[J]. GNSS World, 2002, 14(6): 666-670.
[18] 施闯, 赵齐乐, 李敏, 等. 北斗卫星导航系统的精密定轨与定位研究[J]. 中国科学: 地球科学, 2012, 42(6): 854-861.
[19] 杨元喜, 李金龙, 王爱兵, 等. 北斗区域卫星导航系统基本导航定位性能初步评估[J]. 中国科学: 地球科学, 2014, 44(1): 72-81.
[20] Pasku V, de Angelis A, Moschitta A , et al. A magnetic ranging aided dead-reckoning indoor positioning system for pedestrian applications[C]. IEEE International Instrumentation and Measurement Technology Conference Proceedings (I2MTC 2016), Taipei, 2016: 1-6.
[21] 李宇波, 朱效洲, 卢惠民, 等. 视觉里程计技术综述[J]. 计算机应用研究, 2012, 29(8): 2801-2805, 2810.
[22] Li B W, Yao D Y. Calculation of vehicle real-time position overcoming the GNSS positioning latency with MEMS INS[C]. IEEE International Conference on Service Operations and Logistics, and Informatics, Qingdao, 2014: 248-254.
[23] Callaghan T, Czink N, Mani F, et al. Correlation-based radio localization in an indoor environment[J]. EURASIP Journal on Wireless Communications and Networking, 2011, 2011: 135.
[24] Figuera C, Rojo-Álvarez J L, Mora-Jiménez I, et al. Time-space sampling and mobile device calibration for WiFi indoor location systems[J]. IEEE Transactions on Mobile Computing, 2011, 10(7): 913-926.
[25] Thoma R S, Hirsch O, Sachs J, et al. UWB sensor networks for position location and imaging of objects and environments[C]. European Conference on Antennas and Propagation, Edinburgh, 2008: 1-9.
[26] Buchanan W J, Munoz J, Manson R, et al. Analysis and migration of location-finding methods for GSM and 3G networks[C]. IEEE International Conference on 3G Mobile Communication Technologies,

London, 2004: 352-358.

[27] Li N, Becerik-Gerber B. Performance-based evaluation of RFID-based indoor location sensing solutions for the built environment[J]. Advanced Engineering Informatics, 2011, 25(3): 535-546.

[28] Han S, Lim H S, Lee J. An efficient localization scheme for a differential-driving mobile robot based on RFID system[J]. IEEE Transactions on Industrial Electronics, 2007, 54(6): 3362-3369.

[29] Han S, Kim D, Lee J. A new tag arrangement pattern for a differential driving mobile robot based on RFID system[C]. International Conference on Control, Automation and Systems, Seoul, 2007: 1228-1233.

[30] Betke M, Gurvits L. Mobile robot localization using landmarks[J]. IEEE Transactions on Robotics and Automation, 1997, 13(2): 251-263.

[31] 赵泰洋, 郭成安, 金明录. 一种基于 RFID 原理的交通信息获取系统与车辆定位方法[J]. 电子与信息学报, 2010, 32(11): 2612-2617.

[32] Zhang E Z, Kuang Y J, Jiang W L, et al. Active RFID positioning of vehicles in road traffic[C]. 11th International Symposium on Communications and Information Technologies, Hangzhou, 2011: 222-227.

[33] 康轶非. 不依赖 GPS 定位理论及方法研究[D]. 北京: 北京交通大学, 2015.

[34] Cohen C J, Koss F V. Comprehensive study of three-object triangulation[J]. Proceedings of SPIE-The International Society for Optical Engineering, 1993, 1831: 95-106.

[35] Royer E, Bom J, Dhome M, et al. Outdoor autonomous navigation using monocular vision[C]. IEEE/RSJ International Conference on Intelligent Robots & Systems, Edmonton, 2005: 1253-1258.

[36] 于金霞, 王璐, 蔡自兴. 未知环境中移动机器人自定位技术[M]. 北京: 电子工业出版社, 2011.

[37] Wu T, Ranganathan A. Vehicle localization using road markings[J]. Intelligent Vehicles Symposium, 2013, 36(1): 1185-1190.

[38] Uchiyama H, Takahashi T, Ide I, et al. Frame registration of in-vehicle normal camera with omni-directional camera for self-position estimation[C]. International Conference on Innovative Computing Information and Control, Dalian, 2008: 7.

[39] Sato J, Takahashi T, Ide I, et al. Change detection in streetscapes from GPS coordinated omni-directional image sequences[C]. 18th International Conference on Pattern Recognition, Hong Kong, 2006: 935-938.

[40] Uchiyama H, Deguchi D, Takahashi T, et al. Ego-localization using streetscape image sequences from in-vehicle cameras[C]. IEEE Intelligent Vehicles Symposium, Xi'an, 2009: 185-190.

[41] Davide S, Friedrich F. Visual Odometry, Part I: The first 30 years and fundamentals[J]. IEEE Robotics & Automation Magazine, 2011, 4(18): 80-92.

[42] 侯晔星, 陈平, 刘宾. 基于视频图像序列的车行轨迹提取算法研究[J]. 计算机测量与控制, 2012, 20(8): 2226-2229.

[43] 张春华, 陈标, 周晓东. 运动背景星空图像中小目标的运动轨迹提取算法[J]. 光学精密工程, 2008, 16(3): 524-530.

[44] Cheng Y, Maimone M W, Matthies L. Visual odometry on the Mars exploration rovers—A tool to ensure accurate driving and science imaging[J]. IEEE Journal of Robotics and Automation, 2006, 13(2): 54-62.

[45] Maimone M, Cheng Y, Matthies L. Two years of visual odometry on the Mars exploration rovers[J]. Journal of Field Robotics, 2007, 24(3): 169-186.
[46] 邸凯昌. 勇气号和机遇号火星车定位方法评述[J]. 航天器工程, 2009, 18(5): 1-5.
[47] 邸凯昌, 岳宗玉, 刘召芹. 基于地面图像和卫星图像集成的火星车定位新方法[J]. 航天器工程, 2010, 19(4): 8-16.
[48] 孙泽洲, 张廷新, 张熇, 等. 嫦娥三号探测器的技术设计与成就[J]. 中国科学: 技术科学, 2014, 44(4): 331-343.
[49] Matthies L, Shafer S. Error modeling in stereo navigation[J]. IEEE Journal of Robotics and Automation, 1987, 3(3): 239-248.
[50] Nister D, Naroditsky O, Bergen J. Visual odometry[C]. Proceedings of the IEEE Computer Society Conference on Computer Vision and Pattern Recognition, Washington D. C., 2004: 652-659.
[51] Yang J L, Chen L, Liang W. Monocular vision based robot self-localization[C]. IEEE International Conference on Robotics and Biomimetics, Tianjin, 2010: 1189-1193.
[52] Konolige K, Agrawal M, Solà J. Large-Scale Visual Odometry for Rough Terrain[M]. Berlin: Springer, 2010.
[53] Zhou J M, Zhao X M, Xu Z G, et al. Algorithm of vehicle trajectory extraction using fusion of Hu moments and grayscale feature[J]. Information Technology Journal, 2014, 13(11): 1770-1778.
[54] 罗杨宇, 刘宏林. 基于光束平差法的双目视觉里程计研究[J]. 控制与决策, 2016, 31(11): 1936-1944.
[55] 施啸天. 基于智能移动设备的双侧单目视觉里程计系统研究[D]. 杭州: 浙江大学, 2017.
[56] Wendel J, Meister O, Schlaile C, et al. An integrated GPS/MEMS-IMU navigation system for an autonomous helicopter[J]. Aerospace Science & Technology, 2006, 10(6): 527-533.
[57] Ran L, Helal S, Moore S. Drishti: An integrated indoor/outdoor blind navigation system and service[C]. IEEE International Conference on Pervasive Computing and Communications, Orlando, 2004: 23-30.
[58] 冷雪飞. 基于图像特征的景象匹配辅助导航系统中的关键技术研究[D]. 南京: 南京航空航天大学, 2007.
[59] 张威. 基于 GPS/MM 组合的车辆定位技术研究[D]. 南京: 南京航空航天大学, 2004.
[60] Quddus M A, Ochieng W Y, Noland R B. Current map-matching algorithms for transport applications: State-of-the art and future research directions[J]. Transportation Research, Part C: Emerging Technologies, 2007, 15(5): 312-328.
[61] 王志刚. 车载导航 GPS/DR/MM 组合定位技术的研究[D]. 武汉: 武汉大学, 2005.
[62] 曾庆喜, 冯玉朋, 杜金枝, 等. 融合视觉的智能车组合导航技术分析[J]. 导航定位学报, 2017, 5(2): 1-6,13.
[63] 戴一凡, 李克强. 智能网联汽车发展现状与趋势分析[J]. 汽车制造业, 2015, (18): 14-17.
[64] 远山之石. 智能网联汽车发展综述及浅析[J]. 上海汽车, 2016, (7): 1-2, 50.
[65] 黎宇科, 刘宇. 国内智能网联汽车发展现状及建议[J]. 汽车与配件, 2016, (41): 56-59.
[66] 赵成俊. 车联网 GPS/SINS 组合定位研究[D]. 昆明: 昆明理工大学, 2016.
[67] Vu A, Ramanandan A, Chen A N, et al. Real-time computer vision/DGPS-aided inertial navigation system for lane-level vehicle navigation[J]. IEEE Transactions on Intelligent Transportation

Systems, 2012, 13(2): 899-913.

[68] Pink O, Moosmann F, Bachmann A. Visual features for vehicle localization and ego-motion estimation[C]. IEEE Intelligent Vehicles Symposium, Xi'an, 2009: 254-260.

[69] Senlet T, Elgammal A. A framework for global vehicle localization using stereo images and satellite and road maps[C]. IEEE International Conference on Computer Vision Workshops, Barcelona, 2011: 2034-2041.

[70] Huang J F, Li X, Sun Y H, et al. A highly-reliable combined positioning method for vehicle in urban complex environments[C]. IEEE International Conference on Vehicular Electronics and Safety, Dongguan, 2013: 153-158.

[71] Alonso I P, Llorca D F, Gavilán M, et al. Accurate global localization using visual odometry and digital maps on urban environments[J]. IEEE Transactions on Intelligent Transportation Systems, 2012, 13(4): 1535-1545.

[72] Lovegrove S, Davison A J, Ibanez-Guzman J. Accurate visual odometry from a rear parking camera[C]. Intelligent Vehicles Symposium (IV), Baden-Baden, 2011: 788-793.

[73] 郑驰, 项志宇, 刘济林. 融合光流与特征点匹配的单目视觉里程计[J]. 浙江大学学报(工学版), 2014, 48(2): 279-284.

[74] 潘尧, 吴聪, 张颖江, 等. 智能车辆双目视觉与地图组合定位研究[J]. 湖北工业大学学报, 2017, 32(4): 55-59.

[75] 朱凯, 刘华峰, 夏青元. 基于单目视觉的同时定位与建图算法研究综述[J]. 计算机应用研究, 2017, 35(1): 1-6.

第 2 章　基于全球导航卫星系统的智能车辆高精度定位

全球导航卫星系统是目前全球最流行的定位、授时系统，已经在军事、资源环境、防灾减灾、测绘、电力电信、城市管理、工程建设、机械控制、交通运输、农业、林业、渔牧业、考古业、物联网、位置服务中取得广泛应用。作为智能交通系统组成部分之一的智能车辆也将全球导航卫星系统作为定位系统中最重要的组成部分[1]。

2.1　全球导航卫星系统

今天，国家利益已经超出传统领土、领海、领空，不断向远洋、两极、太空以及虚拟网络延伸，全球化经济战略需要全球化时空信息保障，传统定位(positioning)、导航(navigation)、授时(timing)手段已经不能满足经济社会发展需求[2]。

在卫星被发明之前，并没有人能够预想到卫星能够定位。1957 年当苏联成功发射世界上第一颗人造地球卫星，美国两位年轻学者在监测该卫星信号的时候发现，卫星信号的频率呈现有规律的变化，当信号接收天线也随之运动时，这种多普勒频移效应更加明显，由此他们提出利用这种卫星信号频率的多普勒变化进行全球导航定位。经过一系列的推动，美国在 1964 年建成了国际上第一个导航卫星系统“子午仪”，其由 6 颗卫星组成，主要用于海上军用船只的导航定位。

经过多年的技术积累，美国在 20 世纪 70 年代开始建设完整的、能够覆盖全球的全球定位系统，该系统的成功运行，极大地增强了美国的军事实力和全球影响力。

看到美国的全球定位系统带来的效益，苏联开始发展自己的全球定位系统，命名为 GLONASS，是俄语“全球导航卫星系统”的缩写。苏联解体后由俄罗斯继续施行该计划，于 2007 年开始宣布运营，但只在俄罗斯境内开放定位与导航服务，直到 2009 年，其服务范围才扩展到全球。

继俄罗斯之后，我国也开始高度重视全球导航卫星系统的发展，2000 年年底，我国建成第一代导航卫星系统“北斗一号”，其由 2 颗地球静止轨道卫星组成，采用有源定位体制，为中国境内及周边用户提供定位、授时和短报文通信服务。2003 年增加第三颗地球静止轨道卫星，增强了第一代导航卫星系统的性能。

2004 年我国开始建设“北斗二号”系统，包含了 5 颗地球静止轨道(GEO)卫星、5 颗倾斜地球同步轨道(IGSO)卫星和 4 颗中圆地球轨道(MEO)卫星，基本实现了全球导航、区域增强等常见的卫星导航方式，能够为亚太地区提供较为准确的定位、测速、授时和短报文通信服务。

2009 年我国启动建设“北斗三号”系统，进一步完善和增加了倾斜地球同步轨道卫星和中圆地球轨道卫星的数量。2020 年 7 月 31 日上午，“北斗三号”系统正式开通，我国已经先后发射 55 颗北斗导航卫星。

北斗系统的建设实践，实现了在区域快速形成服务能力、逐步扩展为全球服务的发展路径，丰富了世界卫星导航事业的发展模式。

北斗系统具有以下特点：一是空间段采用三种轨道卫星组成的混合星座，与其他导航卫星系统相比，高轨道卫星更多，抗遮挡能力强，尤其在低纬度地区性能优势更为明显；二是提供多个频点的导航信号，能够通过多频信号组合使用等方式提高服务精度；三是创新融合了导航与通信功能，具备定位导航授时、星基增强、地基增强、精密单点定位、短报文通信和国际搜救等多种服务能力。

北斗系统的定位、导航、授时服务性能指标如下[3]。

(1) 服务区域：全球；

(2) 定位精度：水平 10m、高程 10m(95%)；

(3) 测速精度：0.2m/s(95%)；

(4) 授时精度：20ns(95%)；

(5) 服务可用性：优于 95%。

其中，在亚太地区，定位精度水平为 5m、高程为 5m(95%)。实测结果表明，北斗系统服务能力全面达到并优于上述指标。与其他系统的性能指标相比[4,5]，北斗系统具有明显优势。

根据北斗系统的服务性能规范文档[6-12]中的定义，在基本的定位导航授时功能之外，“北斗三号”系统还提供星基增强等服务，在不同的频段上以公开和授权两种状态提供服务。表 2.1 列出了这些服务对应的服务类别、占用的信号频段、使用的卫星类型和服务覆盖范围。

北斗系统在设计之初就充分考虑了与现有频段的兼容性问题，如星基增强系统(satellite based augmentation system，SBAS)服务的公开频段 SBAS-B1C 提供的是符合国际民航标准[13,14]的 SBAS 服务，SBAS-B2a 提供的是符合国际民航标准草案[15,16]的双频多星座的 SBAS 服务，这两个服务是对现有标准(仅支持 GNSS、

GLONASS 两系统)的重要补充。

表 2.1　“北斗三号”系统服务

<table>
<tr><th>服务</th><th>类别</th><th>信号/频段</th><th>卫星类型</th><th>覆盖范围</th></tr>
<tr><td rowspan="2">星基增强</td><td>公开</td><td>SBAS-B1C、SBAS-B2a</td><td rowspan="2">GEO</td><td rowspan="2">中国及周边</td></tr>
<tr><td>授权</td><td>SBAS-B1A</td></tr>
<tr><td>精密单点定位</td><td>公开</td><td>PPP-B2b</td><td>GEO</td><td>中国及周边</td></tr>
<tr><td rowspan="2">区域短报文通信</td><td>公开</td><td rowspan="2">L(上行)、S(下行)</td><td rowspan="2">GEO</td><td rowspan="2">中国及周边</td></tr>
<tr><td>授权</td></tr>
<tr><td rowspan="2">全球短报文通信</td><td rowspan="2">公开</td><td rowspan="2">L(上行)、B2b(下行)</td><td>上行：MEO(14 个)</td><td rowspan="2">全球</td></tr>
<tr><td>下行：IGSO、MEO</td></tr>
<tr><td rowspan="2">国际搜救</td><td rowspan="2">公开</td><td rowspan="2">UHF(上行)、B2b(下行)</td><td>上行：MEO(6 个)</td><td rowspan="2">全球</td></tr>
<tr><td>下行：IGSO、MEO</td></tr>
</table>

注：UHF 表示特高频。

北斗系统自 2017 年 7 月提供基本服务以来，在系统服务区内提供实时米级、分米级、厘米级和后处理毫米级增强定位服务，其服务模块可以植入航空、高铁和公路系统，使空中运输更安全、高铁运行更高效、公路交通管理更有序。北斗系统还能为智慧城市、精细农业、数字渔业等提供位置和时间信息，为国家坐标系统维持与更新提供自主的高精度监测，为地壳形变监测、滑坡监测等提供精密的位置变化信息[17]。

作为智能交通的重要组成部分，在智能车辆的综合定位、导航和授时(positioning, navigation, and timing，PNT)系统[18]中利用 GNSS 感知自己的位置、计算途经的位置和目的地的位置，实现自主的路径规划和路径导航；甚至更进一步地作为车联网的主要时间基准源和车载定位系统的基准源等。

2.2　全球导航卫星系统的基本原理

当前，全球导航卫星系统国际委员会公布的全球四大导航卫星系统供应商，包括美国的 GPS、俄罗斯的 GLONASS、欧盟的伽利略卫星导航系统和中国的北斗卫星导航系统。

这些全球导航卫星系统都是由空间段、地面段和用户段三部分组成的。空间段由若干地球静止轨道卫星、倾斜地球同步轨道卫星和中圆地球轨道卫星组成。地面段包括主控站、时间同步/注入站和监测站等若干地面站，以及星间链路运行管理设施。用户段包括导航卫星系统的芯片、模块、天线等基础产品，以及终端设备、应用系统与应用服务等。

空间段的各种卫星在固定的轨道上按照固定的周期运行，其位置是可以预先计算的，当卫星运行位置出现偏差时，地面控制站将对其进行调整。卫星在飞行过程中不断向外以固定的频率发射带有卫星自身编码和整个空间星座信息的广播信号。空间星座在地球上空以大致均匀的形态覆盖整个地球，保证地球表面或近地空间的任何点都能收到卫星广播信号。

用户段的各种接收设备通过解析卫星信号获得自己的三维坐标、速度和时间信息。定位的原理非常简单，假设地球、卫星共处于一个以地球中心为原点的大坐标系中，用户接收机处于地球表面或近地空间，那么可以利用接收机到已知空间点的距离来反推接收机的位置，这里已知位置的空间点就是空间段的卫星。空间段的卫星发射电磁波，电磁波在空中飞行一段时间后到达用户接收机，接收机对比发射与接收的时间得到时间差，就可以利用电磁波的传播速度计算出接收机到某颗卫星的距离。这就是我们通常所说的时间飞行原理。

对于固定位置的接收机，时间飞行原理就能够满足一定程度的应用。但是想要更加精确的结果，就需要考虑卫星、接收机、地球之间的相对运动产生的多普勒效应，以及大气、空间干扰等对卫星信号的扰动效用。

高效的导航系统是智能车辆完成自主定位、自主导航和自主规划的重要前提。但智能车辆的运行环境对导航系统的精度提出了更高的要求。当智能车辆在车道中正常行驶时，要求其能够自主识别车道线并按照交通规则行驶，这要求车载导航系统的精度在分米级，能够有效控制智能车辆在车道中心行驶。类似的要求还有很多，如居民区、半封闭空间、停车场等都要求智能车辆自身的定位系统具有高精度。

对于低功耗的民用接收机，这些高性能的要求是无法解决的，但好在智能车辆平台对接收机的要求不再以低功耗、体积小为首要约束条件，而是要求接收机能够更加精确、更加可靠，如支持更多的 GNSS、更多的实时卫星跟踪数量、更快的定位信息输出频率、更高的测速测向精度、更高的抗干扰能力等。

为了节省卫星星载能源，空间段的卫星的信号发射功率普遍在−130dB，淹没在空间白噪声信号中。如此微弱的信号在到达地面前还会由于空间信号干扰等问题进一步弱化，如天边的卫星信号就比天顶的卫星信号更难接收一些。当卫星信号到达地面时，同样会受到地面的一些影响，例如，由高楼组成的“城市峡谷”，就会导致一些不能直射的卫星信号必须以反射的形式进入“峡谷”内部，才能被接收机接收，而整个反射过程是一个完全随机的过程，基本无法预知卫星信号的反射距离和时间。这种卫星信号经过反射后被接收的场景称为多径效应，是目前卫星导航领域的一个研究热点。另一个常见问题是卫星信号的异常变化，例如，在接收机正常工作时，进入隧道等封闭区域，卫星信号首先会急剧弱化，但仍然能够跟踪卫星信号，输出的定位精度仍然很高；然后多径效应开始占据主导，接收机仍然能够跟踪卫星信号，但输出的定位精度已经开始飘忽不定、误差巨大；最后接收机彻底接收不到信号，丧失了输出定位信息的能力。整个过程可能会持续 5～10s，在这个过程中，卫星信号恢复时接收机的状态决定了接收机恢复正常定位的效率。接收机能够尽快地恢复定位工作，对智能车辆是至关重要的。

正是由于这些问题的存在，在当前的智能车辆定位系统中，在利用 GNSS 的同时还有惯性导航系统、里程计系统等定位系统存在。而 GNSS 主要用于构建和连接全局拓扑地图，用于关联城际、地区、社区等子图，与视觉定位、激光雷达定位、轮速定位、超高频局部定位等方式一起，构成一整套基于传感器紧密耦合的智能车辆高精度定位系统，以确保智能车辆能够在各种复杂环境下安全行驶，解决“最后一公里”的问题。

2.3　全球导航卫星系统的定位算法

无论哪一种全球导航卫星系统，根据卫星定位所用的观测信号的性质，都可以分为伪距定位和多普勒定位两种，其中的伪距定位又可以分为测量卫星发送编码的测码伪距定位和测量卫星发送信号相位的测相伪距定位。由于纯多普勒定位需要较长的准备工作才能获知多普勒频移，所以实时性较差，一般不用于测量位置，主要用于测量接收机的速度。

无论测量卫星发送编码还是发送信号的相位，都是为了确定卫星信号的空间飞行时间，从而计算伪距。这种算法速度快，并且可以通过延长观测时间来提高观测精度，虽然精度仍比较低，但足以满足部分用户的需要。之所以称为伪距，主要是由于测量得到的卫星信号飞行时间存在误差。

假设卫星在某一个瞬间发出一个信号，在这个瞬间卫星的星载原子钟的时间读数为 t_a，但是真实的正确时间应该是 τ_a；在信号经过一段时间的飞行后，在正确时间的标准时刻 τ_b 到达接收机，但是接收机上的时钟读数为 T_b，则原本经过时间 $\tau=\tau_b-\tau_a$ 接收到的信号，现在变成经过 T_b-t_a 时间接收到，显然这两个时间差之间存在误差。这个误差与光速相乘后就会带来距离上的误差。所以，本节将利用接收机时间差计算出来的距离称为伪距，用 $\tilde{\rho}$ 表示，则有

$$\tilde{\rho}=c\tau=c\left(T_b-t_a\right) \tag{2.1}$$

式中，$\tilde{\rho}$ 是接收机到卫星的距离；c 是光速，这里指卫星信号的飞行速度；τ 是卫星信号的飞行时间；T_b 是接收机认为接收到卫星信号的时刻；t_a 是卫星发射信号时原子钟的时刻。

从式(2.1)可以看出，如果卫星时间t_a能够经过校正后尽可能地接近正确的标准时间τ_a，而接收机时间T_b能够在校正后尽可能接近正确的标准时间τ_b，则伪距$\tilde{\rho}$就可以尽可能地接近卫星与接收机的真实距离ρ。

目前，常用的解决办法是给卫星时间和接收机时间增加校正参数。虽然卫星的星载原子钟非常准确，但也有误差；而接收机本地大多数时候使用的是普通晶体振荡器或者温度补偿晶体振荡器，自身就具有较大的误差。为了降低成本，很多商用接收机都利用自身的算法弥补时间误差。

这里给卫星时间设定校正参数v_{t_a}，给接收机时间设定校正参数v_{T_b}，则有

$$\begin{cases} t_a + v_{t_a} = \tau_a \\ T_b + v_{T_b} = \tau_b \end{cases} \tag{2.2}$$

此时，卫星和接收机之间的距离为

$$\tilde{\rho} = c\left(T_b - t_a\right) + c\left(v_{T_b} - v_{t_a}\right) \tag{2.3}$$

在实际计算中，卫星时间校准参数和接收机时间校准参数并不是一个固定量，而是一个连续变化的量，当其以离散的形式使用时，依然存在误差，所以此时卫星和接收机之间的距离仍然是伪距。

卫星信号在空中传播，除了真空传播，还会穿过地球上空的电离层和对流层，才能到达地面或近地空间的接收机。当信号经过电离层、对流层时，传播速度将会发生变化。针对这一问题，也必须添加电离层修正参数δ_{ion}和对流层修正参数δ_{trop}。在增加这两个参数后，伪距公式变为

$$\tilde{\rho} = c\left(T_b - t_a\right) + c\left(v_{T_b} - v_{t_a}\right) + \delta_{\text{ion}} + \delta_{\text{trop}} \tag{2.4}$$

修正后的距离仍然不是真实距离。因为除空间传播的误差、时间误差之外，卫星信号仍然会受到多径干扰等影响。但可以说此时的信号已经相对精确了，可以认为伪距$\tilde{\rho}$就是卫星与接收机之间的距离ρ。

此时，在卫星位置坐标$\left(x_{\text{s}}, y_{\text{s}}, z_{\text{s}}\right)$已知的情况下，可以根据此距离求得接收机的空间坐标$\left(X, Y, Z\right)$，具体的公式为

$$\rho = \sqrt{\left(x_{\text{s}} - X\right)^2 + \left(y_{\text{s}} - Y\right)^2 + \left(z_{\text{s}} - Z\right)^2} \tag{2.5}$$

式中，ρ是卫星到接收机的距离；$\left(x_{\text{s}}, y_{\text{s}}, z_{\text{s}}\right)$是卫星在空间坐标系中的三维坐标；$\left(X, Y, Z\right)$是接收机在空间坐标系中的三维坐标。

在式(2.5)中包含三个未知数，因此理论上只要接收机能够根据卫星信号计算

出 3 颗卫星的伪距，就能够计算出自身的空间位置坐标。但是要注意一点，接收机和卫星之间的关系是一对多的，所以每颗卫星的时间校正参数是不同的。同时，接收机自身的时间校正参数也是随时间变化而变化的。这两个时间校正参数中接收机的时间校正参数误差更大，因此，在计算时接收机往往会将自身的时间校正参数也当作一个未知量。将两个公式结合在一起，利用伪距计算接收机位置的公式为

$$\begin{aligned}&\sqrt{\left(x_{\mathrm{s}}-X\right)^2+\left(y_{\mathrm{s}}-Y\right)^2+\left(z_{\mathrm{s}}-Z\right)^2}\\&=c\left(T_b-t_a\right)+c\left(v_{T_b}-v_{t_a}\right)+\delta_{\mathrm{ion}}+\delta_{\mathrm{trop}}\end{aligned} \tag{2.6}$$

此时，接收机只要同时确定 4 颗卫星的距离，就能计算出 4 个未知变量 X、Y、Z 和 v_{T_b}。相对于接收机的运动速度，卫星的运动速度非常快，因此卫星会在以接收机为中心的半球状空域中出现或者消失。所以，该方程组是一个动态方程组。

常用的位置结算算法为高斯-牛顿迭代法，通过不断地动态迭代，寻找到一组最优化的 X、Y、Z 和 v_{T_b}。最优化结果对应高斯-牛顿迭代法的雅可比矩阵的自相关系数，可以用来衡量接收机位置坐标的精确程度，称为精度因子。

包含了 X、Y、Z 和 v_{T_b} 四个参数的精度因子称为几何精度因子，它是所有观测卫星的所有未知数的偏导系数平方和的根，代表当前接收机的整体精度情况；仅包含位置信息 X、Y、Z 的精度因子称为位置精度因子，它是所有观测卫星方程中接收机位置变量的偏导系数平方和的根，能够直观地表示接收机的整体定位精度；仅包含 X、Y 的精度因子称为水平精度因子，是所有观测卫星方程中接收机水平位置变量的偏导系数平方和的根，能够直观地表示接收机在水平方向的定位精度；仅包含 Z 的精度因子称为垂直精度因子，它是所有观测卫星方程中接收机高度变量的偏导系数平方和的根，能直观地表示接收机的高度定位精度；仅包含 v_{T_b} 的精度因子称为时间精度因子，它是所有观测卫星方程中接收机时间校正参数变量的偏导系数平方和的根，能直观地反映接收机的时间精度。精度因子的值越小，代表对应的参数精度越高。

目前，接收机的发展趋势是多种导航系统结合，能够同时接收多种星座的卫星信号，通过紧耦合或者深耦合技术联合解算所有卫星数据。这种方案主要通过增加同一时刻的可观测卫星数量改善和解决“城市峡谷”等环境中的定位问题。多模式接收机能够获得一加一大于二的效果，但是仍然无法避开低成本接收机的固有问题。

(1) 时钟误差。时钟是 GNSS 的生命，在卫星上和基准站中可以采用高精度的原子钟，但卫星之间的原子钟也是有累积误差的。地面控制站对每颗卫星进行监测，通过星历表发送卫星星载时钟的校正参数，使用户可以调整时钟误差。而

这个校正参数自身是一个测量的量，并不是实时校准的，是具有误差的。本地接收机的时钟源来自本地晶体振荡器，受限于成本，本地振荡器的振荡频率会随着温度进行漂移，导致接收机的本地载波频率不够稳定，卫星信号载波剥离不完全，产生残余频率，对本地接收机的频率跟踪、载波相位跟踪和伪随机码跟踪产生较大的影响，并进一步影响到伪随机码和导航电文的提取。

(2) 星历预测误差。卫星的星历每 30s 接收一次，但是星历自身每 2h 更新一次，因此在更新期间，卫星的运动状态估计是不准确的。卫星在空间中受万有引力的影响会产生摄动，表现为卫星在运动过程中呈现一种随机漂移状态。因此，当使用卫星星历参数计算卫星位置时，与卫星的真实位置存在三个误差：径向轨道误差、纵向轨道沿线误差和垂直轨道航迹误差，如图 2.1 所示。

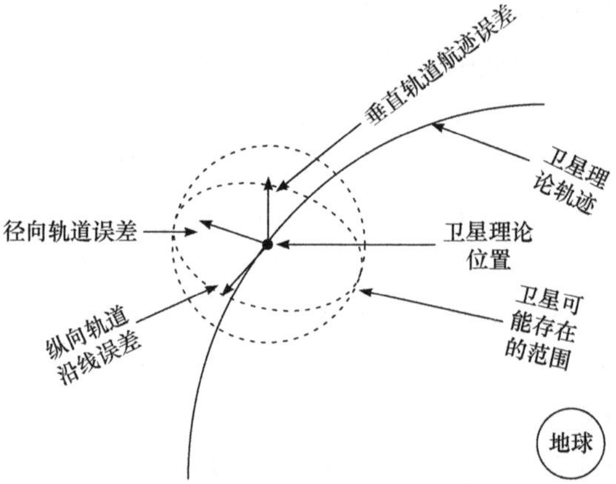

图 2.1 卫星摄动示意图

(3) 大气传播误差。卫星信号在到达接收机的过程中，需要穿过地球大气层。如果对地球大气层进行细分，将会经过电离层和对流层，大气层的气象条件直接影响到卫星信号的传播路径，尤其是电离层，多次的折射使得卫星信号的传播时间延长。延迟时间的长度在卫星垂直于接收机顶部时最小，在卫星接近于地平线时最大；对流层对卫星信号的影响与对流层的气压、成分和湿度关系密切；对流层温度与对流层的气压和成分相关联，但是变化率很小。当卫星位于天顶时，对垂直距离上的影响为 2～3m；当卫星处于地平线附近时，误差影响为 1～10m。对流层空气湿度是一个不容忽视的影响因素，尤其是在近地层空气中，空气湿度与天气情况密切相关，浓厚的雨云和强烈的闪电都会对卫星信号造成影响。相对于更高层的电离层和对流层，局部环境中的空气湿度变化比较剧烈，影响面比较小。空气湿度对卫星信号的延迟时间影响在厘米级，但是云层对卫星信号的衰减比空旷的天空情况下要大。

当接收机的位置已知时，可以通过电离层和对流层的数学模型对延迟时间进行估算。同样，这种估算是测量的结果，并不能反映真实的物理情况，因此也会对定位精度产生影响。电离层和对流层对卫星信号的影响大小与卫星信号的频率有直接关系。目前，所有的全球导航卫星系统都采用多个频段发射卫星信号，采用双频段接收卫星信号是高精度接收机的一个重要功能。电离层对卫星信号的影响可以通过监测卫星状况进行推算和预测。但其与控制部分在全球的网络分布有直接关系，网络分布越广，电离层校准参数推算得越精确。对于空气湿度，可以通过采集接收机天线附近的空气温度和湿度，对对流层模型进行优化，通过高斯-牛顿迭代法，优化定位精度。

(4) 接收机所处环境误差。接收机所处环境误差也会引起接收机的定位误差。当接收机处于天空视野狭小的区域时，可见卫星数量变少，同时卫星位置之间的相关性变大，造成定位精度下降。图 2.2 展示了不同卫星几何关系下卫星伪距的不确定区域对接收机位置估计的误差范围。当接收机处于半遮挡环境中时，某些处于特殊俯仰角的卫星，其信号会经过地面、建筑等的反射，随后被接收机接收。这些反射后的信号将对接收机产生多径效应，影响定位精度。当接收机处于某些遮挡环境中时，卫星信号衰减，对接收机的跟踪灵敏度和跟踪策略提出了更高的要求，也将导致定位精度下降。

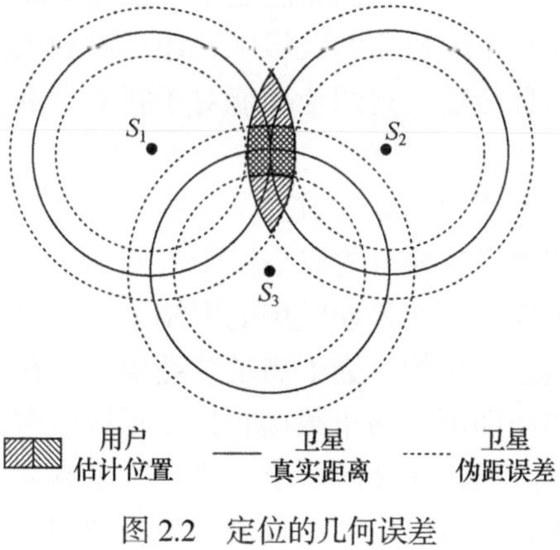

图 2.2　定位的几何误差

(5) 接收机处理误差。卫星信号从接收天线进入接收机系统，首先，进入模拟射频前端部分，将模拟信号放大、带通滤波、混频、低通滤波、镜像抑制，经过模数转换成数字基带信号。其次，数字基带信号由后续的数字电路进一步进行剩余中频载波剥离、伪随机码剥离、导航电文提取完成对导航电文的解调。最后，通过载波频率跟踪、载波相位跟踪和伪随机码相位跟踪完成对载波频率、载波相位和伪随机码的维护。在这一系列的过程中，卫星信号会受到其他同频率信号或者强功率信号的干扰，模拟器件会受到电流杂波、热噪声和邻近数字器件的干扰；不同卫星信号之间的互相关效应，会干扰伪随机码的剥离；镜像滤波后的频率残余对载波频率跟踪和载波相位跟踪产生影响；数字信号处理中的数值精度误差会对计算精度产生影响等。所有这些干扰都对接收机输出的定位结果的精度产生影响。

以上各种误差对定位精度的影响范围大致如表 2.2 所示。

表 2.2　全球导航卫星系统各种误差对定位精度的影响

误差来源	误差范围/m
时钟误差	2
星历预测误差	2.5
大气传播误差	5
接收机所处环境误差	1
接收机处理误差	1

基于全球导航卫星系统自身的特点，在智能车辆中将全球导航卫星系统应用于开阔的、不封闭的远距离地点的定位、导航。例如，开阔地域中判断智能车辆是否到达目标点附近，以及下一个目标点的方向与直线距离。

在智能车辆中使用全局卫星定位算法是基于全球导航卫星系统的定位和授时两个基本功能的。在北斗系统覆盖的区域中，还可以利用区域增强和通信两个功能实现高精度定位和信息传输。这两个功能对于智能车辆的自主定位、自主规划和自主导航具有重要意义。

但是要在智能车辆上使用全球导航卫星系统，需要做一些适应性的改进才能取得更好的效果。这些改进主要分为以下三个方面。

首先是升级接收机性能。在移动应用的限制下，目前商业的接收机普遍功耗在毫瓦级，基本没有超过 1W 的，为了满足功耗要求，在集成电路设计之初就要求尽量少使用资源，够用即可。而车载接收机依托智能车辆体积大、电力充足的优势，可以不考虑或者降低对功耗的要求，将功率限制从毫瓦级提升到瓦级。这样，在设计集成电路时，就可以少考虑资源消耗，利用更加高效、更加精准的算法设计更加合适的智能车载接收机。

其次是优化使用方式。高性能天线和辅助定位设备也是全球导航卫星系统的重要组成部分。基于全球导航卫星系统原理发展而来的 WiFi 基站定位等本地局部定位系统就充分发挥了多输入多输出(multiple input multiple output，MIMO)天线的优势。所以，在全球导航卫星系统中多天线技术一直以来都是一个研究热点。最基本的用法是，用双天线在实现定位的同时完成定向。还有一些研究者从天线的尺寸和数量上入手来研究天线的分布形状在不同场景之中的应用优势。其中，四天线组成十字形用于高精度测向，取得了较好的进展。智能车辆可以在长途行驶中基于多天线接收机对车辆位姿进行长时间记录。

最后是优化使用结构。基于全球导航卫星系统的各种优点和缺点，结合具体使用方式上的进一步方案优化，全球导航卫星系统在智能车辆上的应用不再是简单地使用商用接收机实现单点定位与授时，而是将其紧密地深耦合到车载高精度定位系统中，甚至是车载控制系统中。例如，在车载定位系统中，全球导航卫星系统可以作为统筹全局拓扑地图的关键要素，也可以作为局部关键地图的定位基准点，甚至可以通过定位轨迹计算面积，或者利用定位轨迹点的一致性反映智能车辆的健康状态。

智能车辆未来的使用范围必然大于当前的非智能车辆，甚至可能是门到门、户到户的。但目前成熟的商业全球导航卫星系统接收机仅在对空视野良好的静态单点定位具有极高的精度，面对复杂的交通场景功能仍然比较弱，所以本章重点讨论优化接收机性能。

2.4　多模式接收机的卫星信号校正关键技术及实例

为了解决传统 GNSS 的固有问题，新一代 GNSS 采用了更多的新技术，例如，“北斗二号”系统就采用了比 GNSS 更长的卫星伪随机码，能够有效地增强 1ms 内的能量累积，达到更好的信号跟踪效果。“北斗二号”系统中给每个 20ms 的数据报文比特增加了长度为 20bit 的 Neuman-Hoffman(NH)码，极大地增强了卫星信号的抗干扰能力，同时减少了卫星捕获阶段的工作量。为了更好地提高和扩展接收机的使用场景，信号校正和增强技术是不可避免的。

2.4.1　校正原理

GNSS 是一个开放系统，卫星发送的广播信号调制在 1GHz 以上的频率中，任何人都可以免费接收信号，从而免费使用 GNSS。吉赫兹频率的信号解调成本很高，所以商业化的 GNSS 接收机都会将卫星信号频率搬移到 10MHz 左右的频段上，方便后续的信号捕获和信号跟踪。捕获的目的是发现信号，要求速度快，只要频率误差小于 100Hz，码片误差小于 1/2 码片就可以判断是否有信号；跟踪的目的是计算自己的位置，要求精确，必须要求频率误差在毫赫兹甚至微赫兹，码片误差小于 1/1000 个码片才能正确跟踪。GNSS 的信号平均功率都在白噪声以下，所以如何提升信噪比始终是 GNSS 接收机的设计重点。

2.4.2　基带信号的产生

GNSS 接收机在处理信号时，首先用模拟电路将信号从吉赫兹频点搬移到兆赫兹频点，方便后续的数字电路做进一步处理。模拟信号转换为数字信号的过程称为基带信号的产生。模拟信号是连续信号，在转换为离散的数字信号时会丢失较多的内容，直接影响到最终的定位精度。

目前，GNSS 发送的是正交调制信号，正交的 I、Q 两路数字信号分别调制在信号的不同相位上，将其通过正交数字下变频均衡地分开是目前研究的热点。

这里以北斗系统的卫星信号进行说明。北斗系统民用信号可以用式(2.7)表示，即

$$\begin{aligned} S^k(t) = & A_{\mathrm{B1I}} C_{\mathrm{B1I}}^k(t) D_{\mathrm{B1I}}^k(t) \cos\left(2\pi f_1 t + \Phi_{\mathrm{B1I}}^k\right) \\ & + A_{\mathrm{B1Q}} C_{\mathrm{B1Q}}^k(t) D_{\mathrm{B1Q}}^k(t) \sin\left(2\pi f_1 t + \Phi_{\mathrm{B1Q}}^k\right) \end{aligned} \tag{2.7}$$

式中，上角标 k 代表不同的卫星编号；A_{B1I} 为 B1 频点 I 路信号的功率；A_{B1Q} 为 B1 频点 Q 路信号的功率；C_{B1I}^k 为 B1 频点 I 路信号的伪随机码；C_{B1Q}^k 为 B1 频点 Q 路信号的伪随机码；D_{B1I}^k 为 B1 频点 I 路信号的数据码；D_{B1Q}^k 为 B1 频点 Q 路信号的数据码；f_1 为 B1 频点的载波频率；Φ_{B1I}^k 为 B1 频点 I 路信号的载波相位；Φ_{B1Q}^k 为 B1 频点 Q 路信号的载波相位[1]。

卫星信号经过射频前端芯片将信号频率从 1561.098MHz 降低到中频，搬移后的公式如式(2.8)所示，正交数字下变频就是将式(2.8)的信号转换为基带信号：

$$S_1(n) = C(n) D(n) \cos\left[\frac{2\pi(f_{\mathrm{IF}} + f_{\mathrm{d}})n}{F_{\mathrm{S}}} + \phi(n)\right] + e(n) \tag{2.8}$$

式中，f_{IF} 为转换后的中频频率；n / F_{S} 为采样时间间隔；f_{d} 为相对移动产生的多普勒频率；$\phi(n)$ 为模拟混频后的载波初始相位；$e(n)$ 为信号噪声。

射频输出的信号与本地载波频率混频后可以用式(2.9)表示：

$$\begin{aligned} S_n(n) &= C(n) D(n) \cos\left[\frac{2\pi(f_{\mathrm{IF}} + f_{\mathrm{d}})n}{F_{\mathrm{S}}} + \phi(n)\right] \cos\left(\frac{2\pi f_{\mathrm{LO}} n}{F_{\mathrm{S}}}\right) \\ &= \frac{1}{2} C(n) D(n) \left\{ \begin{array}{l} \cos\left[\dfrac{2\pi(f_{\mathrm{IF}} + f_{\mathrm{d}} + f_{\mathrm{LO}})n}{F_{\mathrm{S}}} + \phi(n)\right] \\ + \cos\left[\dfrac{2\pi(f_{\mathrm{IF}} + f_{\mathrm{d}} - f_{\mathrm{LO}})n}{F_{\mathrm{S}}} + \phi(n)\right] \end{array} \right\} \\ &\approx \frac{1}{2} C(n) D(n) \left\{ \begin{array}{l} \cos\left[\dfrac{2\pi(f_{\mathrm{IF}} + f_{\mathrm{d}})n}{F_{\mathrm{S}}} + \phi(n)\right] \cos\left(\dfrac{2\pi f_{\mathrm{LO}} n}{F_{\mathrm{S}}}\right) \\ + \sin\left[\dfrac{2\pi(f_{\mathrm{IF}} + f_{\mathrm{d}})n}{F_{\mathrm{S}}} + \phi(n)\right] \sin\left(\dfrac{2\pi f_{\mathrm{LO}} n}{F_{\mathrm{S}}}\right) \end{array} \right\} + e^*(n) \end{aligned} \tag{2.9}$$

式中，f_{LO} 为本地载波频率；$e^*(n)$ 为系统误差和混频后的高频分量。

假设

$$\begin{cases} I_n = \dfrac{1}{2}C(n)D(n)\cos\left[\dfrac{2\pi(f_{\mathrm{IF}}+f_{\mathrm{d}})n}{F_{\mathrm{S}}}+\phi(n)\right] \\ Q_n = \dfrac{1}{2}C(n)D(n)\sin\left[\dfrac{2\pi(f_{\mathrm{IF}}+f_{\mathrm{d}})n}{F_{\mathrm{S}}}+\phi(n)\right] \\ \mathrm{sign}I = \cos\left(\dfrac{2\pi f_{\mathrm{LO}}n}{F_{\mathrm{S}}}\right) \\ \mathrm{sign}Q = \sin\left(\dfrac{2\pi f_{\mathrm{LO}}n}{F_{\mathrm{S}}}\right) \end{cases} \tag{2.10}$$

则式(2.9)可以简化为式(2.11)，即

$$S_2(n) = I_n \cdot \mathrm{sign}I + Q_n \cdot \mathrm{sign}Q + e^*(n) \tag{2.11}$$

由带通采样定理和奈奎斯特(Nyquist)采样定理可知，当 F_{S}、f_{LO} 满足 $F_{\mathrm{S}}=4(2m+1)f_{\mathrm{LO}}$ 时，若有 $m=0$，则 $\mathrm{sign}I$、$\mathrm{sign}Q$ 分别为

$$\begin{cases} \mathrm{sign}I = \cos\left(\dfrac{\pi n}{2}\right) = \begin{cases} 0, & n=1,3,5,\cdots \\ 1, & n=0,4,8,\cdots \\ -1, & n=2,6,10,\cdots \end{cases} \\ \mathrm{sign}Q = \sin\left(\dfrac{\pi n}{2}\right) = \begin{cases} 0, & n=0,2,4,\cdots \\ 1, & n=1,5,9,\cdots \\ -1, & n=3,7,11,\cdots \end{cases} \end{cases} \tag{2.12}$$

由此，式(2.11)可以改写为

$$S_2(n) = \begin{cases} I_n \cdot \mathrm{sign}I + e, & n=0,2,4,\cdots \\ Q_n \cdot \mathrm{sign}Q + e, & n=1,3,5,\cdots \end{cases} \tag{2.13}$$

进一步简化并展开式(2.13)，可得

$$S_2(n) = \begin{cases} 1\cdot I_n + e, & n=0,4,8,\cdots \\ 1\cdot Q_n + e, & n=1,5,9,\cdots \\ -1\cdot I_n + e, & n=2,6,10,\cdots \\ -1\cdot Q_n + e, & n=3,7,11,\cdots \end{cases} \tag{2.14}$$

由此，可以得出混频过程等价于射频输出信号与序列[1,1,–1,–1]相乘：

$$S_2(n)=S_1(n)\cdot M+e \tag{2.15}$$

式中，M 为一个周期序列[1,1,–1,–1]；e 为噪声信号，其中包含过程噪声和混频产生的高频噪声分量。

利用符号变换完成下变频不改变信号的幅值，仅更改了射频输出信号的符号。结果信号中仅包含高频噪声分量和原始信号内部的噪声，没有数值截断误差。同时，符号变换用一个简单的二输入与非门代替了复杂的加法、乘法逻辑，加快了数据处理速度。

本节在继续研究式(2.15)时发现，可以将其改写为

$$\begin{cases}S_{2\mathrm{I}}(n)=S_1\cdot m, & m\in[1,0,-1,0]\\ S_{2\mathrm{Q}}(n)=S_1\cdot m, & m\in[0,1,0,-1]\end{cases} \tag{2.16}$$

式中，$S_{2\mathrm{I}}(n)$ 和 $S_{2\mathrm{Q}}(n)$ 等价于真实的 I、Q 支路信号在时域上间隔插入了数值 0，在频域上并没有改变。若能够将 0 值数据进行删除，则能够恢复正确的 I、Q 支路数据。

我们知道级联积分-梳状(cascaded integrator-comb，CIC)滤波器的传递函数包含积分传递函数和梳状传递函数，即

$$H(z)=H_{\mathrm{I}}^N(z)\cdot H_{\mathrm{C}}^N(z)=\left(\frac{1-z^{-R}}{1-z^{-1}}\right)^N=\left(\sum_{k=0}^{R-1}z^{-k}\right)^N \tag{2.17}$$

式中，N 为 CIC 滤波器的级联数；R 为抽取系数。

从频率响应公式可以清楚地发现，CIC 滤波器具有优良的低通性能。同时，在 n/R 倍的采样频率处，CIC 滤波器具有最小的频率响应值。

式(2.16)的输出信号，同相支路信号 I 经过一级一阶 CIC 滤波器滤波后为

$$I(n)=S_1(2n-1),\quad n\in\mathbb{N} \tag{2.18}$$

正交支路信号 Q 先延时一个采样时钟周期，再经过一级一阶 CIC 滤波器滤波后为

$$Q(n)=S_1(2m-1),\quad m\in\mathbb{N} \tag{2.19}$$

滤波后，同相支路信号 I 与正交支路信号 Q 等价于式(2.14)中的同相支路信号和正交支路信号。原因是式(2.16)中符号变换后的信号中间的 0 值，使得支路信号经过一级一阶 CIC 滤波器的积分器与梳状器后用相邻的支路数据替换了 0 值数据，此时的支路数据序列变为

$$\begin{cases}I=\{I_1,I_1,I_2,I_2,\cdots,I_n,I_n,\cdots\}\\ Q=\{Q_1,Q_1,Q_2,Q_2,\cdots,Q_n,Q_n,\cdots\}\end{cases} \tag{2.20}$$

最后经过一级一阶 CIC 滤波器的两次抽样，完整的支路信号被恢复出来，即

$$\begin{cases} I = \{I_1, I_2, \cdots, I_n, \cdots\} \\ Q = \{Q_1, Q_2, \cdots, Q_n, \cdots\} \end{cases} \tag{2.21}$$

仔细分析式(2.13)～式(2.21)的过程可以发现，将符号变换序列拆分后分别与输入信号相乘得到两路间隔插入 0 值的支路信号，经过一级一阶 CIC 滤波器，得到最终所需的同相支路信号和正交支路信号。符号变换序列的拆分与滤波器中的 2 倍下采样具有对应关系。

经过分析可知，对于完整的输入信号，正交数字下变频后的高频谐波的消除可以利用奇偶抽取实现，同时实现了正交支路信号的分离和消除高频。精简后的正交数字下变频中，没有对信号做幅值上的处理，全程利用高速采样时钟，没有使用大型滤波器。当正交信号的量化位宽较宽时，该算法更具优势。

2.4.3　基于傅里叶变换的 NH 码解调

在得到基带信号后，就进入了正式的基带信号处理过程，处理的目的是剥离出所需要的星历数据。在之前的 GNSS 中要得到星历数据，首先需要剥离高速率的伪随机码。在目前的二代 GNSS 中，为了在基带信号处理中的数据符号同步、频谱分离、干扰保护等方面进一步改善信号质量，增加了一种速率和长度高于数据码，但低于伪随机码的中间码，称为二级短同步码，也称为 NH 码。这种码的加入，在硬件设计中增加了一级码同步环。GNSS、Galileo 和北斗系统中二级短同步码如表 2.3 所示。

表 2.3　GNSS、Galileo、北斗系统中二级短同步码

系统	信号类型	代码名称	代码长度
GNSS	L5-Data	NH10	10
	L5-Pilot	NH20	20
	L1C-Pilot	OC18001-210	1800
Galileo	E5a-Data	CS20	20
	E5a-Pilot	CS1001.50	100
	E1c	CS25	25
	E5b-Data	CS4	4
	E5b-Pilot	CS10051-1001	100
北斗	E2	NH20	20
	E6	NH20	20
	E5a	NH20	20

在过去的几年中，有若干种 NH 码剥离算法被提出，本书提出一种适合北斗系统 B1 频点 NH20 码的解调算法，即基于傅里叶变换的 NH 码解调算法。

NH 码的速率为 1kHz，当采用 32 点傅里叶变换时，可以获得 15.625Hz 的分辨率。所以，当基带信号中的残余频率为–500～500Hz 时，一次傅里叶变换就可以寻找到正确的残余频率和 NH 码码头。具体算法的流程如图 2.3 所示。

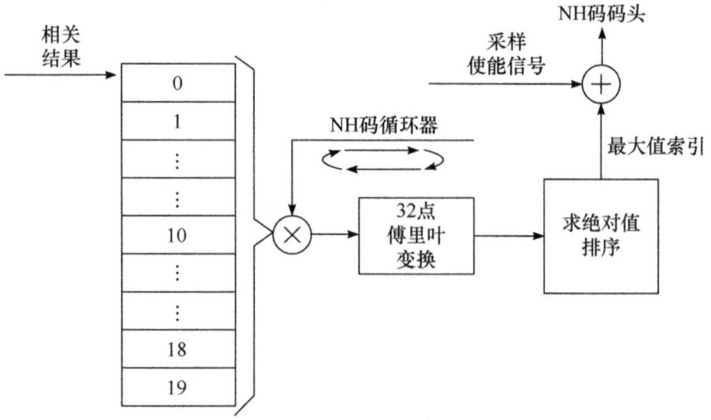

图 2.3　NH 码解调流程图

解调 NH 码之前需要先剥离伪随机码，然后保存连续的 20ms 数据。在这些数据中 NH 码的序列顺序未知，所以需要与本地 NH 码相关后剥离；为了节省空间，本地 NH 码以 20bit 的形式存储在寄存器中；本地 NH 码与 20ms 数据相乘后的结果立即进行 32 点傅里叶变换处理，处理的结果送入后续的比较器寻找绝对值最大的频点；每次傅里叶变换之后，本地存储的 NH 码立即循环移动一位，然后对 20ms 数据进行下一次剥离、傅里叶变换、寻找最大绝对值的操作。在寻找到最大值之后，NH 码的码头将被固定下来，或者按照时间将数据进行替换。

这里要注意的是，上述过程中的数据保存过程是一次性的，数据不更换，直到找到 NH 码码头，而后续的 NH 码相关、移动、傅里叶变换以及最后的寻找最大绝对值这几个过程之间是流水工作的。具体过程可以用图 2.4 表示。

为了更清晰地表达流程图之间的关联关系，这里用图的方式进一步说明。图 2.5 中控制模块(controller)控制整个电路的时序，转换模块(converter)输出的载波频率校正参数和 NH 码码头校正参数，用于之后产生正确相位的 NH 码。controller 模块输出存储控制信号控制匹配滤波器(matched filter，MF)存储相关累加的数据结果；输出傅里叶变换使能信号用于控制傅里叶变换模块的工作时序；输出循环使能信号控制 NH 码产生模块进行 NH 码的循环移位。

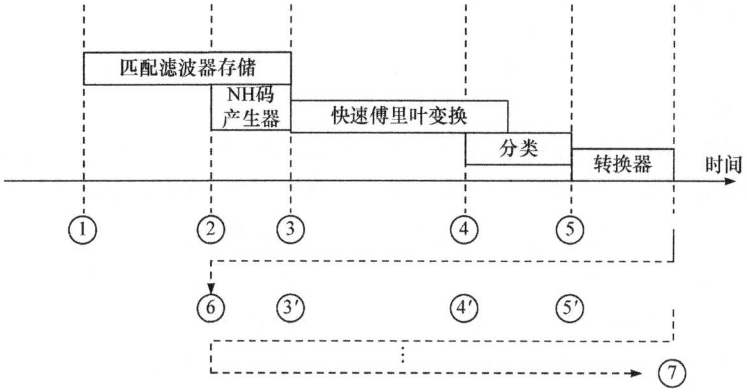

图 2.4　NH 码解调时序(1～7 表示执行顺序)

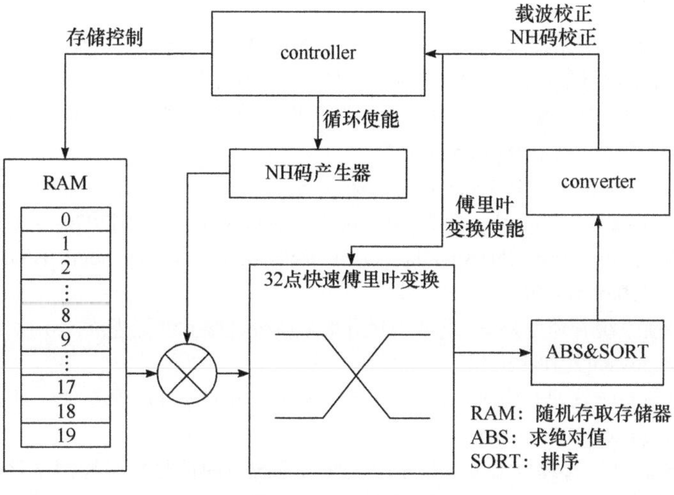

图 2.5　NH 码解调框图

在上述电路中，RAM 模块保存 20ms 数据。NH 码产生器负责产生 NH 码，并与 RAM 存储中的 20ms 数据混频。混频后的数据进行 32 点的快速傅里叶变换。ABS&SORT 模块对快速傅里叶变换的数据结果进行取模和排序；converter 模块将取模和排序后的数据转换为 controller 模块的参数。一旦寻找到 RAM 中存储数据包含的 NH 码序列，32 点快速傅里叶变换的输出结果有最大值，controller 模块将控制 NH 码产生模块按照固定序列产生 NH 码。为了节省存储空间，傅里叶变换模块将以最小的一个蝴蝶结构进行复用来实现完整的 32 点快速傅里叶变换，因此在整个过程中傅里叶变换部分需要的等待时间最长。若运行环境定义为车载，则这部分电路可以将傅里叶变换彻底展开，可以实现每 2 个或 3 个时钟输出一次傅里叶变换结果。而整个电路将在 20～30 个时钟就能实现一次 NH 码相关。在最差的环境下，电路运行 19 次找到 NH 码正确相位运行的时间不超过 400 个时钟，当运行时钟在 50MHz 时，总计时间不超过 1μs，将极大地提升电路整体效能。

在目前的各种 GNSS 接收机设计中，接收部分基本采用了时分复用的结构，尤其是相关器模块、傅里叶变换模块等消耗资源非常大的电路部分。同时在系统层面上，做软件运算使用的中央处理器基本选择的都是嵌入式低功耗处理器。如果在车载的定位系统中，向软件接收机学习，能够分出一个中央处理器核心专门用于导航解算，使板级的嵌入式中央处理器仅进行电路维护工作；将相关器模块、傅里叶变换模块等进行展平设计，最后加宽数据通道，则车载的全球导航卫星系统将更加精确可靠。

参考文献

[1] 康俊民. 城市环境下无人车自主定位关键技术研究[D]. 西安: 长安大学, 2016.

[2] 杨元喜. 北斗卫星导航系统及关联产业发展[J]. 领导科学论坛, 2016, (24): 79-96.

[3] 杨元喜, 许扬胤, 李金龙, 等. 北斗三号系统进展及性能预测——实验验证数据分析[J]. 中国科学: 地球科学, 2018, 48(5): 584-594.

[4] Department of Defense. GPS standard positioning service(SPS)performance standard[EB/OL]. https://www.gps.gov/technical/ps/2020-SPS-performance-standard.pdf[2020-4-1].

[5] European Union. European GNSS(Galileo)open service definition document[EB/OL]. https://www.gsc-europa.eu[2020-10-20].

[6] 中国卫星导航系统管理办公室. 北斗卫星导航系统公开服务性能规范 2.0 版[EB/OL]. http://www.beidou.gov.cn[2018-12-28].

[7] 中国卫星导航系统管理办公室. 北斗卫星导航系统公开服务性能规范 3.0 版[EB/OL]. http://www.beidou.gov.cn[2021-5-26].

[8] 中国卫星导航系统管理办公室. 北斗卫星导航系统空间信号接口控制文件公开服务信号 B2b(1.0 版)[EB/OL]. http://www.beidou.gov.cn[2020-8-3].

[9] 中国卫星导航系统管理办公室. 北斗卫星导航系统空间信号接口控制文件星基增强服务信号 BDSBAS-B1C(1.0 版)[EB/OL]. http://www.beidou.gov.cn[2020-8-3].

[10] 中国卫星导航系统管理办公室. 北斗卫星导航系统地基增强服务接口控制文件(1.0 版)[EB/OL]. http://www.beidou.gov.cn[2020-8-3].

[11] 中国卫星导航系统管理办公室. 北斗卫星导航系统空间信号接口控制文件精密单点定位服务信号 PPP-B2b(1.0 版)[EB/OL]. http://www.beidou.gov.cn[2020-8-3].

[12] 中国卫星导航系统管理办公室. 北斗卫星导航系统空间信号接口控制文件国际搜救服务(1.0 版)[EB/OL]. http://www.beidou.gov.cn[2020-8-3].

[13] ICAO. Annex 10-Aeronautical Telecommunications-Volume I: Radio Navigational Aids[M]. Montreal: International Civil Aviation Organization, 2018.

[14] SC-159. Minimum Operational Performance Standards for Global Positioning System/Wide Area-Based Augmentation System Airborne Equipment. Change 1, Appendix V, Integrated and Highlighted/Prepared by: SC-159[M]. Washington: Radio Technical Commission for Aeronautics, 2013.

[15] SBAS Interoperability Working Group(IWG). Satellitebased augmentation system dual-frequency multi-constellation definition document[C]. SBAS IWG 31, Dakar, 2016.
[16] IWG. SBAS L5DFMC interface control[C]. SBAS IWG 31, Dakar, 2016.
[17] 杨元喜. 北斗系统开通　艰巨挑战还在后头[N]. 中国科学报, 2020-08-10(1).
[18] 杨元喜. 综合 PNT 体系及其关键技术[J]. 测绘学报, 2016, 45(5): 505-510.

第 3 章　基于无线网络的智能车辆高精度定位

无线技术由于其功耗低、成本低得到重视和推广。在已有的定位应用中，WiFi、ZigBee 等无线通信技术多用于室内移动机器人定位，随着通信基站布设密度的增大，基于通信基站的室外定位性能也得到了较大提升。目前，针对无线网络定位，主要研究多种定位技术及其融合、非视距条件下的多径信道定位和基于深度学习的无线定位算法。

3.1　无线网络定位基本原理

无线网络定位问题从应用的角度可以看成采用各种无线测量与估算技术进行相关信息采集，对获得的信息进行处理，得到待求点位置坐标的求解过程。从数学模型的角度，定位问题需要解决的是采集信息集合(包括系统已知信息和可测数据，可测数据又可分为与时间相关的数据和与时间无关的数据)与位置坐标集合之间的映射关系问题。目标的位置计算，就是利用测得的距离、角度等数据和其他信息确定目标节点的位置。位置计算的常见算法有三边测量定位法、三角测量定位法、极大似然估计定位法、最小二乘定位法等。

3.1.1　三边测量定位原理

三边测量定位法属于测距定位算法[1]，其原理如图 3.1 所示。A、B、C 为定位区域中三个坐标已知的信标节点，其坐标表示为 $(x_i, y_i)(i=1,2,3)$；D 为待求解目标节点，其坐标表示为 (x, y)。

设目标节点 D 与信标节点 (x_i, y_i) 的距离为 $d_i(i=1,2,3)$，则有

$$\begin{cases}\sqrt{(x-x_1)^2-(y-y_1)^2}=d_1\\\sqrt{(x-x_2)^2-(y-y_2)^2}=d_2\\\sqrt{(x-x_3)^2-(y-y_3)^2}=d_3\end{cases}\tag{3.1}$$

可求得目标节点 D 的坐标为

$$\begin{bmatrix} x \\ y \end{bmatrix} = \begin{bmatrix} 2(x_1 - x_3) & 2(y_1 - y_3) \\ 2(x_2 - x_3) & 2(y_2 - y_3) \end{bmatrix}^{-1} \times \begin{bmatrix} x_1^2 - x_3^2 + y_1^2 - y_3^2 + d_3^2 - d_1^2 \\ x_2^2 - x_3^2 + y_2^2 - y_3^2 + d_3^2 - d_2^2 \end{bmatrix} \tag{3.2}$$

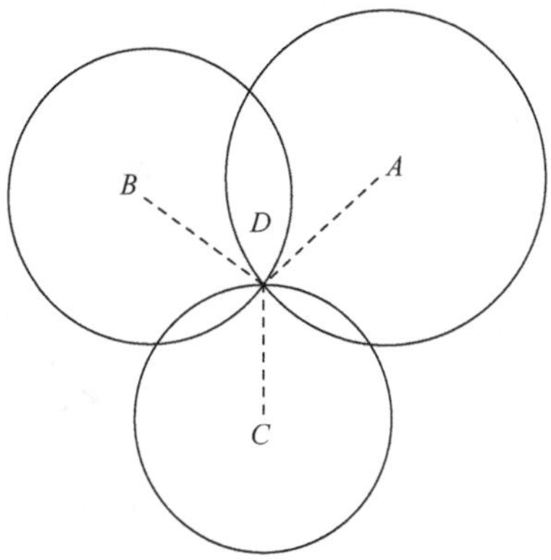

图 3.1　三边测量定位法

3.1.2　三角测量定位原理

三角测量定位法的原理如图 3.2 所示[2]。与图 3.1 相同，A、B、C 为定位区域中坐标已知的三个信标节点，其坐标表示为(x_i, y_i) $(i=1,2,3)$。目标节点 D 相对于信标节点 A、B、C 的角度分别为$\angle ADB$、$\angle ADC$ 和$\angle BDC$。若弧 AC 在三角形 ABC 内，则锚节点 A、C 和$\angle ADC$ 可以唯一地确定一个圆，其圆心为$O_1(x_{O_1}, y_{O_1})$，半径为d_1，$\alpha = \angle AO_1C$。根据图 3.2 的几何关系可得

$$\begin{cases} \sqrt{(x_{O_1} - x_1)^2 + (y_{O_1} - y_1)^2} = d_1 \\ \sqrt{(x_{O_1} - x_3)^2 + (y_{O_1} - y_3)^2} = d_1 \\ (x_1 - x_3)^2 + (y_1 - y_3)^2 = 2d_1^2 - 2d_1^2 \cos\alpha \end{cases} \tag{3.3}$$

据此可计算半径d_1，同样算法也可得到另外两个圆的半径，从而将三角测量定位问题转化为三边测量定位问题。

3.1.3　极大似然估计定位原理

极大似然估计定位法的原理如图 3.3 所示[3]。已知 n 个信标节点的坐标(x_i, y_i) $(i=1,2,\cdots,n)$，它们到目标节点 D 的距离分别为d_i，假设 D 的坐标为(x,y)，根

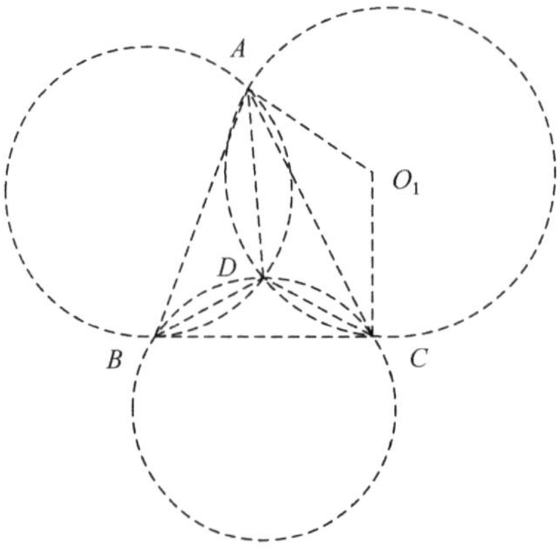

图 3.2　三角测量定位法

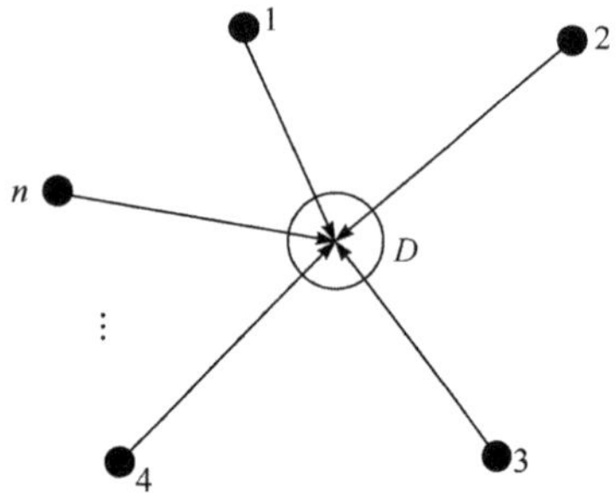

图 3.3　极大似然估计定位法

据距离公式，有

$$\begin{cases}(x-x_1)^2+(y-y_1)^2=d_1^2\\(x-x_2)^2+(y-y_2)^2=d_2^2\\\quad\vdots\\(x-x_n)^2+(y-y_n)^2=d_n^2\end{cases}\tag{3.4}$$

方程组(3.4)为非线性方程组，不便于求解，因此将前 n–1 项分别与第 n 项相减并用矩阵的形式表示，得

$$AX=B\tag{3.5}$$

式中，

$$A=\begin{bmatrix}2(x_1-x_n) & 2(y_1-y_n)\\2(x_2-x_n) & 2(y_2-y_n)\\\vdots & \vdots\\2(x_{n-1}-x_n) & 2(y_{n-1}-y_n)\end{bmatrix},\quad B=\begin{bmatrix}x_1^2-x_n^2+y_1^2-y_n^2+d_n^2-d_1^2\\x_2^2-x_n^2+y_2^2-y_n^2+d_n^2-d_2^2\\\vdots\\x_{n-1}^2-x_n^2+y_{n-1}^2-y_n^2+d_n^2-d_{n-1}^2\end{bmatrix},\quad X=\begin{bmatrix}x\\y\end{bmatrix}$$

使用标准的最小均方差估计法得目标节点 D 的坐标为

$$\hat{X}=(A^{\mathrm{T}}A)^{-1}A^{\mathrm{T}}B\tag{3.6}$$

极大似然估计定位法虽然可以获得近似克拉默-拉奥下界(Cramer-Rao lower bound，CRLB)的定位结果，但是它的代价函数是非线性和非凸的，其数值解严重依赖初始值，如果初始值离全局最小值较远，可能会收敛于一个局部最小或者鞍状点。

3.1.4　最小二乘定位原理

采用最小二乘(least square，LS)法实现定位[4]，是通过最小化误差的平方和求解车辆最佳匹配位置。

1. 基于泰勒展开的最小二乘法

极大似然估计定位法利用方程相减的算法消去式(3.4)的二次项，这种单纯的坐标相减会对已知的坐标信息造成一定损失。若对式(3.4)利用泰勒展开的方式进行线性化，则该问题可得到一定程度的缓解。令

$$f(x,y)=\sqrt{(x-x_i)^2+(y-y_i)^2} \tag{3.7}$$

对 $f(x,y)$ 在 (x_0,y_0) 点进行泰勒展开，得

$$\begin{aligned}f(x,y)&=f(x_0+h,y_0+k)\\&=\sqrt{(x_0-x_i)^2+(y_0-y_i)^2}+\frac{x_0-x_i}{\sqrt{(x_0-x_i)^2+(y_0-y_i)^2}}h+\frac{y_0-y_i}{\sqrt{(x_0-x_i)^2+(y_0-y_i)^2}}k\end{aligned} \tag{3.8}$$

将式(3.7)代入式(3.8)，得

$$\begin{cases}\dfrac{x_0-x_1}{\sqrt{(x_0-x_1)^2+(y_0-y_1)^2}}h+\dfrac{y_0-y_1}{\sqrt{(x_0-x_1)^2+(y_0-y_1)^2}}k=d_1-\sqrt{(x_0-x_1)^2+(y_0-y_1)^2}\\ \dfrac{x_0-x_2}{\sqrt{(x_0-x_2)^2+(y_0-y_2)^2}}h+\dfrac{y_0-y_2}{\sqrt{(x_0-x_2)^2+(y_0-y_2)^2}}k=d_2-\sqrt{(x_0-x_2)^2+(y_0-y_2)^2}\\ \qquad\vdots\\ \dfrac{x_0-x_n}{\sqrt{(x_0-x_n)^2+(y_0-y_n)^2}}h+\dfrac{y_0-y_n}{\sqrt{(x_0-x_n)^2+(y_0-y_n)^2}}k=d_n-\sqrt{(x_0-x_n)^2+(y_0-y_n)^2}\end{cases} \tag{3.9}$$

令 (x_0,y_0) 的初始值为各信标的中点，采用最小二乘法解此方程组，得到 h、k 之后，判断式(3.10)是否成立，若成立，则停止计算；否则，将 (x_0,y_0) 的步长增加 $(h/2,k/2)$ 再代入式(3.9)重新进行计算，直到满足式(3.10)为止，求得的 (x_0,y_0) 即是目标节点的坐标：

$$\sqrt{h^2+k^2}<\varepsilon_{\text{th}} \tag{3.10}$$

对于约束条件过少，最小二乘法中的循环求解过程有奇异值存在的情况，可以利用次梯度坐标计算算法进行求精，建立应力函数为

$$s(X)=\frac{1}{2}\sum_{j}(|x_i-x_j|-d_{ij})^2 \tag{3.11}$$

在迭代过程 $x_i^k-\gamma\dfrac{\delta_s}{\delta_{x_i}}\to x_i^{k+1}$ 中，得到坐标求精的效果，其中 $\dfrac{\delta_s}{\delta_{x_i}}=\sum_{j}(|x_i-x_j|-d_{ij})\dfrac{x_i-x_j}{|x_i-x_j|}$。

2. 基于泰勒展开式的加权最小二乘法

考虑到节点间的距离误差因节点相距的远近而不同，并且节点的估计位置与真实位置相比存在一定误差，若根据每个节点的位置精度和距离精度为每个节点赋予不同的权值，即对式(3.9)添加不同的加权系数，可得到加权最小二乘法，从而提高定位精度。加权最小二乘法的应用非常广泛，例如，Chan 算法利用两步加权最小二乘法进行定位估计。

如果用 $WAX=WB$ 代替式(3.5)，且 $W=\begin{bmatrix} w_1 & & \\ & \ddots & \\ & & w_n \end{bmatrix}$，那么式(3.9)可以转化为

$$\begin{cases} \dfrac{x_0-x_1}{\sqrt{(x_0-x_1)^2+(y_0-y_1)^2}}h+\dfrac{y_0-y_1}{\sqrt{(x_0-x_1)^2+(y_0-y_1)^2}}k=w_1\left[d_1-\sqrt{(x_0-x_1)^2+(y_0-y_1)^2}\right] \\ \dfrac{x_0-x_2}{\sqrt{(x_0-x_2)^2+(y_0-y_2)^2}}h+\dfrac{y_0-y_2}{\sqrt{(x_0-x_2)^2+(y_0-y_2)^2}}k=w_2\left[d_2-\sqrt{(x_0-x_2)^2+(y_0-y_2)^2}\right] \\ \qquad\vdots \\ \dfrac{x_0-x_n}{\sqrt{(x_0-x_n)^2+(y_0-y_n)^2}}h+\dfrac{y_0-y_n}{\sqrt{(x_0-x_n)^2+(y_0-y_n)^2}}k=w_n\left[d_n-\sqrt{(x_0-x_n)^2+(y_0-y_n)^2}\right] \end{cases} \tag{3.12}$$

式中，w_i 为相对置信度。其解为

$$\hat{X}=(A^{\mathrm{T}}W^{\mathrm{T}}WA)^{-1}A^{\mathrm{T}}W^{\mathrm{T}}B \tag{3.13}$$

由节点本身的定位精度和节点间的距离测量的精度共同决定。假定节点 X 收到 n 个信标节点 S_i 的信息，信标节点 S_i 的定位精度为 δ_i，与节点 X 间距离测量的精度为 u_i，那么信标节点 S_i 相对于节点 X 的置信度为

$$w_i=\frac{1}{\sqrt{\delta_i^2+\mu_i^2}} \tag{3.14}$$

3. 总体最小二乘法

上述两种最小二乘法只考虑了矩阵 B 的误差,即只考虑了节点间的距离误差,然而，在实际问题中矩阵 A 也可能有误差，即信标节点本身的位置误差。在出现这种情况时，可以采用总体最小二乘法(total least squares，TLS)进行处理。

设 A 和 B 同时存在扰动误差 E_A 和 E_B，则式(3.5)可改写为

$$(A+E_A)X = B+E_B \tag{3.15}$$

求解式(3.15)的最小二乘问题即是求解 $\min\|(E_A,E_B)\|_{\mathrm{F}}$，其中，$\|\cdot\|_{\mathrm{F}}$ 表示矩阵的 Frobenius 范数。设 $A\in\mathbb{R}^{m\times n}$，$B\in\mathbb{R}^{m\times n}$，$C\in(A,B)$，$C$ 的奇异值分解为 $C=U\Sigma V^{\mathrm{H}}$，其中 U 和 V 是酉矩阵，$\Sigma=\mathrm{diag}(\delta_1,\cdots,\delta_n,\delta_{n+1},\cdots,\delta_{n+d})$。

总的来说，最小二乘问题可以通过将矩阵 V 转化成分块矩阵形式求解：

$$V=\begin{bmatrix} V_{1,1} & V_{1,2} \\ V_{2,1} & V_{2,2} \end{bmatrix} \tag{3.16}$$

式中，$V_{1,1}$ 的维数为 $n\times n$；$V_{2,2}$ 的维数为 $d\times d$。

当 $\delta_j>\delta_{j+1}$、$\delta_n\neq\delta_{n+1}$，且 $\mathrm{rank}(V_{2,2})=d$ 时，总体最小二乘问题可解，其极小范数解为

$$X_{\mathrm{XTS}}=-V_{1,2}V_{2,2}^{-1} \tag{3.17}$$

3.2　基于无线网络的车辆定位算法

常用的无线定位算法主要分为测距定位算法和非测距定位算法：测距定位算法通过测量移动节点和路侧节点间信号强度获得两者之间的距离，结合三边定位算法实现对移动节点的定位；非测距定位算法则主要利用网络连通性来实现节点定位。相比之下，测距定位算法测量精度较高，非测距定位算法对硬件要求较低，比较容易实现[5]。

基于测距的定位算法主要包括如下几种：①基于信号到达时间(time of arrival，TOA)的定位算法，在信号传播速度已知的前提下，根据信号在发送节点和接收节点之间来回传播的时间估计发送者和接收者之间的距离；②基于信号到达时间差(time difference of arrival，TDOA)的定位算法，TDOA 定位算法是在 TOA 定位算法基础上衍生出的一种算法。发射节点依次发送两种无线信号，两种无线信号有不同的传播速度，如声波信号和射频(radio frequency，RF)信号等，接收节点测量出两种信号的到达时间，得到到达时间差，则可计算出两节点间的距离，最后通

过定位算法得到节点位置；③基于接收信号强度指示(received signal strength indication，RSSI)的定位算法，信号强度衰减和距离的变化有一定关系，因此可以利用信号传递过程中信号的衰减程度进行距离的粗略计算；④基于信号到达角度(angle of arrival，AOA)的定位算法，未知节点通过自身的接收器得到与已知节点的方位角，则可得到已知节点与未知节点间的径向线，未知节点与两个以上的已知节点的径向线的交点即为未知节点的位置估计。

上述各种测距定位算法中，TOA 定位算法需要精确的电子时钟同步，因此对硬件要求较高；TDOA 定位算法精度高，但要求节点必须可以发送和接收两种以上不同传播速度的信号，故硬件成本较高；AOA 定位算法需要麦克风阵列或者天线阵列；RSSI 定位算法使用 RF 信号，节点本身具有无线通信能力，所以硬件造价和功耗都比较低，较为实用[5]。除了是否能适应不同的应用环境，各种定位算法比较和衡量的参数还有多种，如节点分布密度、测量误差、硬件成本及耗能和可扩展性。其中，节点分布密度不仅影响定位精度，也会影响网络布设成本；测量误差主要源于定位算法、环境因素以及系统误差等方面；可扩展性指算法能够适用于多种传感器，当环境改变时能够自动升级优化[6]。上述各种定位算法在这四方面比较具体如表 3.1 所示。

表 3.1　常用定位算法比较

定位算法	性能			
	节点分布密度	测量误差	硬件成本及耗能	可扩展性
RSSI	分散	大	低	强
TOA	分散	小	较高	一般
AOA	分散	小	较高	一般
TDOA	分散	小	较高	一般

由表 3.1 可以看出，RSSI 定位算法使用简单、无特殊硬件需求，可扩展性强，是得到广泛应用的无线定位手段之一。

RSSI 定位算法是先根据接收节点收到的信号强度得出信号传播中的损耗，然后利用理论和经验模型求出节点间距离，最后进行定位计算。但理论和经验模型的估测性质，以及信号传播过程中存在诸多影响因素，导致 RSSI 定位的精度较低，但是在实际应用中可作为初步粗定位算法使用，尤其是当 GNSS 信号受到遮挡时(如隧道、高架桥下等)，可暂时采用 RSSI 定位算法代替，两者性能对比如表 3.2 所示。

表 3.2　RSSI 定位算法与 GNSS 定位算法对比

定位算法	额外硬件	硬件成本	定位误差/m
常用 GNSS 定位算法	需要	高	0～10
RSSI 定位算法	不需要	低	0～3

从表 3.2 易知，RSSI 定位优势在于不需要提供额外硬件支撑，操作简单，硬件成本消耗低；不足之处是受环境影响较大，定位精度同样不高，主要误差来源包括测量误差、环境引起的信号衰落、遮蔽物引起的信号衰落等。因此，RSSI 定位算法可用于 GNSS 盲区下车辆运动位置初步估计或累积误差校正[7]。

3.2.1　基于信号源的 RSSI 定位算法分类

RSSI 定位算法根据使用的信号源或者数据传输方式不同可划分为 WiFi 定位、ZigBee 定位、蓝牙定位、RFID 定位等。这几种定位都需要部署定位基站，WiFi 定位需要部署无线访问节点(AP)，蓝牙定位需要部署蓝牙基站或者 iBeacon，ZigBee 定位和 RFID 定位需要部署 RF 设备。各种定位算法具有不同的适用性与优缺点。

WiFi 定位精度主要取决于 WiFi 基站或者 AP 的密度，定位算法上能够优化的空间非常小，主要算法是三角测量算法及指纹算法。三角测量算法适用于环境变化较少的场景，在 AP 位置已知的情况下，计算目标移动设备与各 AP 的距离，并结合计算机与周围 AP 距离画圆得到的交点确定目标设备位置。指纹算法将环境中一个位置抽象为一个独特的指纹，指纹代表该处存在的某种信号特征。指纹算法分为离线训练阶段与在线定位阶段两个阶段，在离线训练阶段，按照网格划分定位区域并建立采样点，使用 WiFi 接收装置逐个采样并记录其位置、AP 以及 RSSI 等信息，利用滤波技术对采样点进行处理；在线定位阶段，需要将实时获取的 RSSI 及 AP 地址等信息上传至服务器与离线信息匹配，从而得到估算的位置。总体而言，基于 WiFi 的定位算法精度偏低，没有方位性，一般精度在 5m 左右。但是其成本低，同时可以利用手机终端，节省终端部署的成本。

蓝牙定位的显著优势是功耗相对较低，蓝牙的功耗要低于 WiFi，如果部署一张专用的定位网络，对系统的可靠性而言，要比兼顾数据传输和定位的 WiFi 网络健壮，稳定性要好。常见的蓝牙定位算法是三点定位算法，通过蓝牙广播获得信标节点的 RSSI，并通过距离算法获得与信标节点的间距，然后通过三个信标间距与坐标定位得到目标位置。然而，信号衰减与多径效应的存在，使得三点定位算法的坐标精度较差，因而指纹算法也被应用在蓝牙定位过程中。与 WiFi 定位相比，蓝牙定位需要部署蓝牙的信标节点，因此需要建设蓝牙网络，相比之下，网络建设与网络维护的成本要增加不少。在定位精度上，蓝牙定位算法和 WiFi 相比无优势，算法精度和蓝牙信标的密度相关，为 1～5m。

ZigBee 利用 RSSI 测距定位技术，在移动节点广播 RSSI 信息后，参考节点通过测量其接收到的信号功率，计算传播损耗，从而转化为距离。在 ZigBee 无线定位技术中，以盲节点和参考节点作为主体完成定位过程。其中，参考节点固定，负责通过数据包将数据传输到其他节点，盲节点负责接收信号数据，将信号数据中参考节点对应的 RSSI 值上传到定位引擎中，利用定位引擎计算自身具体位置。ZigBee 无线传感器将无线通信和传感器结合在一起，能够使搜集到的信息更加准确，也能够更好地处理数据信息。

RFID 定位成本低，可以大规模地部署。RFID 提供有源和无源两种方案，无源方案没有供电的问题，有源方案可以做到功耗极低，使用纽扣电池就可持续数年的待机量。RFID 基站设备相对丰富，大功率设备和小功率的读取器产品比较多，适合各种场合的组网。相比于超宽带(UWB)定位，RFID 定位如果需要达到同样的精度要求，RFID 基站或者读取器部署相对复杂，数量较多。RFID 设备相对稳定，在定位领域应用很广，并且由于 RFID 定位终端、RFID 标签的价格极低，所以可以大规模地使用，在物流分拣、监狱定位、电瓶车定位、汽车电子车牌定位等有着成熟的和良好的应用前景。

综上所述，本节以 RFID 为传输方式，介绍一种基于 RFID 锚节点的车辆无线定位算法，通过 RSSI 原理，快速实现车辆初始定位。RFID 实现车辆定位的方式主要有两种：①RFID 读取器安装在车辆中，RFID 标签安装在城市道路中，读取器可以读取标签存储的精确位置信息。②RFID 读取器安装在路边的基站中，RFID 标签安装在车牌中，利用读取器和标签信息传播的特征值，可以估计出车辆的位置。本节主要基于第一种方式实现车辆无线定位。

3.2.2　基于 RFID 锚节点的车辆无线定位

在智能车辆定位研究领域，为了提高 GNSS 的定位性能，各种组合算法应运而生。常用选择是将 GNSS 与 INS 结合，然而 GNSS 定位失败时无论是 INS 还是 DR 随着时间推移都会积累大量误差，无法长时间有效、准确地实现定位。尽管引入了地图匹配(MM)可以部分纠正累积误差，但是 MM 的精度取决于数字地图与 MM 算法的精度，在道路密集区总会导致定位错误。目前，除了 GNSS 和其他无线定位技术[8]，RFID 以其独特的优点得到了迅速发展，它具有非接触、低成本、自动化识别目标物体等优点，一个 RFID 系统由 RFID 读取器、标签和收发器天线组成，标签可以分为有源标签和无源标签两类[9]。随着有源 RFID 技术的发展，各种相应的室内定位算法得到研究，但是在复杂城市环境中尤其是 GNSS 信号缺失的隧道等场景，基于 RFID 技术的车辆定位算法应用很少[10,11]。Zhang 等[12]提出了基于有源 RFID 的车辆定位算法，根据 RFID 的信号强度与距离关系计算车辆初步位置,然后建立滤波器模型融合车辆角度传感器和轮速传感器的输出信息,并使用扩展卡尔曼滤波器过滤和迭代估计车辆精确位置。Huang 等[13]提出了一种城市复杂环境下高可靠性的车辆组合定位算法，采用扩展卡尔曼滤波融合 RFID、方向盘角度以及轮速信息实现车辆精确定位。长距离采用 RFID 定位需要消耗大量的硬件设备，因此本节主要针对隧道、山区等 GNSS 盲区环境，借用文献[12]的思想，介绍一种基于 RFID 信标的车辆短时间初始位置估计算法，其中数据传输采用 ZigBee 自组织网络节点实现。

1. 基于 RFID 锚节点的车辆无线定位系统构建

基于 RFID 锚节点的车辆无线定位系统主要由路侧部分和车载部分组成，如图 3.4 所示。路侧部分主要包括有源 RFID 标签、数据处理模块和 ZigBee 自组织网络节点，车载部分由一个 RFID 读取器、数据处理模块和 ZigBee 自组织网络节点组成。

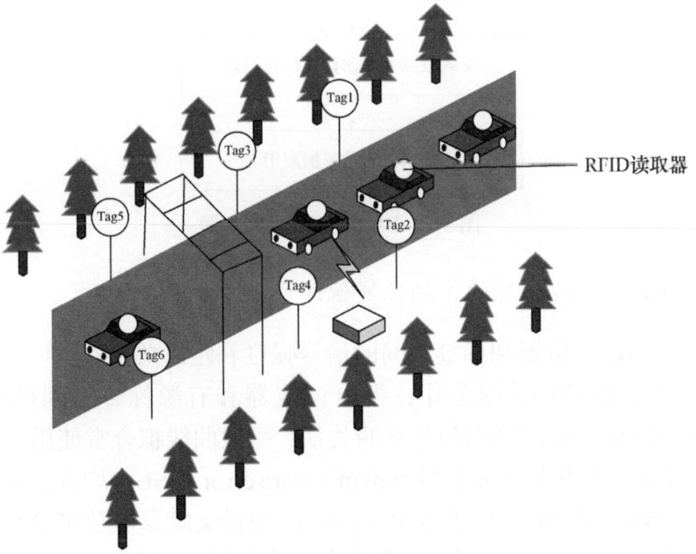

图 3.4　系统硬件部署效果图

当车辆行驶进入隧道、高架桥下等路段(RFID 标签部署区域)时，随着 GNSS 信号的突然中断，车辆探测 RFID 信号，当车载的 RFID 读取器能够读取到三个及以上不同 RFID 标签时，就可以依据事先标定的标签位置数据以及信号强度对车辆进行初始定位。RFID 定位系统流程如图 3.5 所示。

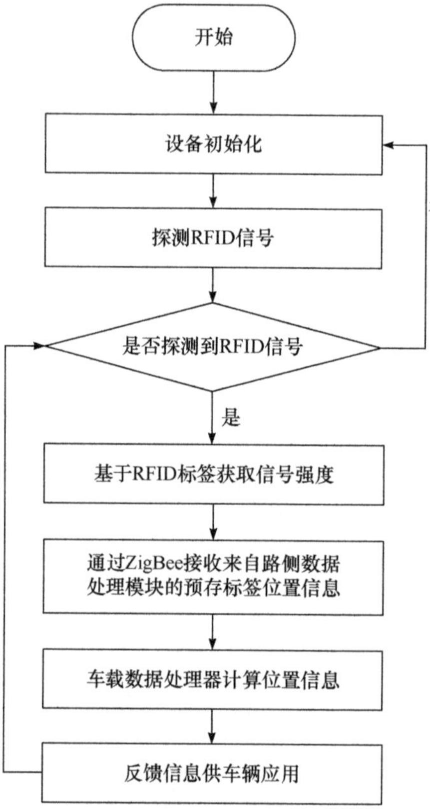

图 3.5　RFID 定位系统流程

2. 基于 RFID 有源信标的车辆位置估计

1) 拟合 RFID 读取器和标签之间的信号强度和距离关系

本节采用 JN5139 射频芯片，拟合读取器和有源标签之间接收信号强度(received signal strength，RSS)和距离的关系。一般曲线拟合常使用二次函数、幂函数和指数函数，考虑平方误差和(sum of square error，SSE)、均方根平方误差(root mean square error，RMSE)、R 平方(R-square)，通过文献参考及实验发现指数函数具有最佳拟合度，如式(3.18)所示，其拟合曲线如图 3.6 所示：

$$d = a\mathrm{e}^{uI} + c\mathrm{e}^{rI} \tag{3.18}$$

式中，d 为读取器和有源标签之间的距离，单位 m；I 为读取器从标签接收的信号强度，无量纲；e 为自然对数，e=2.71828；a、u、c 和 r 为由实验确定的相应系数。通过大量实验和统计，最终取 a=171.8，$u=-1.27$，c=83 和 $r=-0.054$。

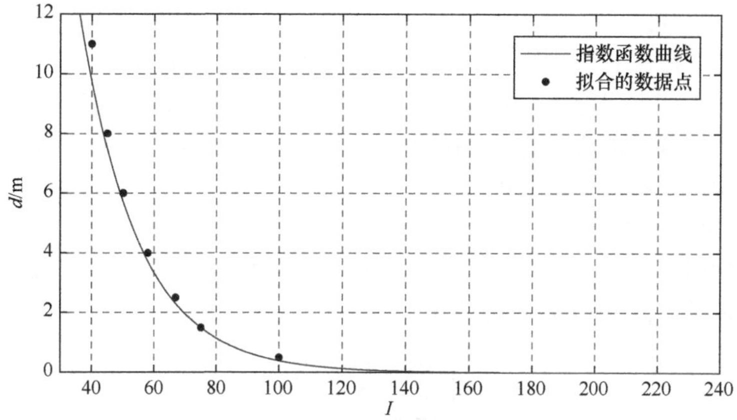

图 3.6　指数函数拟合曲线

2) 部署 RFID 读取器和标签

在不同类型定位算法中，可以观察到随着锚节点几何布局不同，系统的定位性能也有所变化。例如，在测距误差分布一定的情况下，将锚节点部署在矩形定位区域的四个角落，可以使得矩形定位区域内部的未知节点获得更精确的位置估计。因此，系统地研究锚节点部署模式对定位性能的影响是十分必要的。相关文献也提出了许多基于最优化定位性能的锚节点部署方案[14]。本节以连续矩形定位区域部署方式为主，为了防止信号遮挡，RFID 读取器安装在车辆顶部，标签以 5m 为间隔均匀地固定在道路两旁，如图 3.7 所示。标签安装高度略高于 RFID 读取器的高度。本节算法假设 RFID 读取器与标签大致在同一平面，其地理坐标系中位置提前已知并存储在路侧数据处理模块。

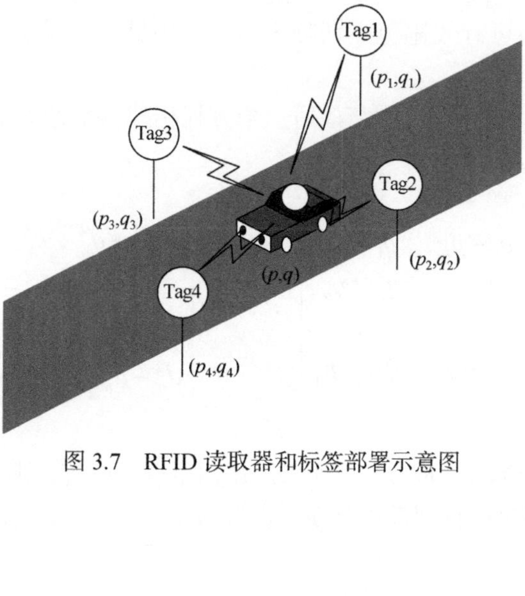

图 3.7　RFID 读取器和标签部署示意图

3) 确定有效标签

根据读取器和有源标签间通信距离以及道路标签的布局，一般情况下读取器可以读取最少四个附近标签的信息。如果可以读到的标签不止四个，在每个离散时间 k 时，取读取器获得的最大接收信号强度的四个标签作为有效标签，也可根据实际情况增加有效标签个数。

4) 车辆位置估计

在离散时间 k 时，假设在地理坐标系中读取器的坐标位置为 $(p(k),q(k))$，利用平面距离公式(3.19)估计目标位置：

$$\begin{cases} d_1(k)=\sqrt{[p_1-p(k)]^2+[q_1-q(k)]^2} \\ d_2(k)=\sqrt{[p_2-p(k)]^2+[q_2-q(k)]^2} \\ d_3(k)=\sqrt{[p_3-p(k)]^2+[q_3-q(k)]^2} \\ d_4(k)=\sqrt{[p_4-p(k)]^2+[q_4-q(k)]^2} \end{cases} \tag{3.19}$$

式中，(p_1,q_1)、(p_2,q_2)、(p_3,q_3) 和 (p_4,q_4) 分别为地理坐标系中四个有效标签的坐标；$d_1(k)$、$d_2(k)$、$d_3(k)$ 和 $d_4(k)$ 可以通过式(3.18)计算获得。再由式(3.19)求解 $p(k)$ 和 $q(k)$，即获得读取器的位置(车辆位置)。

一般情况下，通过方程组(3.19)解算出车辆定位点的坐标。但是实际环境中，受多径效应的影响，测距结果往往存在误差，可能会导致上述方程组无解，此时的节点定位问题就属于一个 NP 难问题。最小二乘法是应用于求解目标节点坐标的比较广泛的经典算法，是解决式(3.19)在有测距偏差时可能无解这类问题的最简单的定位算法。最小二乘法的解使得各个函数值与实际测量值之差的平方和最小，当测量中可有效避免高斯噪声时，使用最小二乘法可以得到较高的定位精度。

将方程组(3.19)中所有方程与最后一个方程相减，将结果写为矩阵形式，可得

$$AX=B \tag{3.20}$$

式中，$A=-2\begin{bmatrix} p_1-p_n & q_1-q_n \\ p_2-p_n & q_2-p_n \\ \vdots & \vdots \\ p_{n-1}-p_n & q_{n-1}-p_n \end{bmatrix}$；$B=\begin{bmatrix} d_n^2-d_1^2+p_1^2-p_n^2+q_1^2-q_n^2 \\ d_n^2-d_2^2+p_2^2-p_n^2+q_2^2-q_n^2 \\ \vdots \\ d_n^2-d_{n-1}^2+p_{n-1}^2-p_n^2+q_{n-1}^2-q_n^2 \end{bmatrix}$；$X=[p \quad q]^{\mathrm{T}}$。

本节采用四个标签，取 n=4，如果采用四个以上标签，则 n>4，方程组(3.20)的解就不唯一，但可以找到最优解使得误差最小。因此，假设误差向量为 $\Delta\varepsilon$，定

义 $n\times1$ 向量，由式(3.20)变换可得

$$\Delta\varepsilon = AX - B \tag{3.21}$$

构造误差平方函数，即

$$f(x) = (AX - B)^{\mathrm{T}}(AX - B) \tag{3.22}$$

对函数求导取极值获得最小值，当矩阵非奇异时，输出目标点的坐标为

$$X = (A^{\mathrm{T}}A)^{-1}A^{\mathrm{T}}B \tag{3.23}$$

在实际的测量环境中，最小二乘法会给式(3.22)中平方函数的每一项赋予相同比重，事实上，误差越小的项在结果估计中应该占有更大的比重。为了体现不同参考点的估计精度，给每个估计值赋予不同的权重。根据马尔可夫(Markov)定理及其相关的数学知识，当误差向量的方差最小时，数据离散程度最小，能得到最优的位置估计，则加权最小二乘法表达式为

$$X = (A^{\mathrm{T}}WA)^{-1}A^{\mathrm{T}}WB \tag{3.24}$$

式中，W 为加权矩阵，当 W 为单位矩阵时，式(3.24)就变成一般的最小二乘法。利用 Schwartz 不等式可以证明，当测距误差与距离之比为高斯随机变量，并且独立分布时，$W = R^{-1}$ 的估计均方误差最小，R 为测距误差的方差矩阵。

5) 车辆坐标转换

在实际应用中，该算法涉及多个坐标系的转换，如图 3.8 所示。地理坐标系

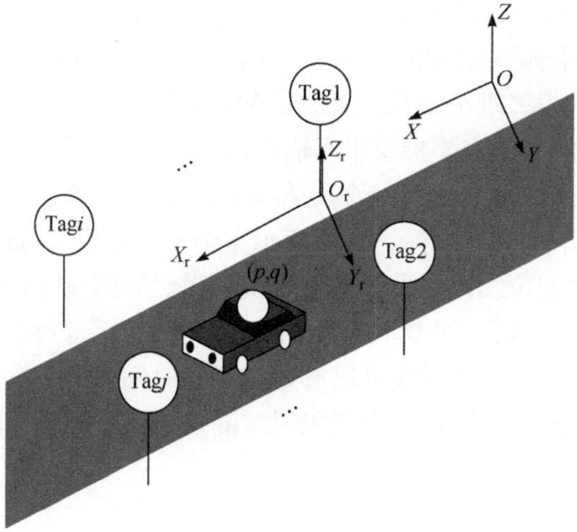

图 3.8　坐标系转换关系

$OXYZ$ 是车辆位置估计的统一参考坐标系，坐标系 $O_rX_rY_rZ_r$ 是 RFID 定位算法的坐标系。当车辆行驶到 RFID 感应区域时，通过本节算法可以计算 $O_rX_rY_rZ_r$ 坐标系下车辆的位置信息 $(p(k),q(k))$，同时坐标系 $OXYZ$ 下 O_r 点坐标已知并预存在路侧单元，因此通过坐标系转换可以获得 $OXYZ$ 坐标系下车辆最终位置 $(P(k),Q(k))$。本节只涉及二维平面车辆定位，所以 Z 轴方向信息不加考虑。

3. 实例分析

本节 RFID 无线定位系统以长安大学渭水校区汽车综合性能实验场为测试平台，采用 JN5139 射频芯片，为了避免干扰，RFID 读取器安装于车辆顶部，有源标签以 5m 间隔距离均匀分布于实验场道路两侧。实验环境选择的操作系统为 Windows 7，中央处理器为 3.10GHz，程序编写平台为 VC++。

本节实验环境中 RFID 部署区域长度为 200m，当车辆进入该检测区域时，RFID 读取器开始连续采集数据，并且通过 ZigBee 自组织网络节点接收路侧数据处理模块的信息。当 t=7min 时，车辆已经驶入该区域，车辆 RFID 读取器已经能够读取信号强度较好的六个标签，如表 3.3 所示。

表 3.3　检测到的标签信号强度

时间	Tag19	Tag20	Tag21	Tag22	Tag23	Tag24
7min12s	45	43	61	56	53	49

基于 RFID 的车辆运动估计算法，首先确定有效标签，根据接收信号强度的大小，分别选取 Tag21、Tag22、Tag23、Tag24，由于车辆行驶位置更接近矩形中心，所以四个标签的信号强度非常稳定。然后基于信号强度和距离的拟合曲线公式，易得车辆与四个标签之间的距离，分别是 3.08m、4.03m、4.74m、5.89m。最后采用式(3.19)计算获得二维平面 $O_rX_rY_rZ_r$ 坐标系下车辆位置 X=51.2m，Y=3.1m，进而通过坐标转换获得 $OXYZ$ 坐标系下车辆定位最终的定位信息。

基于本节算法测试了 10 组车辆定位数据，如图 3.9(a)所示，其中星号表示 RFID 定位算法的车辆横纵坐标，圆圈表示车辆实际横纵坐标(高精度 DGNSS 获取数据)。统计两种定位结果的欧氏距离作为误差，如图 3.9(b)所示。从图中易得，RFID 定位算法精度一般，误差不超过 1.6m，但是其运行效率高，硬件成本低。在 GNSS 失效环境下，本节算法可以有效实现短时间内的车辆定位，其原理属于被动定位，不存在随时间推移产生累积误差的现象，因此是一种有效且易于实现的自主定位系统。

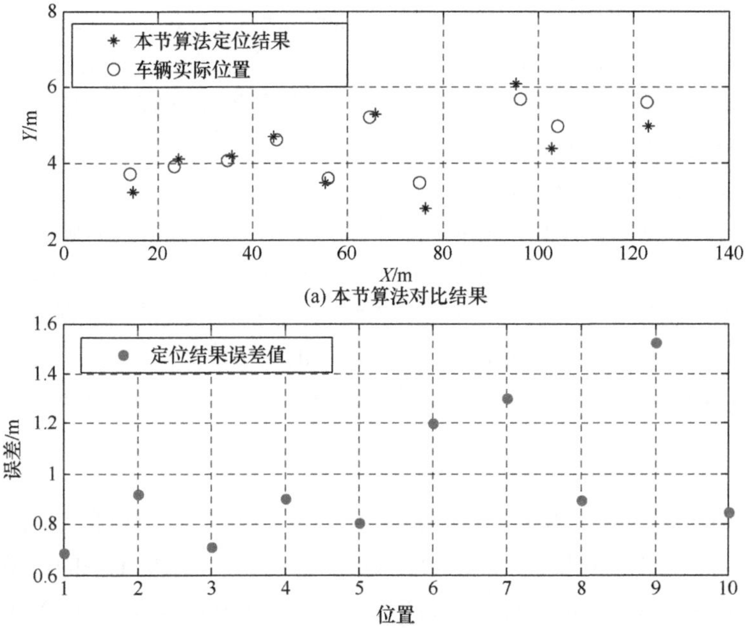

(a) 本节算法对比结果

(b) 本节算法误差结果

图 3.9　RFID 定位与 DGNSS 对比效果

本节研究基于 RFID 锚节点的车辆无线定位技术，旨在利用 RFID 的非接触、穿透性强、成本低以及定位精度较高等优点，解决隧道、高架桥等环境下车辆的连续可靠、较高精度以及高效率定位问题。其重点涉及定位系统搭建、标签布局以及算法研究等，通过仿真和实车测试结果表明本节 RFID 车辆定位系统能够实现连续的车辆粗略定位，并且有效解决 GNSS 信号失效问题；同时，该算法可以作为车辆组合定位中的关键技术之一，提高复杂环境下车辆定位信息的感知精度。

3.3　基于 5G 无线网络的定位及其应用场景

3.3.1　基于 5G 无线网络的定位

随着通信技术的快速发展，第五代移动通信技术(5th generation mobile communication technology，5G)凭借其大通信带宽、高数据传输速率的特点得到关注和研究。5G 系统不仅可以提供通信需求，还能提供无线定位需求。多天线技术的应用，提高了通信带宽，可充分利用空间自由度进行多流传输，利于定位参数的估计。大规模 MIMO 技术利用阵列测向技术可以分辨多径信号，最终实现精确的角度测量[15]。

5G 网络中的若干技术，如超密集网络(ultra-dense networks，UDN)、大规模多输入多输出(massive MIMO，MMIMO)天线、D2D 通信(device-to-device communication)等，既能大幅提升单位面积的频谱效率、成倍增加网络的容量、满足通信网络需求，也具备定位功能增强的潜能。

1) 超密集网络定位技术

5G 超密集网络为高精度室内定位提供了网络基础，但仍需解决每个射频单元的可分辨性问题。针对室内场景，目前每个射频拉远单元(remote radio unit，RRU)只是复制发送基站的基带信息。终端不能区分是从哪个远端无线射频单元发来的定位信号，定位技术无法充分利用超密集网络的覆盖优势。因此，需要在 5G 室内分布系统的每个射频单元都分配独立的定位参考信号(positioning reference signal，PRS)ID，实现定位信号的可分辨性。

2) MMIMO 天线角度测量技术

MMIMO 技术的应用为 5G 网络解决 AOA 定位由多径和非视距环境导致的误差大的问题提供了可能。在实际工程应用中，由于 AOA 定位的环境通常存在多径效应，基站接收到的信标的上行信号是非视距(nonline of sight，NLOS)信号和视距(line of sight，LOS)信号的合成，而仅有 LOS 信号能够精确表征信标与基站之间的到达角。在传统蜂窝网络中，分离并获取 LOS 信号的实现成本相对较高。而 MMIMO 天线能产生定向的窄波束，窄波束对准的方向就是信标上行信号的到达方向 AOA，因而在 5G 网络中可以容易地获取来自两个基站的 AOA 测量值，进而计算出信标的准确位置。

3) 面向 5G 网络上行定位和下行定位

上行定位和下行定位是 5G 系统的两个基本定位方式。上行定位的主要原理是，终端发射定位信号，基站进行检测定位；下行定位的主要原理是，基站发射定位信号，终端进行检测定位。两者在 5G 网络下的特点如表 3.4 所示，可以看出，下行定位能够充分发挥出 5G 系统的大带宽、低时延、大规模天线阵列等特点。

表 3.4　5G 网络上行定位与下行定位对比

对比项目	上行定位	下行定位
发射功率	小	大
覆盖范围	小	大
定位场景	高密度场景	低密度、高密度场景均可
定位时延	依赖终端资源分配、配置流程，最小为 20ms	最小可达毫秒级
定位信号使用带宽	依赖分配，通信情况下远小于最大带宽；定位用户可以分配最大带宽	可以使用最大带宽

续表

对比项目	上行定位	下行定位
容量	需要为每个用户分配信道探测参考信号(SRS)资源，容量小	容量不受限制
定位精度	(和分配带宽有关)带宽小，精度差	精度高
定位算法	上行链路到达时间、AOA	观测到达时间、AOA 等
定位模式	基于网络	基于用户设备、网络等

3.3.2　5G+北斗通信定位一体化系统

在城市环境下，建筑物、高架桥的遮挡会产生多径信号，影响卫星信号直射路径的提取精度，从而影响定位的准确性。对于智能车辆，需要提供高精度的一体化定位服务[16]。除了利用 5G 提升基础定位技术的定位精度，还需要以 5G 通信网络为基础，充分利用移动网络的管道和平台优势，融合多种异构定位技术，实现多模态信息优势互补，完成通信和定位一体化，系统框架图如图 3.10 所示。

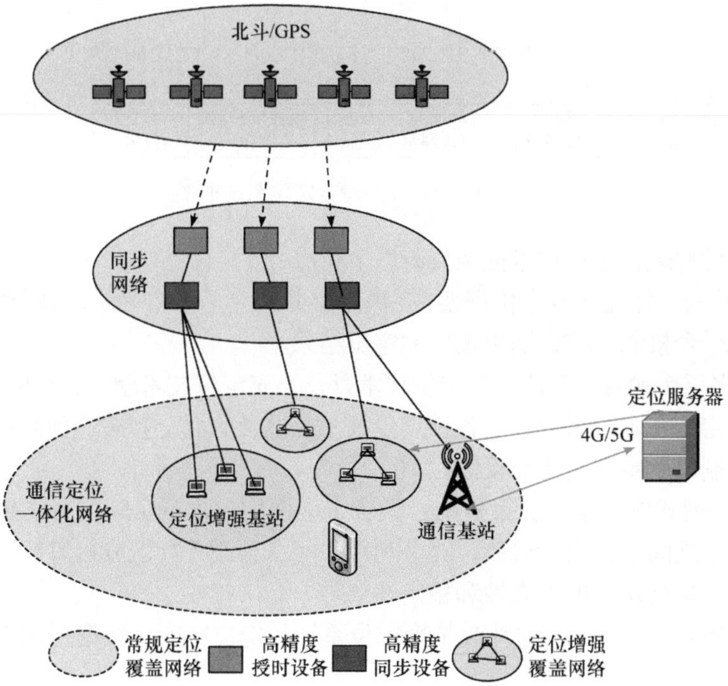

图 3.10　一体化定位系统框架图

异构融合定位系统不是简单地对各种定位网络进行叠加，需要研究各种定位技术的智能融合技术，综合实现最优的定位性能。图 3.11 展示了 5G+北斗融合定位系统框架图。

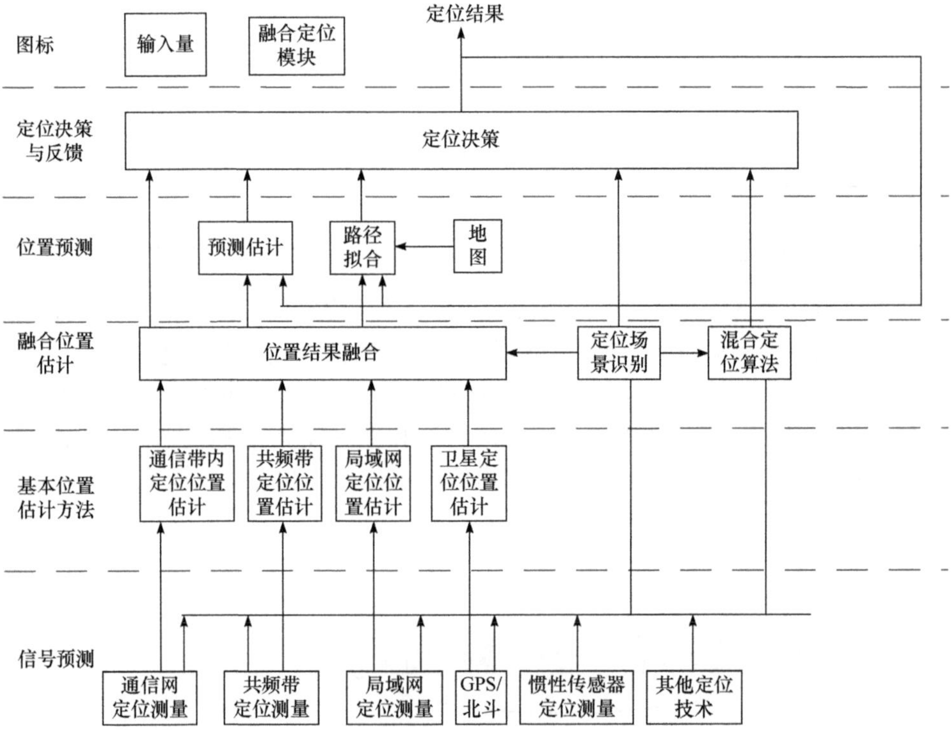

图 3.11　5G+北斗融合定位系统框架

智能异构融合定位技术框架具有以下特点。

(1) 异构一体化融合定位框架：在框架层面建立了异构一体化融合机制，通过多种有机融合机制，综合输出最优的定位结果。

(2) 多层次融合：支持多种定位技术以及补充定位技术融合；在融合手段上，支持基本定位技术结果融合、各种定位技术测试量的混合算法、预测融合等多个层面的机制以及定位决策与反馈。

(3) 反馈式融合定位决策机制：融合定位框架包含了实际位置结果估计和预测拟合结果之间反馈决策机制，充分利用空间、预测等智能分析算法，减少异常定位结果，提高定位的可靠性和稳定性。

经过实际测试，5G+北斗高精度定位系统的定位精度、数据可用率等指标如表 3.5 所示。

表 3.5　5G+北斗高精度定位系统测试结果

毫米级	规范要求(BD 440013—2017)	测试结果
定位精度	≤ 10mm(PDOP ≤ 3)	≤ 5mm
数据可用率	≥ 95%	≥ 99.9%
厘米级	规范要求(BD 440013—2017)	测试结果
定位精度	0～8cm(PDOP ≤ 3)	1～5cm
数据可用率	≥ 95%	≥ 99.9%
亚米级	规范要求(BD 440013—2017)	测试结果
RTK 定位精度	≤ 1m(PDOP ≤ 3)	20～70cm
RTD 定位精度	≤ 3m(PDOP ≤ 3)	≤ 1m
数据可用率	≥ 95%	≥ 99.9%

注：PDOP 为位置精度因子；RTK 为实时载波相位差分技术；RTD 为实时码相位差分技术。

结合人工智能(artificial intelligence，AI)技术，在 5G 网络环境中采用多径信号辅助的 AI 智能建图与定位，从多径信号中提取环境静态特征为定位提供更多的参考基准点，或者利用多车协同进一步提高静态特征的提取精度，从而提高定位精度。未来，基于 5G+北斗的高精度定位系统将在多种行业得到推广和应用，可为智能车辆提供高精度、全天候、全时空的定位、导航和授时服务。

参 考 文 献

[1] Chen X Q, Gao Z. Indoor ultrasonic positioning system of mobile robot based on TDOA ranging and improved trilateral algorithm[C]. The 2nd International Conference on Image, Vision and Computing (ICIVC), Chengdu, 2017: 923-927.

[2] Rao N S V, Xu X C, Sahni S. A computational geometry method for DTOA triangulation[C]. The 10th International Conference on Information Fusion, Quebec City, 2007: 1-7.

[3] Simonetto A, Leus G. Distributed maximum likelihood sensor network localization[J]. IEEE Transactions on Signal Processing: A publication of the IEEE Signal Processing Society, 2014, 62(6): 1424-1437.

[4] 王建刚, 王福豹, 段渭军. 加权最小二乘估计在无线传感器网络定位中的应用[J]. 计算机应用研究, 2006, 23(9): 41-43.

[5] 张智琦. 基于卷积神经网络的车辆智能无线定位算法研究[D]. 北京: 北京交通大学, 2018.

[6] 苏婷. 基于 UWB 的无线测距与车辆组合定位算法研究[D]. 西安: 长安大学, 2018.

[7] Zhou J M, Zhao X M, Wang Z, et al. An automatic calibration system of vehicle motion error under GNSS blind area[C]. IEEE 18th International Conference on Intelligent Transportation Systems,

Las Palmas, 2015: 238-243.
[8] Gu Y Y, Lo A, Niemegeers I. A survey of indoor positioning systems for wireless personal networks[J]. IEEE Communications Surveys and Tutorials, 2009, 11(1): 13-32.
[9] Uchitomi N, Inada A, Fujimoto M, et al. Accurate indoor position estimation by swift-communication range recognition(S-CRR)method in passive RFID systems[C]. International Conference on Indoor Positioning and Indoor Navigation, Zurich, 2010: 1-7.
[10] Shirehjini A A N, Yassine A, Shirmohammadi S. An RFID-based position and orientation measurement system for mobile objects in intelligent environments[J]. IEEE Transactions on Instrumentation and Measurement, 2012, 61(6): 1664-1675.
[11] Catarinucci L, Tedesco S, Tarricone L. Customized ultra high frequency radio frequency identification tags and reader antennas enabling reliable mobile robot navigation[J]. IEEE Sensors Journal, 2013, 13(2): 783-791.
[12] Zhang E Z, Kuang Y J, Jiang W L, et al. Active RFID positioning of vehicles in road traffic[C]. The 11th International Symposium on Communications and Information Technologies, Hangzhou, 2011: 222-227.
[13] Huang J F, Li X, Sun Y H, et al. A highly-reliable combined positioning method for vehicle in urban complex environments[C]. IEEE International Conference on Vehicular Electronics and Safety, Dongguan, 2013:153-158.
[14] 张瑞. 车辆自组织网络实时精确定位算法研究[D]. 南京: 东南大学, 2019.
[15] Li Y X, Yang G L. Dual-mode and triple-band 10-antenna handset array and its multiple-input multiple-output performance evaluation in 5G[J]. International Journal of RF and Microwave Computer-Aided Engineering, 2019, 29(2): e21538.
[16] 闵海根, 宋晓鹏, 程超轶. 车联网环境下车辆协同高精度定位研究进展[J]. 无人系统技术, 2021, 4(1): 8-14.

第 4 章　基于视觉的智能车辆高精度定位

视觉传感器最大的优点是成本低且信息丰富。按照相机镜头的数量，将目前使用的视觉传感器分为单目视觉传感器和双目视觉传感器。单目视觉传感器结构简单，便于标定和使用。单目视觉传感器无法直接获取物体深度信息，使得基于单目视觉的定位算法存在尺度模糊问题。相对于单目视觉传感器，双目视觉传感器可以直接测量得到物体深度信息，避免了单目视觉传感器中复杂且精度较低的深度估计过程。基于双目视觉传感器的定位算法相较于单目视觉传感器更容易实现且精度更高，但是由于标定较为复杂，深度量程受双目基线及分辨率限制，数据量更大、对算法要求更高，一般通过图形处理器(graphics processing unit，GPU)并行处理或者现场可编程逻辑门阵列(field programmable gate array，FPGA)等方式来加速双目视觉定位计算过程。

4.1　基于视觉的智能车辆定位理论

针孔相机模型描述了单个相机的成像模型。然而，仅根据一个像素，无法确定该像素对应空间点的具体位置。因为从相机光心到归一化平面连线上的所有点，都投影至该像素上。只有当点 P 的深度确定时(如通过双目或 RGB-D 相机)，才能确切地知道该点的空间位置，如图 4.1 所示。

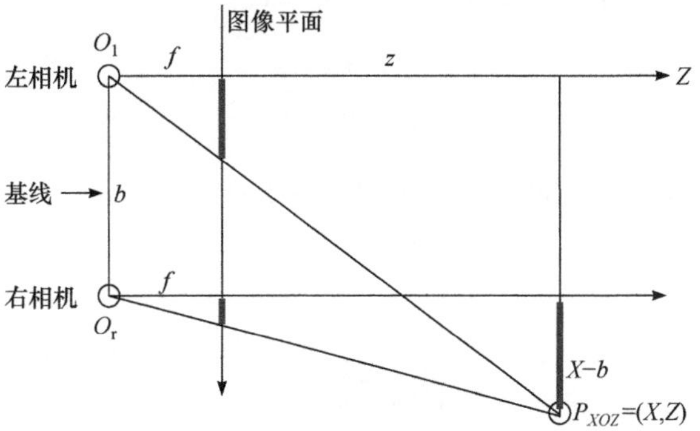

图 4.1　三角测量原理

测量像素距离(或深度)的方式有很多种，例如，人眼就可以根据左、右眼看到的景物差异(或称视差)判断物体的距离。双目视觉传感器的测量原理是，通过同步采集左右相机的图像，计算图像间视差，估计每一个像素的深度。在双目视觉传感器中，可以把两个相机都看作针孔相机，两个相机的光圈中心都位于 Z 轴，它们之间的距离称为双目视觉传感器的基线(baseline，记作 b)，是双目视觉传感器的重要参数，如图 4.2 所示。

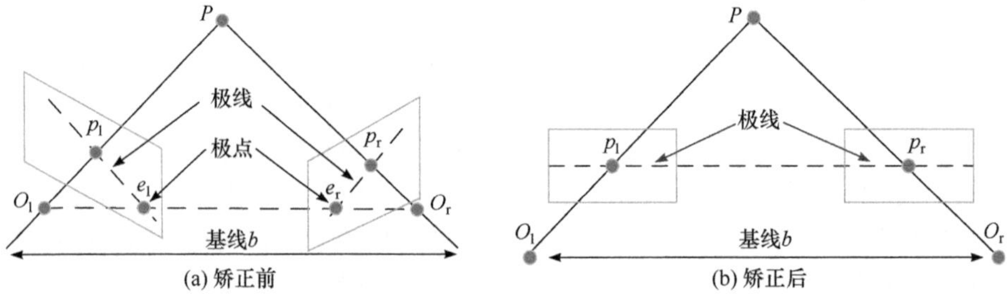

图 4.2　双目视觉传感器的成像模型

在理想情况下，两幅立体图像可以得到很好的矫正和保真。如上所述，假设左、右相机相同且图像平面共线，f 为焦距，b 为两个相机中心之间的距离，主光轴过 XOZ 平面，XOZ 平面垂直于相机的图像平面。三维点 P 在 XOZ 平面的投影是 $P_{XOZ}=(X,Z)$。如图 4.2 所示，连接相机中心和 P 的两条线与图像平面相交于 x_l 和 x_r，实际上是 P 的两个投影在 X 轴方向上的图像坐标。从三角形相似的性质可推导出以下关系：

$$\frac{Z}{f}=\frac{X}{x_l}=\frac{X-b}{x_r} \tag{4.1}$$

若 Y 轴垂直于 XOZ 平面，则有以下关系式：

$$\frac{Z}{f}=\frac{Y}{y_l}=\frac{Y}{y_r} \tag{4.2}$$

左相机坐标系中点 P 的三维坐标 (X,Y,Z) 为

$$\begin{cases} X=\dfrac{(u_l-u_0)b}{\Delta} \\ Y=\dfrac{(v_l-v_0)b}{\Delta} \\ Z=\dfrac{fb}{\Delta} \end{cases} \tag{4.3}$$

式中，u_l 和 v_l 为左图像中点 P 的像素坐标；(u_0,v_0) 为左相机中心点的位置；

$\Delta = x_l - x_r$ 为左右图的横坐标之差，称为视差。视差与距离成反比，视差越大，距离越近。同时，由于视差最小为一个像素，与双目的深度存在一个理论上的最大值，由 fb 确定。

虽然由视差计算深度的公式简单，但视差 Δ 本身的计算比较困难，需要确切地知道左目图像某个像素出现在右目图像的某一个位置(对应关系)，这亦属于“人类觉得容易而计算机觉得困难”的事务。当计算每个像素的深度时，其计算量与精度都将成为问题，而且只有在图像纹理变化丰富的地方才能计算视差。由于计算量的问题，双目深度估计仍需要使用 GPU 或 FPGA 实现。

视觉定位系统包括前端位姿计算模块以及后端数据优化模块。双目视觉定位算法的设计与实现，要考虑传感器模型和相机内参数，并且涉及李群与李代数理论、闭环检测与地图构建等多个算法[1]。

4.1.1 车辆运动姿态描述

在基于双目视觉的定位算法中，建立以相机位姿为变量的目标函数，利用非线性优化理论可对其进行求解。在该问题中，不仅要表示相机的运动，还要在噪声存在的情况下对运动进行优化，利用李群、李代数表示运动并对运动进行估计和优化。运动矩阵、旋转矩阵是李群，每个运动矩阵、旋转矩阵都对应着一个李代数，李群与李代数之间通过指数或对数映射相互转换。在利用最小二乘法求解运动时，需要给旋转矩阵乘以一个旋转矩阵微扰，然后对该微扰求导数。李群没有加法定义，因此将求导运算转换到李代数上求解。下面介绍李群与李代数的概念及两者之间的相互转换关系。

1) 李群

李群是一种集合加上一种运算的代数结构。本书把集合记作 A，运算记作“·”，那么李群可以记作 $G=(A,\cdot)$。李群要求这个运算满足以下几个条件。

(1) 封闭性：$\forall a_1,a_2 \in A,\ a_1 \cdot a_2 \in A$；

(2) 结合律：$\forall a_1,a_2,a_3 \in A,\ (a_1 \cdot a_2)\cdot a_3 = a_1 \cdot (a_2 \cdot a_3)$；

(3) 幺元：$\exists a_0 \in A,\ \forall a \in A,\ a_0 \cdot a = a \cdot a_0$；

(4) 逆元：$\forall a \in A,\ \forall a^{-1} \in A,\ a \cdot a^{-1} = a_0$。

典型的(矩阵)李群有以下几种。

(1) 一般线性群：$\mathrm{GL}(n)$。由所有 $n \times n$ 的可逆矩阵构成，操作符为矩阵乘法，可以验证其满足四条群公理。显然，其单位元是单位矩阵 $I_{n\times n}$，逆元素就是矩阵的逆。

(2) 正交群：$O(n) \subset \mathrm{GL}(n)$。里面包括了旋转作用和镜像作用(分别满足 $\det(R) = \pm 1$)。

(3) 特殊正交群：

$$\begin{gathered}\mathrm{SO}(n) \subset O(n) \subset \mathrm{GL}(n) \\ \mathrm{SO}(n)=\{R \in \mathrm{GL}(n) \mid R^{\mathrm{T}} R=I, \det(R)=1\}\end{gathered} \tag{4.4}$$

代表了旋转作用($O(n)$中镜像作用，即$\det(R)=-1$的部分，对矩阵乘法不封闭，不构成群)。

(4) 欧几里得群(Euclidean group)：

$$\begin{gathered}E(n) \subset E(n+1) \\ E(n)=\left\{\left.\begin{bmatrix} R & t \\ 0 & 1 \end{bmatrix} \right\rvert\, R \in O(n), t \in \mathbb{R}^n\right\}\end{gathered} \tag{4.5}$$

(5) 特殊欧几里得群(special Euclidean group)：

$$S(n) \subset E(n) \subset \mathrm{GL}(n+1), \quad \mathrm{SE}(n)=\left\{\left.\begin{bmatrix} R & t \\ 0 & 1 \end{bmatrix} \right\rvert\, R \in O(n), t \in \mathbb{R}^n\right\} \tag{4.6}$$

在三维空间$\mathbb{R}^3$中相关的常用李群，即SO(3)和SE(3)。

2) 李代数

在介绍李代数概念之前，说明一下反对称矩阵的定义及性质。对于两个三维向量$a=[a_1,a_2,a_3]^{\mathrm{T}}$和$b=[b_1,b_2,b_3]^{\mathrm{T}}$，它们的叉积为

$$a \times b=\begin{bmatrix} a_2 b_3-a_3 b_2 \\ a_3 b_1-a_1 b_3 \\ a_1 b_2-a_2 b_1 \end{bmatrix}=\begin{bmatrix} 0 & -a_3 & a_2 \\ a_3 & 0 & -a_1 \\ -a_2 & a_1 & 0 \end{bmatrix} \cdot b=a^{\wedge} b \tag{4.7}$$

即叉乘可以表示为一个矩阵与向量相乘的形式，其中$a^{\wedge}$是一个反对称矩阵，并且任何一个反对称矩阵都可以表示为相应向量对应的叉乘矩阵：

$$A=\begin{bmatrix} 0 & -a_3 & a_2 \\ a_3 & 0 & -a_1 \\ -a_2 & a_1 & 0 \end{bmatrix}=a^{\wedge} \tag{4.8}$$

每个李群都有与之对应的李代数。李代数是一个向量空间。李代数由一个集合V、一个数域F和一个二元运算[,]组成。其中，二元运算称为李括号。如果它们满足以下几条性质，则称$(V,F,[,])$为一个李代数，记作g。

(1) 封闭性：$\forall X,Y \in V$, $[X,Y] \in V$；

(2) 双线性：$\forall X,Y,Z \in V$, $a,b \in F$，有

$$[aX+bY,Z]=a[X,Z]+b[Y,Z],\quad [Z,aX+bY]=a[Z,X]+b[Z,Y] \tag{4.9}$$

(3) 自反性：$\forall X\in V,[X,X]=0$；

(4) 雅可比等价：$\forall X,Y,Z\in V,[X,[Y,Z]]+[Z,[X,Y]]=0$。

与SO(3)对应的李代数：

$$\mathrm{so}(3)=\{\phi\in\mathbb{R}^3,\Phi=\phi^\wedge\in\mathbb{R}^{3\times3}\}$$

与 SE(3)对应的李代数：

$$\mathrm{se}(3)=\left\{\xi=\begin{bmatrix}\rho\\ \phi\end{bmatrix}\in\mathbb{R}^6,\rho\in\mathbb{R}^3,\phi\in\mathrm{so}(3),\xi^\wedge=\begin{bmatrix}\phi^\wedge & \rho\\ 0^{\mathrm{T}} & 0\end{bmatrix}\in\mathbb{R}^{4\times4}\right\} \tag{4.10}$$

式中，ρ 为平移；ϕ 为旋转。

3) 李群与李代数之间的转换关系

对于一个旋转矩阵 R，根据正交性，得

$$RR^{\mathrm{T}}=I \tag{4.11}$$

对式(4.11)两边同时求导，得

$$\begin{cases}\dot{R}(t)R^{\mathrm{T}}(t)+R(t)\dot{R}^{\mathrm{T}}(t)=0\\ \dot{R}(t)R^{\mathrm{T}}(t)=-\left[R(t)\dot{R}^{\mathrm{T}}(t)\right]^{\mathrm{T}}\end{cases} \tag{4.12}$$

可以看出，$\dot{R}(t)R^{\mathrm{T}}(t)$ 是一个反对称矩阵。由上述反对称矩阵的性质可知，可以找一个向量 $\phi(t)\in\mathbb{R}^3$ 与 $\dot{R}(t)R^{\mathrm{T}}(t)$ 对应，即

$$R(t)\dot{R}^{\mathrm{T}}(t)=\phi(t)^\wedge \tag{4.13}$$

$$\dot{R}(t)=\phi(t)^\wedge R(t)=\begin{bmatrix}0 & -a_3 & a_2\\ a_3 & 0 & -a_1\\ -a_2 & a_1 & 0\end{bmatrix}R(t) \tag{4.14}$$

在 t_0 附近，设 $\phi(t_0)=\phi_0$ 为常数，得

$$\dot{R}(t)=\phi(t_0)^\wedge R(t)=\phi_0^\wedge R(t) \tag{4.15}$$

解得

$$R(t)=\exp(\phi_0^\wedge t) \tag{4.16}$$

(1) SO(3) 与 so(3) 的关系。

对于 so(3) 中的元素 ϕ，有

$$\exp(\phi^\wedge)=\sum_{n=0}^{+\infty}\frac{1}{n!}(\phi^\wedge)^n \tag{4.17}$$

设 $\phi=\theta a$，其中，θ 和 a 分别是向量 ϕ 的方向和模长，则有

$$\begin{aligned}\exp(\phi^\wedge)&=\exp(\theta a^\wedge)\\&=\sum_{n=0}^{+\infty}\frac{1}{n!}(\theta a^\wedge)^n\\&=I+\theta a^\wedge+\frac{1}{2!}\theta^2a^\wedge a^\wedge+\frac{1}{3!}\theta^3a^\wedge a^\wedge a^\wedge+\frac{1}{4!}\theta^4a^\wedge a^\wedge a^\wedge a^\wedge+\cdots\\&=aa^{\mathrm{T}}-a^\wedge a^\wedge+\theta a^\wedge+\frac{1}{2!}\theta^2a^\wedge a^\wedge-\frac{1}{3!}\theta^3a^\wedge-\frac{1}{4!}\theta^4a^\wedge a^\wedge+\cdots\\&=aa^{\mathrm{T}}+\left(\theta-\frac{1}{3!}\theta^3+\frac{1}{5!}\theta^5-\cdots\right)a^\wedge-\left(1-\frac{1}{2!}\theta^2+\frac{1}{4!}\theta^4-\cdots\right)a^\wedge a^\wedge\\&=a^\wedge a^\wedge+I+a^\wedge\sin\theta-a^\wedge a^\wedge\cos\theta\\&=(1-\cos\theta)a^\wedge a^\wedge+I+a^\wedge\sin\theta\\&=I\cos\theta+(1-\cos\theta)aa^{\mathrm{T}}+a^\wedge\sin\theta\end{aligned} \tag{4.18}$$

即

$$\exp(\theta a^\wedge)=I\cos\theta+(1-\cos\theta)aa^{\mathrm{T}}+a^\wedge\sin\theta$$

SO(3) 与 so(3) 元素之间的关系可以按照这个公式进行计算，需要注意三角函数的周期性，一个 SO(3) 对应着多个 so(3) 元素。在实际应用中，通常限定角度范围。

(2) SE(3) 与 se(3) 的关系。

对于 SE(3) 中的位姿元素 $T\in\mathrm{SE}(3)$，其形式为

$$T=\begin{bmatrix}R & t\\0 & 1\end{bmatrix},\quad R\in\mathrm{SO}(3) \tag{4.19}$$

逆矩阵为

$$T^{-1}=\begin{bmatrix}R^{\mathrm{T}} & -R^{\mathrm{T}}t\\0 & 1\end{bmatrix} \tag{4.20}$$

考虑位姿关于时间 τ 变化，表示为 $T(\tau)$ 并且 $T(0)=I$，则关于时间的导数与逆矩阵相乘为

$$\dot{T}(\tau)T(\tau)^{-1}=\begin{bmatrix}\dot{R} & \dot{t}\\0 & 0\end{bmatrix}\cdot\begin{bmatrix}R^{\mathrm{T}} & -R^{\mathrm{T}}t\\0 & 1\end{bmatrix}=\begin{bmatrix}\dot{R}R^{\mathrm{T}} & \dot{t}-\dot{R}R^{\mathrm{T}}t\\0 & 0\end{bmatrix} \tag{4.21}$$

由于 $R\in\mathrm{SO}(3)$，所以存在 $\omega\in\mathbb{R}^3$ 满足 $\dot{R}R^{\mathrm{T}}=[\omega]^\wedge=\hat{\omega}$，有

$$\dot{T}(\tau)=\exp\begin{bmatrix}\hat{\omega} & \dot{t}-\hat{\omega}t\\ 0 & 0\end{bmatrix}T(\tau) \tag{4.22}$$

也是指数函数导数的形式，积分得

$$T(\tau)=\exp\begin{bmatrix}\hat{\omega}\tau & (\dot{t}-\hat{\omega}t)\tau\\ 0 & 0\end{bmatrix}T(0) \tag{4.23}$$

令 $w=\omega\tau,\ v=\dot{t}\tau-\hat{w}t\in\mathbb{R}^3$，并且 $T(0)=I$，有

$$T(\tau)=\exp\begin{bmatrix}\hat{w} & v\\ 0 & 0\end{bmatrix}\overset{\text{def}}{=\!=}\exp\hat{\xi} \tag{4.24}$$

式中，6 自由度李代数 se(3) 的元素和 $\wedge$ 运算符表示为

$$\hat{\xi}=\begin{bmatrix}\hat{w} & \hat{v}\\ 0 & 0\end{bmatrix}\in \text{se}(3),\quad \xi=\begin{bmatrix}w\\ v\end{bmatrix}\in\mathbb{R}^6,\quad w\in\mathbb{R}^3,\quad v\in\mathbb{R}^3 \tag{4.25}$$

指数映射关系为

$$T=\exp\hat{\xi}=\sum_{n=0}^{+\infty}\frac{\hat{\xi}^n}{n!}=\sum_{n=0}^{+\infty}\frac{1}{n!}\begin{bmatrix}\hat{w} & v\\ 0 & 0\end{bmatrix}^n=\begin{bmatrix}\sum_{n=0}^{+\infty}\frac{1}{n!}\hat{w}^n & \sum_{n=0}^{+\infty}\frac{1}{(n+1)!}\hat{w}^n v\\ 0 & 1\end{bmatrix} \tag{4.26}$$

同样有闭式解为

$$T=\exp\hat{\xi}=\begin{bmatrix}\exp\hat{\omega} & Jv\\ 0 & 1\end{bmatrix}=\begin{bmatrix}R & Jv\\ 0 & 1\end{bmatrix} \tag{4.27}$$

式中，

$$J=\sum_{n=0}^{+\infty}\frac{1}{(n+1)!}\hat{w}^n=\frac{\sin\phi}{\phi}I+\left(1-\frac{\sin\phi}{\phi}\right)aa^{\mathrm{T}}+\frac{1-\cos\phi}{\phi}\hat{a} \tag{4.28}$$

即 $[w,v]$ 与 R、t 的关系为

$$R=\hat{w},\quad t=Jv \tag{4.29}$$

4.1.2　闭环检测与地图构建

基于双目视觉的定位是一个递推的过程，计算的车辆当前位置是在上一时刻位置的基础上解算得到的，不可避免地会存在累积误差。闭环检测的目的是搜索车辆已经过的场景，建立不同时刻车辆位置的约束关系，调整运动估计，从而减小累积误差，目前闭环检测的主要研究内容是解决如何提高检测准确率的问题。地图构建是根据当前位姿保存环境路标信息，根据智能驾驶应用需求，还需要探索合适的地图表示方式，以较小的存储量保存地图信息并为智能车辆提供定位和导航服务。

1. 闭环检测

基于视觉的智能车辆定位是一种增量式定位算法，定位误差会随着车辆移动距离的增加而增大。当智能车辆行驶到一个曾经经过的位置时，如果能够识别出该位置已经到达过，则可以根据运动约束关系优化过程姿态信息，从而消减累积误差。一种直接的思路是，根据车辆运动几何关系判断车辆是否运动到以前的位置，这种算法不能在累积误差较大时正常工作；另一种思路是根据智能车辆行驶过程中环境信息的相似性判断是否曾经经过该地点。

后一种闭环检测算法也称为外观相似性检测算法，如何根据环境外观计算相似性是一个需要解决的问题，如图 4.3 所示。词袋模型(bag-of-words，BOW)[2]是一种常用且效果较好的基于外观相似性的闭环检测算法。

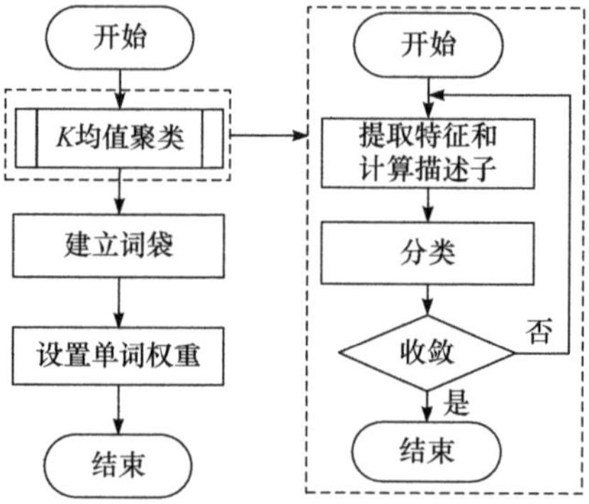

图 4.3　基于词袋模型的闭环检测算法

词袋的目的是用有限的单词描述一幅图像，这里的单词是一类特征而不是某个特定的特征。建立词汇表，将一幅图像的特征聚类为几种单词，查找单词在词汇表中出现的频率，用频率直方图可表示图像，如图 4.4 所示。

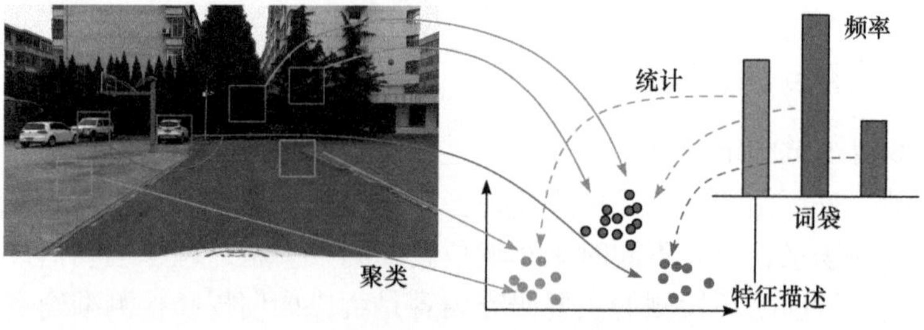

图 4.4　词袋模型建立过程示意图

用 K 均值聚类算法训练词汇表，首先随机选取 k 个中心点 $c_1,c_2,\cdots,c_k$ ，对于每一个图像特征，计算该特征与 c_i 之间的距离，将其归为距离最小的一类；重新计算多个分类的中心，重新分类，直到分类不变或者变化很小则算法收敛。

基于外观相似性的闭环检测存在误检的问题，真实环境中存在极为相似但不是同一位置的场景，给闭环检测带来了极大挑战。另外，通常采用时间一致性检测算法和结构一致性检测算法对闭环检测进行验证。时间一致性检测算法是指当连续有多帧图像被检测构成回环时，才认为可能存在回环，只有偶尔一帧检测到回环不足以证明存在回环；结构一致性检测是指根据检测到的回环计算智能车辆运动矩阵，结合之前的位姿图，判断是否有存在回环的可能性。

2. 地图构建

智能车辆定位的同时，会根据传感器测量数据构建环境地图。在智能车辆定位应用中，主要有三种地图表示算法，即几何特征地图、拓扑地图和占据栅格地图，如图 4.5 所示。

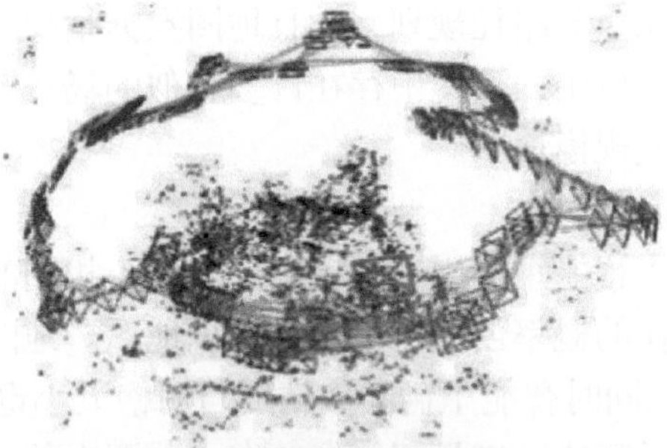

(a) 几何特征地图

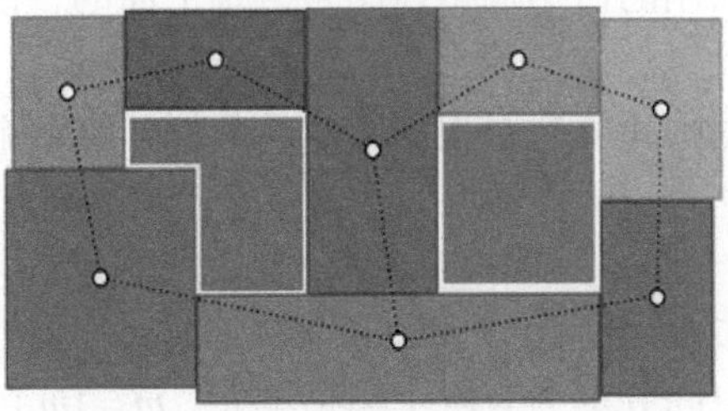

(b) 拓扑地图

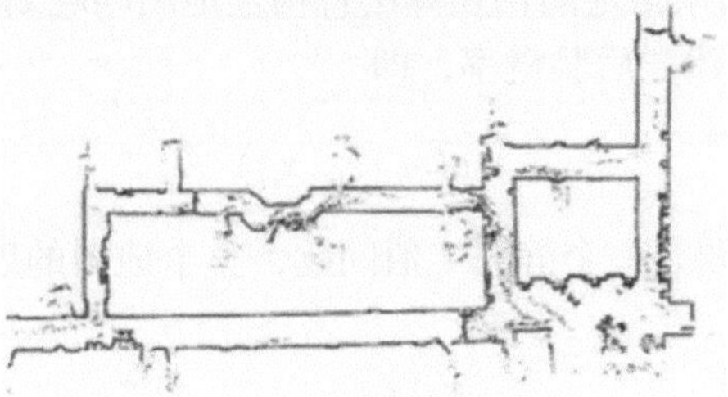

(c) 占据栅格地图

图 4.5　环境地图表示示例

1) 几何特征地图

几何特征地图一般由点或线等几何特征构成，是对传感器采集数据抽象表达的一种算法。经过预处理提取环境几何特征信息，利用这些简单的几何特征描述智能车辆行驶环境，表达方式简单、数据量小。在小范围内，几何特征地图精度高，便于智能车辆定位和环境感知。几何特征地图是对环境信息的一种简化表示，忽略了环境细节信息，不利于复杂场景中智能车辆对环境的全方位和深度理解。另外，几何特征的更新是一个匹配叠加的过程，利用简单的几何特征信息进行地图匹配可能会匹配失败，失效的地图将不能用于后续的智能车辆定位中。

2) 拓扑地图

拓扑地图是将环境信息抽象为一系列有序的点和线，其中点表示智能车辆的状态信息，点之间的“-”连线表示智能车辆不同时刻状态之间的转换关系。利用这种表示方式，最终得到的是一张拓扑关系的地图。这种拓扑关系的地图便于计算机理解，适用于智能车辆路径规划，并且地图数据量少且计算量小，易于创建和维护。在智能车辆定位中，环境中存在许多相似的场景，建立的拓扑地图会存在二义性，难以构建大规模地图。

3) 占据栅格地图

占据栅格地图是将智能车辆周围环境划分为大小相同的栅格，根据栅格中是否存在障碍物或者存在的概率创建、更新和维护地图。地图的大小和复杂度与栅格大小呈负相关关系，同时智能车辆定位精度与栅格大小也呈负相关关系。因此，用占据栅格地图的表示算法，满足智能车辆在小范围内的高精度定位应用。常用的机器人平面导航中采用的占据栅格地图是二维平面的，该技术也可以推广到三维空间，但计算量较大。

许多占据栅格地图构建算法是根据给定的数据计算整个地图的后验概率，即

$$p(m \mid z_{1:t}, x_{1:t}) \tag{4.30}$$

式中，m 为地图；$z_{1:t}$ 为直到时刻 t 的所有测量值；$x_{1:t}$ 为智能车辆路径。

占据栅格地图将空间分割为有限个栅格单元，$m=\{m_i\}$，其中，m_i 表示第 i 个栅格单元。标准的占据栅格地图构建算法将构建地图问题划分为一些独立的问题，为所有的栅格单元 m_i 建立后验概率，即

$$p(m_i \mid z_{1:t}, x_{1:t}) \tag{4.31}$$

经过分解，该问题是一个静态二值问题，整个地图的后验概率用边缘概率的乘积近似表示，即

$$p(m \mid z_{1:t}, x_{1:t}) = \prod_i p(m_i \mid z_{1:t}, x_{1:t}) \tag{4.32}$$

4.2 基于双目视觉的智能车辆定位算法

根据双目视觉系统模型，建立双目视觉传感器的运动方程和观测方程。由于噪声的存在，这两个方程不可能完全成立。在双目视觉运动估计中，在噪声存在的情况下利用非线性优化求解运动。对车辆的运动估计，即是求已知输入数据 u 和观测数据 z 时状态 x 的条件概率分布。利用贝叶斯法则[3]可以将该估计问题转化为最大似然估计问题。利用最小化负对数的算法来求解高斯分布的最大似然，化简为最小化误差项(平移误差、旋转误差)的平方，即得到一个总体意义下的最小二乘问题。

1) 状态估计问题

对于一个状态估计问题，它由一个状态方程和一个运动方程构成，即

$$\begin{cases} x_k = f(x_{k-1}, u_k) + w_k \\ z_{k,j} = h(y_j, x_k) + v_{k,j} \end{cases} \tag{4.33}$$

式中，x_k 为相机的位姿。假设在 x_k 处对路标 y_i 进行了一次观测，对应到图像上的像素位置 $z_{k,j}$，则观测方程可以表示为

$$sz_{k,j} = K\exp(\xi^{\wedge})y_j \tag{4.34}$$

根据 4.1 节的内容，K 为相机内参，s 为像素点的距离。同时，这里的 $z_{k,j}$ 和 y_j 都以齐次坐标描述。考虑数据受噪声的影响，在运动方程和观测方程中通常假设两个噪声项 w_k、$v_{k,j}$ 满足零均值的高斯分布：$w_k \sim N(0, R_k)$、$v_{k,j} \sim N(0, Q_{k,j})$。

在这些噪声的影响下，通过带噪声的数据 z 和 u 推断位姿 x 和地图 y 及其概率分布，构成了一个状态估计问题。在视觉定位中，观测数据是时序数据，滤波器得到了普遍应用，尤其是利用扩展卡尔曼滤波器求解它。扩展卡尔曼滤波器更关心当前时刻的状态估计 x_k，而对之前的状态则不多考虑。近年来，普遍使用的非线性优化算法，使用所有时刻采集到的数据进行状态估计，并被认为优于传统的滤波器，成为当前视觉定位的主流优化算法。

2) 最小二乘法

最小二乘法[4]是通过最小化观测数据与模型提供的预测值之间的平方差估计模型参数的。假设一个数据集包含 n 对数据，$i=1,2,\cdots,n$。其中，x_i 是独立的观测值，y_i 是通过观测得到的观测响应。模型可以表示为

$$y = f(x, \beta) \tag{4.35}$$

式中，β 为模型确定的参数向量。目标是寻找 β，使得模型与观测值能最好地吻合。最小二乘法的目标是，通过最小化残差平方寻找最优 β 值，即

$$S = \sum_{i=1}^{n} r_i^2, \quad r_i = y_i - f(x_i, \beta) \tag{4.36}$$

式中，S 为残差 r_i 的总和。

根据残差 r_i 是否是线性的，最小二乘法可以分为两类：线性最小二乘法和非线性最小二乘法。如果观测值 x_i 存在测量误差，则可以考虑变量测量误差模型，而不是标准最小二乘法。下面主要讨论线性最小二乘法和非线性最小二乘法。

4.2.1 基于线性最小二乘法的运动估计

在线性最小二乘估计问题中，模型 $f(x_i, \beta)$ 可以用参数 β 线性化表示。数学上，线性最小二乘法解决超定系统中的线性方程。通常，线性最小二乘估计问题有一个封闭解。例如，考虑一个超定系统，即

$$\sum_{j=1}^{n} X_{ij}\beta_j = y_i, \quad i = 1, 2, \cdots, m \tag{4.37}$$

式(4.37)中有 m 个方程和 n 个系数，$\beta_1, \beta_2, \cdots, \beta_n (m > n)$，可以写为矩阵形式，即

$$X\beta = y \tag{4.38}$$

$$X = \begin{bmatrix} X_{11} & X_{12} & \dots & X_{1n} \\ X_{21} & X_{22} & \dots & X_{2n} \\ \vdots & \vdots & & \vdots \\ X_{m1} & X_{m2} & \dots & X_{mn} \end{bmatrix}, \quad \beta = \begin{bmatrix} \beta_1 \\ \beta_2 \\ \vdots \\ \beta_n \end{bmatrix}, \quad y = \begin{bmatrix} y_1 \\ y_2 \\ \vdots \\ y_m \end{bmatrix}$$

如前面所述，最小二乘估计是通过最小化残差的总和，求解系数 β，即

$$\hat{\beta} = \arg\min_{\beta} S(\beta), \quad S(\beta) = \|y - X\beta\|^2 \tag{4.39}$$

可以得到

$$\hat{\beta} = (X^{\mathrm{T}} X)^{-1} X^{\mathrm{T}} y = X^{+} y \tag{4.40}$$

式中，X^{+} 为 X 的广义逆矩阵。

1. 普通线性最小二乘法

当在真实数据集中使用最小二乘法时，误差、噪声是不可避免的。假设真实观测响应值 y_i 与预测输出 $x_i^{\mathrm{T}}\beta$ 之间存在误差，式(4.38)中的模型可以写为

$$y = X\beta + \varepsilon \tag{4.41}$$

式中，y 和 ε 为 $m\times 1$ 的向量，分别表示真实响应值和误差。假设误差满足零均值独立同分布高斯随机过程，$\varepsilon \sim N(0,\sigma^2 I)$，其中，$I$ 是 $m\times m$ 单位矩阵；σ^2 决定了每个观测的方差。参数 β 的普通最小二乘估计根据式(4.40)明确给出，即

$$\hat{\beta} = (X^{\mathrm{T}}X)^{-1}X^{\mathrm{T}}y \tag{4.42}$$

因此，从观测值得到的预测值是

$$\hat{y} = X\hat{\beta} = X(X^{\mathrm{T}}X)^{-1}X^{\mathrm{T}}y \tag{4.43}$$

除了估计参数 β，最小二乘估计的协方差矩阵估计也很重要。可以看出，给定 X，估计值 $\hat{\beta}$ 的协方差矩阵 $Q_{\hat{\beta}}$ 为

$$Q_{\hat{\beta}} = (X^{\mathrm{T}}X)^{-1}\sigma^2 \tag{4.44}$$

从数据中可以估计出 σ^2，即

$$\hat{\sigma}^2 = \frac{1}{m-n}\left\|y - X\hat{\beta}\right\|^2 \tag{4.45}$$

因此，$Q_{\hat{\beta}}$ 为

$$Q_{\hat{\beta}} = (X^{\mathrm{T}}X)^{-1}\hat{\sigma}^2 \tag{4.46}$$

2. 加权线性最小二乘法

普通线性最小二乘法假设估计过程中每个数据点提供相同的精确度信息。换句话说，误差项 ε 在观测过程中是常量。显然，这个假设在多数模型应用中是不成立的。加权线性最小二乘法提供了一个更好的解决方案，在参数估计中尝试给每个数据点适量的影响。在这种情况下，最小化加权平方和为

$$\begin{aligned}\hat{\beta} &= \arg\min_{\beta}\sum_{i=1}^{m} w_i\left|y_i - x_i\beta\right|^2 = \arg\min_{\beta}\left\|W^{1/2}(y - X\beta)\right\|^2 \\ &= \arg\min_{\beta}(y - X\beta)^{\mathrm{T}}W(y - X\beta)\end{aligned} \tag{4.47}$$

式中，$w_i > 0$ 为第 i 个观测值的权值；W 为 $m\times m$ 的斜对角加权矩阵。理想地，权

值矩阵应该等于方差测量值的倒数，即

$$W=\begin{bmatrix} w_1 & & & \\ & w_2 & & \\ & & \ddots & \\ & & & w_m \end{bmatrix}=\begin{bmatrix} 1/\sigma_1^2 & & & \\ & 1/\sigma_2^2 & & \\ & & \ddots & \\ & & & 1/\sigma_m^2 \end{bmatrix} \tag{4.48}$$

式中，σ_i^2 为第 i 个观测点的误差方差。实际上，W 是误差 ε 的协方差矩阵。当 $W=\frac{1}{\sigma^2}I$ 时，加权线性最小二乘法变为普通线性最小二乘法，得到一个封闭解[5]，即

$$\hat{\beta}=(X^{\mathrm{T}}WX)^{-1}X^{\mathrm{T}}Wy \tag{4.49}$$

$\hat{\beta}$ 估计的协方差矩阵 $Q_{\hat{\beta}}$，可以通过误差传播法则得到：

$$Q_{\hat{\beta}}=(X^{\mathrm{T}}WX)^{-1}X^{\mathrm{T}}W(X^{\mathrm{T}}WX)^{-1} \tag{4.50}$$

然而，在许多实践中，无法知道 σ_i^2，可以手动设置权值或者通过一个迭代算法，即迭代再加权最小二乘(iterative re-weighted least squares，IRLS)法得到。IRLS[6]法使用迭代的算法解决加权线性最小二乘形式的问题，即

$$\hat{\beta}^{(t+1)}=\arg\min_{\beta}\sum_{i=1}^{m}w_i\left|y_i-x_i\beta\right|^2 \tag{4.51}$$

在第 $t+1$ 步，IRLS 法通过前面提到的加权线性最小二乘法估计 $\hat{\beta}^{(t+1)}$，即

$$\hat{\beta}^{(t+1)}=(X^{\mathrm{T}}WX)^{-1}X^{\mathrm{T}}W^{(t)}y \tag{4.52}$$

式中，$W^{(t)}$ 为 W 在第 t 步时的斜对角矩阵，其中每一个元素表示为

$$w_i^{(t)}=\left|y_i-x_i\beta^{(t)}\right|^{-1} \tag{4.53}$$

3. 总体最小二乘法

上述的普通线性最小二乘法和加权线性最小二乘法假设误差只存在于观测响应 y，如式(4.38)所示。然而，更自然的模型是，观测值 X 和响应值 y 都存在误差。总体最小二乘(TLS)法[7]是普通最小二乘法的一个泛化，考虑了所有的观测变量中的误差。

TLS 法问题定义如下：给定一个超定系统，包含 m 个 $x_i\beta=y_i(i=1,2,\cdots,m)$ 方程，n 个 $\beta_j(j=1,2,\cdots,n)$ 未知量，组合成矩阵形式 $X\beta\approx y$，所有的向量 y 和矩阵

X 都存在误差。TLS 问题是寻找下面方程中的 $m\times n$ 矩阵 $\hat{X}$ 和 $m\times 1$ 向量 $\hat{y}$ 的精确解，即

$$\hat{X}\beta=\hat{y} \tag{4.54}$$

当 $(X\,|\,y)$ 与 $(\hat{X}\,|\,\hat{y})$ 通过 Frobenius 范数最小化两者之间的偏差时，有

$$\min\left\|(X\,|\,y)-(\hat{X}\,|\,\hat{y})\right\|_{\mathrm{F}} \tag{4.55}$$

对于一个 $m\times n$ 的矩阵 $A=a_{i,j}(i=1,2,\cdots,m;j=1,2,\cdots,n)$ ，Frobenius 范数定义为

$$\|A\|_{\mathrm{F}}=\sqrt{\sum_{i=1}^{m}\sum_{j=1}^{n}\left|a_{i,j}\right|^2}=\sqrt{\operatorname{trace}(A^{*}A)}=\sqrt{\sum_{i=1}^{\min(m,n)}\sigma_i^2} \tag{4.56}$$

式中，A^{*} 为 A 的共轭转置；σ_i 为 A 的奇异值。另外，在 X 和 y 上的误差分别表示为 $E_{m,n}$ 和 $r_{m,1}$。TLS 模型变为

$$(X+E)\beta=(y+r) \tag{4.57}$$

然后，TLS 问题可正式地写为

$$\min_{E,r}\left\|[E\,|\,r]\right\|_{\mathrm{F}} \tag{4.58}$$

式中，$\left[E\,|\,r\right]$ 为增广矩阵；$\|\cdot\|_{\mathrm{F}}$ 为 Frobenius 范数。

令 $C=\left[E\,|\,r\right]$ 是 X 和 y 组成的 $m\times(n+1)$ 的增广矩阵，$C=U\Sigma V^{\mathrm{T}}$ 是它的奇异值分解。假设 C 的奇异值分解是 $\sigma_1\geqslant\cdots\geqslant\sigma_k>\sigma_{k+1}=\cdots=\sigma_{n+1}$，则当所有误差为独立同分布高斯变量时，最小化式(4.57)得到 β_{TLS}，即

$$\beta_{\mathrm{TLS}}=-\frac{y}{\alpha} \tag{4.59}$$

式中，向量 (y,α) 的范数是 1，$\alpha\neq 0$，在子空间 S_k 中，V 的正确奇异向量是 $v^{k+1},\cdots,v^{n+1}$。为了简化，归一化 V 的最后一列的 n 个元素，β_{TLS} 通过 V 的最后一个元素的负值给出。

普通线性最小二乘法和 TLS 法用不同的算法精确估计：普通线性最小二乘法最小化数据与拟合曲线之间的距离总和，而 TLS 法最小化垂直距离的总和。在文献[8]中，TLS 法估计的协方差没有给出，一个主要原因是 TLS 问题中的似然估计包含测量值的真值(噪声少)，如扰乱参数[9]。结果，似然估计的尺寸随着观测数量的增加，维度快速递增。在文献[10]和[11]中，TLS 法中的似然函数通过许多假设

得到简化，TLS 法的克拉默-拉奥下界(CRLB)是

$$Q_{(\beta)\mathrm{TLS}} \geqslant \mathrm{CRLB}(\beta_{\mathrm{TLS}})=\frac{1}{r}\sigma_n^2 \left\|\beta_{\mathrm{TLS}}\right\|^2 (X^{\mathrm{T}}X)^{-1} \tag{4.60}$$

式中，σ_n 为独立同分布噪声的协方差；$r=\dfrac{\sigma_0^2}{\sigma_n^2+\sigma_0^2}$ 与信噪比(signal-to-noise ratio, SNR)有关。如果 SNR 较高($\sigma_0^2 \gg \sigma_n^2$)，则 $r\approx 1$。

4.2.2 基于非线性最小二乘法的运动估计

与上述介绍的线性最小二乘法不同，观测模型(式(4.42))在非线性最小二乘法中不能表示为线性形式。非线性最小二乘法通常将非线性模型近似为线性模型，然后迭代优化参数向量 $\beta=\beta_i(i=1,2,\cdots,n)$。根据式(4.42)，给定 m 个数据 $(x_1,y_1),(x_2,y_2),\cdots,(x_m,y_m)$ 和一个非线性模型 $y=f(x,\beta)$，其中 $m\geqslant n$。非线性最小二乘法要求解参数向量 β，以最小化平方和，有

$$S=\sum_{i=1}^{m} r_i^2 \tag{4.61}$$

式中，残差 r_i 为

$$r_i=y_i-f(x_i,\beta),\quad i=1,2,\cdots,m \tag{4.62}$$

根据微积分的知识，当梯度为 0 时，平方和 S 达到最小。由于模型包含 n 个参数，所以有 n 个梯度方程，即

$$\frac{\partial S}{\partial \beta_j}=2\sum_{i=1}^{m} r_i\frac{\partial r_i}{\partial \beta_j}=0,\quad j=1,2,\cdots,n \tag{4.63}$$

对于一个非线性模型，偏微分 $\dfrac{\partial r_i}{\partial \beta_j}$ 与要求解的参数及独立变量都相关。因此，通常难以得到一个封闭解。相反地，在许多成功的算法中，广泛采用迭代算法近似得到最优结果，即

$$\beta_j \approx \beta_j^{k+1}=\beta_j^k+\Delta\beta_j \tag{4.64}$$

式中，k 为迭代次数；$\Delta\beta$ 为变化向量。在每一次迭代中，模型 $f(x,\beta)$ 可以通过在 β^k 处的一阶泰勒展开式来线性近似，即

$$f(x_i,\beta)\approx f(x_i,\beta^k)+\sum_j \frac{\partial f(x_i,\beta^k)}{\partial \beta_j}(\beta_j-\beta_j^k)\approx f(x_i,\beta^k)+\sum_j J_{ij}\Delta\beta_j \tag{4.65}$$

式中，J_{ij} 是雅可比矩阵 J 的第 (i, j) 个元素，即

$$J=\begin{bmatrix} \partial f(x_1,\beta^k)/\partial\beta_1 & \cdots & \partial f(x_1,\beta^k)/\partial\beta_n \\ \vdots & & \vdots \\ \partial f(x_m,\beta^k)/\partial\beta_1 & \cdots & \partial f(x_m,\beta^k)/\partial\beta_n \end{bmatrix} \tag{4.66}$$

因此，$J_{ij}=-\dfrac{\partial r_i}{\partial \beta_j}$，在式(4.63)中的残差表示为

$$r_i=y_i-\left[f(x_i,\beta^k)+\sum_j J_{ij}\Delta\beta_j\right]=\Delta y_i-\sum_j J_{ij}\Delta\beta_j \tag{4.67}$$

将式(4.67)代入式(4.63)，根据矩阵重新排列方程，得到

$$(J^{\mathrm{T}}J)\Delta\beta=J^{\mathrm{T}}\Delta y \tag{4.68}$$

这个方程是许多其他非线性最小二乘问题的迭代解法。

1) 高斯-牛顿算法

高斯-牛顿算法(Gauss-Newton algorithm，GNA)[11]是解决非线性最小二乘问题很流行的算法，它的最大优点是避免解算二阶导数。

根据式(4.68)，每一步迭代的偏移向量都可以通过式(4.42)所示的线性最小二乘法计算，即

$$\Delta\beta=(J^{\mathrm{T}}J)^{-1}J^{\mathrm{T}}\Delta y \tag{4.69}$$

然后，在每一步迭代中，估计的参数需要更新，即

$$\beta^{k+1}=\beta^k+(J^{\mathrm{T}}J)^{-1}J^{\mathrm{T}}r(\beta^k) \tag{4.70}$$

式中，$r(\beta^k)$ 为残差，有

$$r(\beta^k)=y-f(x,\beta^k) \tag{4.71}$$

总的来说，开始时给出初始估计 β_0，高斯-牛顿算法迭代更新如式(4.70)所示的参数，直到残差 $r(\beta^k)$ 为 0，或者 $\Delta\beta^k$ 很小。

2) 列文伯格-马夸尔特算法

列文伯格-马夸尔特算法(Levenberg-Marquardt algorithm, LMA)对于非线性最

小二乘问题，能够提供比 GNA 鲁棒性更高的解[12,13]。在许多情况中，它能够收敛到局部最小值，即使初始猜测值与最终最小值相差很远。

与 GNA 类似，LMA 也是一种迭代算法。式(4.68)是 GNA 的基础公式。Levenberg 首先将这个公式替换为阻尼版本的公式，即

$$(J^{\mathrm{T}}J+\lambda I)\Delta\beta=J^{\mathrm{T}}\Delta y \tag{4.72}$$

式中，I 为单位矩阵；λ 为非负阻尼系数，在每一次迭代过程中都不断调整。如果式(4.61)中的 S 减小得很快，则选择一个很小的 λ 值，使得算法近似为 GNA。然而，如果迭代过程不足以减小残差，则增大 λ 值，给出一个梯度下降(注意，S 相对于 β 的梯度是 $-2(J^{\mathrm{T}}\Delta y)$)。当阻尼系数 λ 太大时，Levenberg 的算法也存在缺点，即用不到 $J^{\mathrm{T}}J+\lambda I$ 取反。将 Marquardt 提供的算法代入式(4.72)，得到

$$\left[J^{\mathrm{T}}J+\lambda\operatorname{diag}(J^{\mathrm{T}}J)\right]\Delta\beta=J^{\mathrm{T}}\Delta y \tag{4.73}$$

式中，$\operatorname{diag}(J^{\mathrm{T}}J)$ 为一个对角矩阵，包含 $J^{\mathrm{T}}J$ 的对角元素。这个方程是 LMA 的基础。类似于 GNA，给出初始猜测值 β_0，LMA 计算出偏移向量，即

$$\Delta\beta=\left[J^{\mathrm{T}}J+\lambda\operatorname{diag}(J^{\mathrm{T}}J)\right]^{-1}J^{\mathrm{T}}\Delta y \tag{4.74}$$

然后，在迭代过程中的第 k+1 步，更新参数为

$$\beta^{k+1}=\beta^{k}+\left[J^{\mathrm{T}}J+\lambda\operatorname{diag}(J^{\mathrm{T}}J)\right]^{-1}J^{\mathrm{T}}r(\beta^{k}) \tag{4.75}$$

当残差 $r(\beta^{k})$ 为 0，或者 $\Delta\beta^{k}$ 很小时，迭代过程结束。

4.3 基于视觉的智能车辆定位关键技术及实例

视觉信息容易受到环境因素的影响，为了提高基于视觉定位算法的稳定性和精确性，本章结合实例分别对基于路面特征点匹配的车辆定位、基于鲁棒特征点的视觉里程计和基于图像抗模糊的视觉里程计进行验证和分析。

4.3.1 基于路面特征点匹配的车辆定位

本节基于路面特征点匹配的车辆定位算法属于车辆单目视觉定位技术，可分为特征检测、特征匹配、标定参数、坐标变换等，实现过程如图 4.6 所示。通过

路面图像特征点检测、匹配和异常数据去除获得优化的特征匹配点，然后基于车辆运动估计模型获取车辆位置，最后通过长安大学“信达号”智能车采集的真实场景数据，完成实例验证与分析。

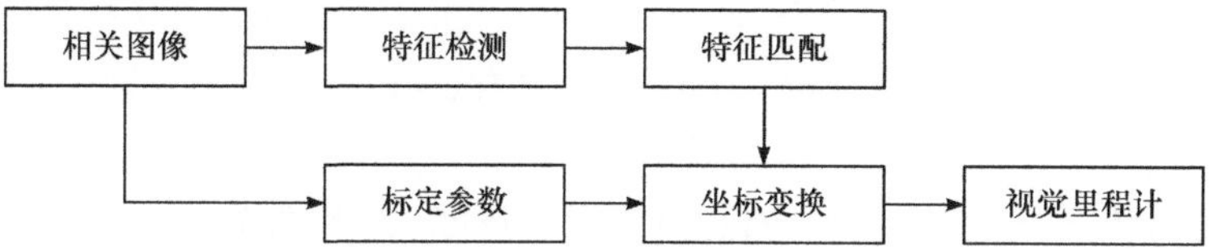

图 4.6　车辆定位算法框图

1. 路面特征点检测与匹配

车辆位置计算时匹配点的数量不在于多而在于准确，因此对于高分辨率的路面图像可以先降低分辨率或者缩小检测区域，使得大部分特征检测算法的特征点数量急剧减少。本节算法采用综合性能较优的尺度不变特征变换算法检测特征点，为加快算法运行效率，构造基于 Hu 矩和灰度特征的描述子，然后对于不同的特征描述子分别计算特征点之间的相似性，进而加权融合两者结果，根据实际需求选择最相似的若干匹配点。

1) SIFT 特征点检测

Lowe[14]提出了尺度不变特征变换(scale invariant feature transform，SIFT)算法，将特征点检测、特征描述子生成和特征点匹配等步骤结合在一起进行优化，具有较强的匹配能力，可以有效解决旋转、仿射、视角、光照强度等变化情况下的图像匹配问题。其中特征点检测具体步骤如下：

(1) 差分高斯(difference of Gaussian，DoG)金字塔尺度空间生成。通过图像尺度空间相减得到 DoG 的响应值图像 $D(x,y,\sigma)$：

$$\begin{aligned} D(x,y,\sigma) &= (G(x,y,k\sigma)-G(x,y,\sigma))\otimes I(x,y) \\ &= L(x,y,k\sigma)-L(x,y,\sigma) \end{aligned} \tag{4.76}$$

$$L(x,y,\sigma)=G(x,y,\sigma)\otimes I(x,y) \tag{4.77}$$

$$G(x,y,\sigma)=\frac{1}{2\pi\sigma^2}\mathrm{e}^{-(x^2+y^2)/(2\sigma^2)} \tag{4.78}$$

式中，(x,y) 为像素位置；$L(x,y,\sigma)$ 为图像的尺度空间；σ 为尺度空间因子，其值越小表明图像被平滑得越少，相应的尺度也就越小。

(2) 特征点定位。在同一组内各 DoG 相邻层之间搜索特征点，检测 $D(x,y,\sigma)$ 的局部极大值和极小值。进而采用已知的离散空间点插值得到空间极值点(子像元插值法)，然后删除低对比度(对噪声很敏感)的点，获得 SIFT 特征点。

2) 构建特征描述子

在图像处理中，矩是一种统计特性，具有平移、旋转与尺度不变性等特征。一幅图像的二维 $p+q$ 阶矩的定义为

$$m_{pq}=\sum_x\sum_y x^p y^q f(x,y) \tag{4.79}$$

式中，(x,y) 为图像位置坐标；$f(x,y)$ 为图像灰度。当图像发生平移变化时，m_{pq} 也将发生改变。

为使 m_{pq} 具有平移不变性，定义 $p+q$ 阶中心距为

$$u_{pq}=\sum_x\sum_y (x-\overline{x})^p (y-\overline{y})^q f(x,y) \tag{4.80}$$

$$\overline{x}=\frac{\sum_x\sum_y xf(x,y)}{\sum_x\sum_y f(x,y)}=\frac{m_{10}}{m_{00}},\quad \overline{y}=\frac{\sum_x\sum_y yf(x,y)}{\sum_x\sum_y f(x,y)}=\frac{m_{01}}{m_{00}} \tag{4.81}$$

归一化 $p+q$ 阶中心距为

$$\eta_{pq}=\frac{u_{pq}}{u_{00}^r} \tag{4.82}$$

式中，$r=(p+q)/2+1$； $p+q=2,3,\cdots$ 。

根据上述公式可推导出对图像平移、缩放、镜像和旋转都不敏感的 7 个二维不变矩，即 Hu 矩[15]，分别为

$$\begin{cases}\phi_1=\eta_{20}+\eta_{02}\\ \phi_2=(\eta_{20}-\eta_{02})^2+4\eta_{11}^2\\ \phi_3=(\eta_{30}-3\eta_{12})^2+(3\eta_{21}-\eta_{03})^2\\ \phi_4=(\eta_{30}+\eta_{12})^2+(\eta_{21}+\eta_{03})^2\\ \phi_5=(\eta_{30}-3\eta_{12})(\eta_{30}+\eta_{12})\left[(\eta_{30}+\eta_{12})^2-3(\eta_{12}+\eta_{03})^2\right]\\ \qquad +(3\eta_{21}-\eta_{03})(\eta_{03}+\eta_{21})\left[3(\eta_{12}+\eta_{30})^2-(\eta_{03}+\eta_{21})^2\right]\\ \phi_6=(\eta_{20}-\eta_{02})\left[(\eta_{30}+\eta_{12})^2-(\eta_{21}+\eta_{03})^2\right]+4\eta_{11}(\eta_{30}+\eta_{12})(\eta_{03}+\eta_{21})\\ \phi_7=(3\eta_{21}-\eta_{03})(\eta_{30}+\eta_{12})\left[(\eta_{30}+\eta_{12})^2-3(\eta_{21}+\eta_{03})^2\right]\\ \qquad +(3\eta_{12}-\eta_{30})(\eta_{03}+\eta_{21})\left[3(\eta_{30}+\eta_{12})^2-(\eta_{21}+\eta_{03})^2\right]\end{cases} \tag{4.83}$$

如果车辆在定位过程中发生旋转，路面图像也将偏转，因此提取路面图像中以 SIFT 特征点为中心、r 为半径的圆形区域的 Hu 矩，作为特征点的矩特征描述子。同时提取该圆形区域的灰度平均值和标准差作为灰度特征描述子，如式(4.84)和式 (4.85)所示，其具有平移不变性与旋转不变性。

灰度平均值为

$$F = \frac{\sum\limits_{(x-a)^2+(y-b)^2=r^2} f(x,y)}{T} \tag{4.84}$$

标准差为

$$\sigma = \sqrt{\frac{\sum\limits_{(x-a)^2+(y-b)^2=r^2} \left[f(x,y)-F\right]^2}{T}} \tag{4.85}$$

式中，(a,b) 为任意一个 SIFT 特征点的位置坐标；T 为圆形区域内像素的总数；$f(x,y)$ 为圆形区域内 (x,y) 位置的灰度值。

3) 特征点匹配

基于两种特征描述子分别计算特征点之间的相似度，然后加权融合两种相似度获得每一对特征点匹配度，根据实际应用选择若干组具有较大匹配度的特征点对作为匹配结果，既确保了匹配精度，又大大减少了运行时间。计算相似度的算法有许多，如数量积法、相关系数法、绝对值法等，本节采用最大最小值法，如式(4.86)所示：

$$r_{ij} = \frac{\sum\limits_{k=1}^{M} \min(f_{ik}, f_{jk})}{\sum\limits_{k=1}^{M} \max(f_{ik}, f_{jk})}, \quad i,j = 1,2,\cdots,N+1 \tag{4.86}$$

式中，M 为特征向量中元素的总数；N 为特征向量的总数；f_{ik} 为 (i,k) 位置的数值。

对两种相似度进行加权融合获得每一对特征点的最终相似度，如式(4.87)所示：

$$\text{end\_r} = w \times r_1 + (1-w) \times r_2 \tag{4.87}$$

式中，r_1 为基于 Hu 矩的特征点之间的相似度；r_2 为基于灰度特征的特征点之间的相似度；w 为权重。

2. 路面特征点优化

基于路面特征点匹配的车辆定位中匹配点经常受到外点的干扰，外点主要来自错误的数据关联。产生外点的原因有很多，如噪声、遮挡、模糊和光线变化。

尽管许多算法考虑了图像中光线和尺度的变化，但这些影响由数学模型表示，这些数学模型不一定表征复杂的环境变化。因此，为了提高车辆自主定位的准确性，需要通过算法选择内点并排除外点。在剔除外点的算法中，随机抽样一致(random sample consensus，RANSAC)算法和顺序抽取一致(progressive sample consensus，PROSAC)算法是使用最广泛且最稳定的算法。RANSAC 算法[16]的思想是从匹配数据集中随机抽出不共线的 4 个样本计算单应性矩阵，然后利用该模型测试所有数据，并计算满足该模型的数据个数与代价函数，如果此模型是最优的，则其代价函数最小。PROSAC 算法[17]是基于 RANSAC 算法的改进，能更快得到最佳模型参数。

3. 车辆位置估计

假设车辆在良好平整路面上以较低速度行驶，则采集的图像序列如图 4.7 所示，用车辆运动模型表示输入图像 f_k 与车辆位姿状态转移间的数学关系，其离散差分方程如式(4.88)所示。以第一幅图像的像素坐标系为基准(初始坐标系)，初始位置 (u_1,v_1) 已知，根据图像序列之间的变化(特征点匹配结果)推算车辆移动，计算所得的车辆位置为初始坐标系下像素单位级的运动估计量 s_k，进而根据坐标系转换实现地球坐标系下的车辆定位：

$$s_k=G(s_{k-1},f_k,f_{k-1})\Leftrightarrow\begin{bmatrix}u_k\\v_k\\\theta_k\end{bmatrix}=\begin{bmatrix}u_{k-1}\\v_{k-1}\\\theta_{k-1}\end{bmatrix}+\begin{bmatrix}\sin(\alpha_{k-1}+\theta_k) & \cos(\alpha_{k-1}+\theta_k) & 0\\\cos(\alpha_{k-1}+\theta_k) & -\sin(\alpha_{k-1}+\theta_k) & 0\\0 & 0 & \theta_k\end{bmatrix}\cdot\begin{bmatrix}v_{vk}\\v_{uk}\\1\end{bmatrix}\cdot\Delta t \tag{4.88}$$

式中，当 $k>1$ 时，$\alpha_{k-1}=\sum_{i=1}^{k-1}\theta_i$；当 $k=0$ 时，$\alpha_0=0$；θ_i 为 i 时刻与 i–1 时刻采集的路面图像之间的旋转角度；$v_{uk}\Delta t$ 和 $v_{vk}\Delta t$ 可通过路面图像 f_k 和 f_{k-1} 匹配结果(特征匹配点)计算得到，即坐标系 Ou_kv_k 下 u_k 轴和 v_k 轴的偏移量。

图 4.7　路面图像序列

基于路面特征的车辆定位算法中，图像匹配算法是最关键技术之一，其匹配结果直接影响车辆定位精度与算法运行速度，而且还需对光照变化、不同视角、多类型干扰等具有较好的适用性。同时，如果仅采用上述运动模型按时间递推车辆轨迹，即增量式相对定位估计，控制噪声会不断累积到车辆位姿状态的不确定性分布中，车辆轨迹估计误差将逐渐增加直至车辆定位结果发散，不适合用于车辆长时间、长距离单独地进行位置估计。因此，在实际应用中需要寻找有效的误差消除算法提高车辆定位精度，在精度上接近或者超越一般传统意义的定位系统，进而符合实时性能也是至关重要的。

4. 实例分析

本节通过长安大学“信达号”智能车采集的真实场景数据，分别测试 3 种操纵行为下的车辆轨迹，如直行、蛇行和右转，GNSS 定位数据作为参考。以车辆直行实验中某段时间内采集的第 436～443 帧路面图像(图 4.7)作为分析对象验证算法性能。具体以图 4.7 中第 439 和第 440 帧图像为例，分析某时刻基于路面特征匹配的车辆定位算法执行过程，两帧图像通过缩小图像分辨率的预处理分别检测得到 121 和 120 个特征点，如图 4.8 所示，既满足图像匹配要求，又大大节省了时间。

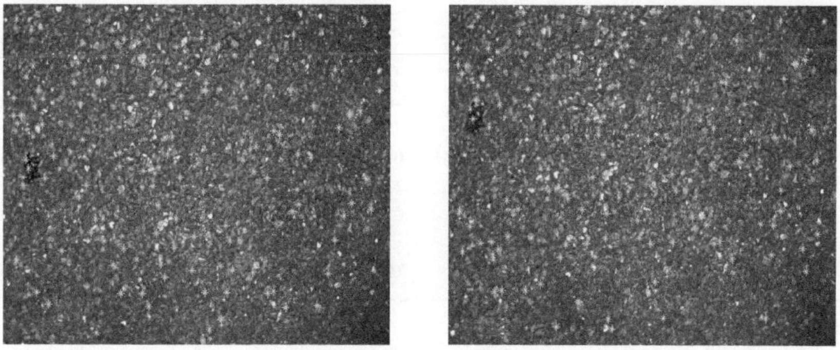

图 4.8　图像 SIFT 特征点

基于最大最小值法选取最大相似度与次大相似度差值大于阈值 T 的特征点对作为匹配结果，总共检测到 30 对匹配点，进而基于 PROSAC 算法进行优化获得 19 对精确匹配点，如图 4.9 所示，易知匹配点对的准确率为 100%，且数量满足车辆后续位置估计需求。

根据上述精确匹配点以及车辆运动位置估计模型，可以计算得到车辆 t_i 时刻

在像素坐标系 ouv_i 中 u 和 v 方向上的偏移量Δu 和Δv 以及旋转角度$\Delta\theta$。以初始坐标系 ouv_0(第一幅图像的像素坐标系)为基准，转化车辆运动偏移量，可得到$\Delta u'$、$\Delta v'$和$\Delta\theta'$，如表 4.1 所示，其中运行距离单位以像素点计。

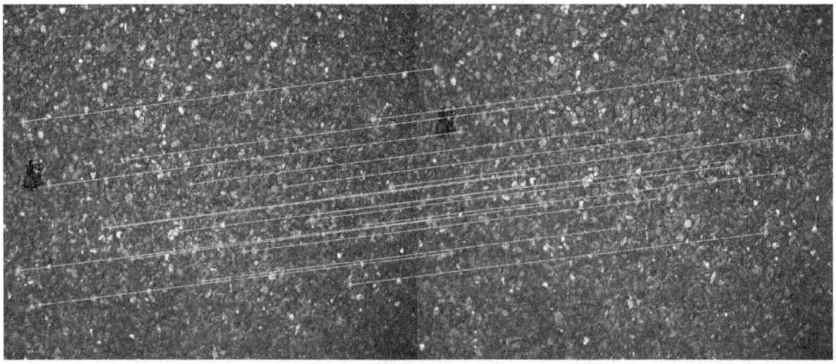

图 4.9　第 439 和第 440 帧路面图像匹配结果

表 4.1　车辆偏移量估计

时刻	帧数	Δu	Δv	$\Delta\theta$	$\Delta u'$	$\Delta v'$	$\Delta\theta'$
t_i	436 和 437	−6.0067	−181.7333	0.0019	−5.4358	−181.7513	−0.0031
t_{i+1}	437 和 438	−7.4562	−177.2813	0.00002	−6.9027	−177.3037	−0.00308
t_{i+2}	438 和 439	−6.2615	−181.7154	−0.00006	−5.6826	−181.7344	−0.00314
t_{i+3}	439 和 440	−5.0214	−178.8357	−0.002	−4.0978	−178.8593	−0.00514
t_{i+4}	440 和 441	−4.1111	−179.7222	0.0017	−3.4861	−179.7354	−0.00344
t_{i+5}	441 和 442	−5.700	−181.7667	0.0013	−5.3022	−180.7788	−0.00214
t_{i+6}	442 和 443	−5.7769	−179.2923	0.00025	−5.4387	−179.3029	−0.00189

实验环境中，采集的路面图像属于二维空间，如果忽略车辆行驶过程中的抖动，可根据固定两点在图像中的像素距离粗略获得换算比例，然后估计车体坐标系下车辆运动情况，也可根据本节运动估计模型实现车辆定位。本节对直行、蛇行和右转三种行驶状态的测试结果如图 4.10 所示，深色轨迹是本节算法，浅色轨迹是 GNSS 数据。显而易见，该算法获得的车辆轨迹较 GNSS 更加平滑，精度更高，50m 行驶里程误差小于 0.5m，可以用于短距离的 GNSS 盲区下车辆定位系统。

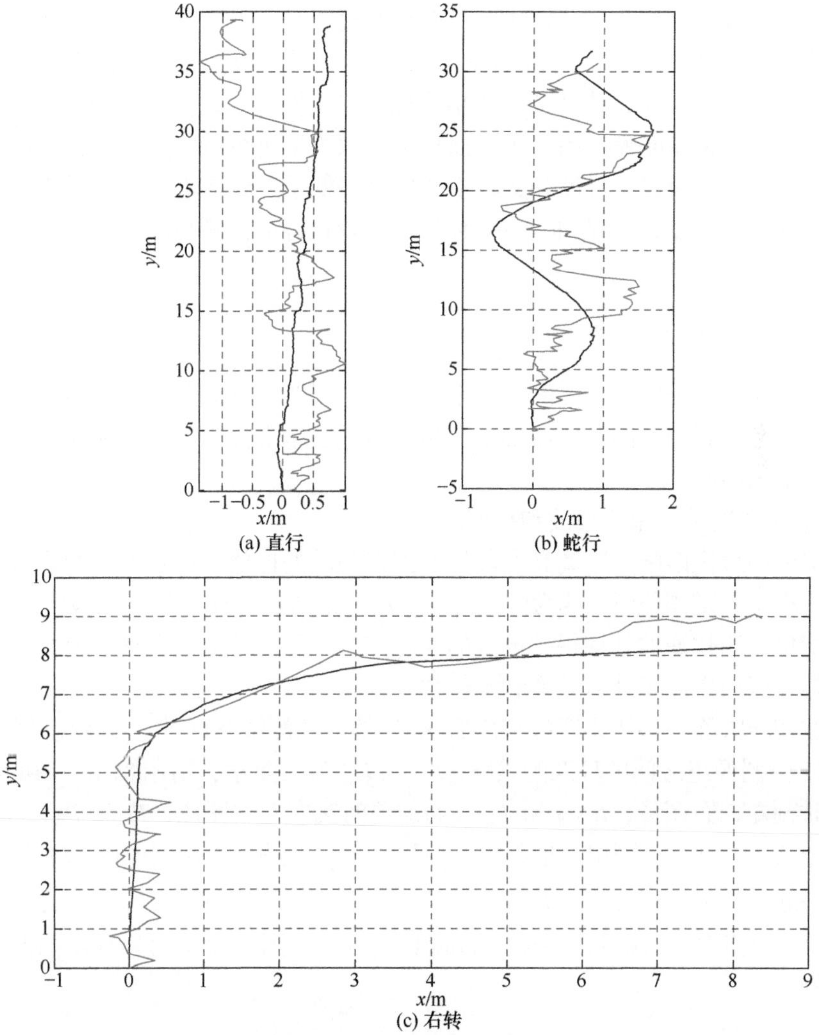

图 4.10　车辆运行轨迹

4.3.2　基于鲁棒特征点的视觉里程计

本节提出基于鲁棒特征点的双目视觉定位算法，基于特征点及其关联算法研究，选择加速 KAZE(accelerated KAZE，AKAZE)特征点，利用比率测试、箱式滤波和环匹配以及改进 RANSAC 算法去除外点，基于几何约束估计车辆运动，并利用卡尔曼滤波器进行优化[18]。

1. 鲁棒特征点检测及匹配

SIFT[19]和加速鲁棒特征(speeded-up robust feature，SURF)[20]是非线性空间中

的多尺度二维局部不变特征算法，然而高斯模糊在获得不变性和鲁棒性的同时，也降低了精确度和区别性。Alcantarilla 等[21]采用非线性扩散滤波的算法提出了一种特征点算法 KAZE，该特征算法精确性和稳定性较好，但是执行效率较 SURF 算法低。Alcantarilla 等[22]引入了快速显示扩散方案进行特征点检测，改进的局部差分二进制描述符具有尺度和旋转不变性且降低了存储要求，提出了快速多尺度局部不变特征 AKAZE。在本章中，使用 AKAZE 特征检测与匹配算法检测图像中的特征点。

2. 误匹配和外点去除策略

经过初步特征匹配，匹配结果中包含了错误匹配点对和停留在动态物体上的特征点，考虑到精度问题而需要采取相应措施。本节提出的误匹配和外点去除策略解决了该问题。

1) 比率测试、箱式滤波和环匹配

本节用最优匹配点距离和次最优匹配点距离的比值 α 衡量匹配的稳定性，当该比值小于固定阈值时，认为匹配是安全的，本节 $\alpha < 0.6$ 。箱式滤波[23]用来选择子匹配集，箱式滤波处理得到更少的匹配点对，并且特征点在整个图像上分布更加均匀，因而提高了计算效率和定位精度。

在初步去除一些错误匹配点之后，提出的环匹配策略可进一步优化匹配结果。图 4.11 为图像组之间的环匹配策略，$I_{L,k}$ 和 $I_{R,k}$ 为当前左、右图像；$I_{L,k-1}$ 和 $I_{R,k-1}$ 为前一时刻左、右图像；$I_{L,k-2}$ 和 $I_{R,k-2}$ 为前前时刻左、右图像；$P_{L,k}$、$P_{R,k}$、$P_{L,k-1}$、$P_{R,k-1}$、$P_{L,k-2}$、$P_{R,k-2}$ 为相应图像中的特征点，$P'_{L,k}$ 为相应图像中的结束特征点。当且仅当起始点 $P_{L,k}$ 和结束点 $P'_{L,k}$ 为同一个特征点时，即 $P_{L,k} = P'_{L,k}$ ，认为环匹配成功，保留该点对；否则匹配失败而删除该特征点。图 4.12 为真实环境图像匹配结果示例。

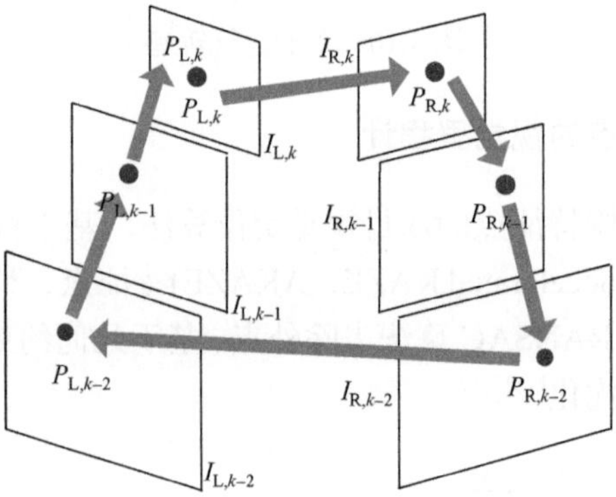

图 4.11 图像组之间的环匹配策略

2) 基于改进 RANSAC 算法的外点去除

基于 RANSAC 算法的外点去除在视觉里程计(visual odometry，VO)中得到普遍应用。在包含外点和噪声的数据中，随机抽取样本进行模型估计，通过迭代得到最优估计，即

$$N = \frac{\lg(1-P)}{\lg[1-(1-\varepsilon)^s]} \tag{4.89}$$

式中，N 为需要进行的迭代次数；P 为抽取的点为内点的概率；ε 为外点百分比；s 为估计需要的最少点数。多次迭代增加了计算量，并且每次迭代都是在有噪声的情况下进行的，模型估计耗时且精度较差。

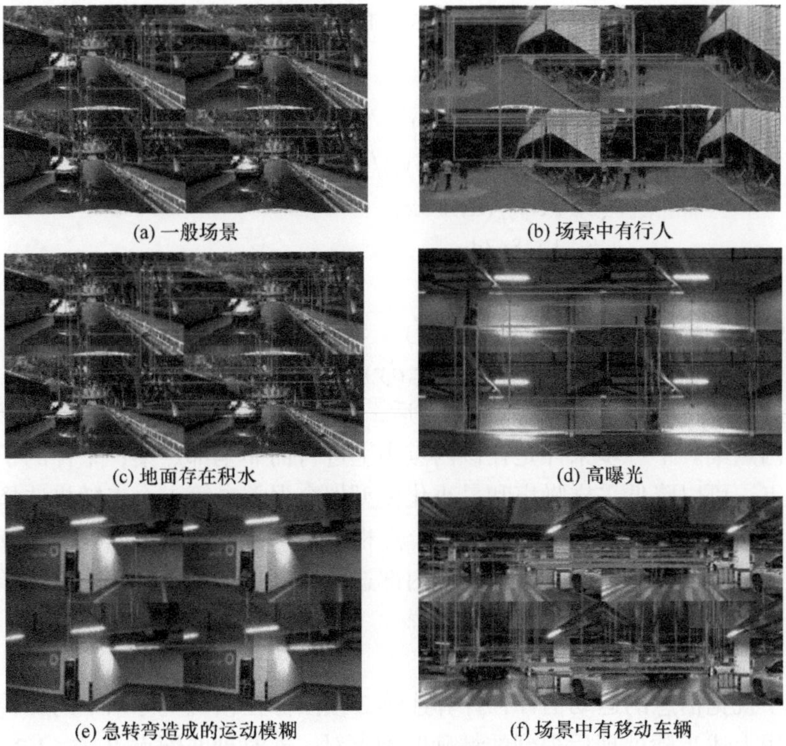

(a) 一般场景　(b) 场景中有行人　(c) 地面存在积水　(d) 高曝光　(e) 急转弯造成的运动模糊　(f) 场景中有移动车辆

图 4.12　真实环境图像匹配结果

图 4.13 所示的样本点中包含噪声和外点的抽样误差。由于噪声的影响，通过 RANSAC 算法的有限次迭代可能得不到最优模型估计。RANSAC 算法没有考虑模型对采样噪声的敏感性而导致内点检测错误，最终降低了模型拟合的精度。本节提出一种改进 RANSAC 外点去除算法，考虑了采样噪声对模型拟合的影响，能够有效抗噪。

用 $(\delta x_1, \delta y_1)$ 和 $(\delta x_2, \delta y_2)$ 分别表示 2 点坐标 (x_1, y_1) 和 (x_2, y_2) 的噪声误差，设

$$\begin{cases} dy = y_2 - y_1 \\ dx = x_2 - x_1 \\ \delta y = \delta y_2 - \delta y_1 \\ \delta x = \delta x_2 - \delta x_1 \end{cases} \tag{4.90}$$

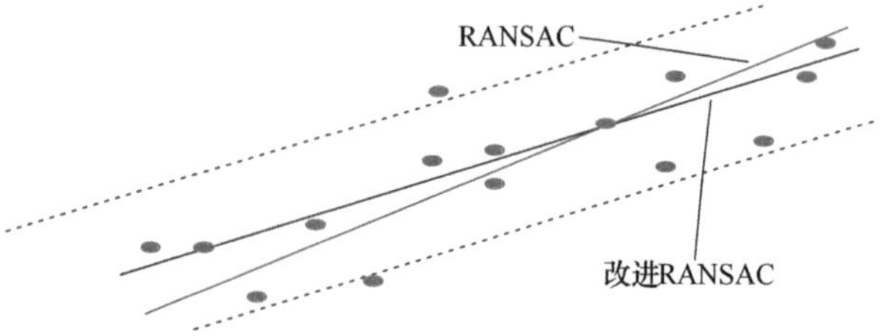

图 4.13　RANSAC 算法和改进 RANSAC 算法直线拟合结果

由上述 2 点连成直线的斜率为

$$\begin{aligned} & (y_2 - y_1)/(x_2 - x_1) \\ & = (y_2 - y_1 + \delta y_2 - \delta y_1)/(x_2 - x_1 + \delta x_2 - \delta x_1) \\ & = (dy + \delta y)/(dx + \delta x) \\ & = \frac{dy}{dx} \cdot \frac{1 + \delta y/dy}{1 + \delta x/dx} \end{aligned} \tag{4.91}$$

式(4.91)中采样噪声决定了 δx 和 δy，2 点之间的距离决定 dx 和 dy。(dx, dy) 越小，直线斜率越容易受采样噪声 $(\delta x, \delta y)$ 的影响。

改进 RANSAC 算法迭代一定次数后，首先与 RANSAC 算法一样计算出当前模型的内点集。下一步采样是在该内点集上进行而非全部点集，采样的子集可能均为内点，可以降低采样噪声和最小化模型拟合误差。第 1 个点随机选择，然后计算该点与其他点之间的距离。第 2 个点根据蒙特卡罗直线拟合测试中点的统计分布进行选取。然后在内点集上通过内部迭代直到达到式(4.89)中的终止条件。

3. 基于几何约束的运动估计

基于视觉信息的运动估计，计算连续 2 帧图像在相机坐标系下的旋转平移关系。利用上述步骤处理后得到的精确匹配点对，t_k 时刻匹配点 $P_{i,k}(i=1,2,\cdots,n)$ 和 t_{k+1} 时刻匹配点 $P_{i,k+1}(i=1,2,\cdots,n)$ 之间的旋转矩阵 $R_{k(k+1)}$ 和平移向量 $t_{k(k+1)}$ 建立运动约束函数，即

$$e(R,t) = \sum_{i=1}^{n} \left\| P_{i,k+1} - t_{k(k+1)} - R_{k(k+1)} P_{i,k} \right\|^2 \tag{4.92}$$

在计算 $R_{k(k+1)}$ 和 $t_{k(k+1)}$ 时，通过式(4.93)可以计算 $t_{k(k+1)}$：

$$t_{k(k+1)} = \overline{P}_{k+1} - R_{k(k+1)} \overline{P}_k \tag{4.93}$$

式中，$\overline{P}_k$ 和 $\overline{P}_{k+1}$ 为 $P_{i,k}$ 和 $P_{i,k+1}$ 的质心坐标，即

$$\overline{P}_k = \frac{1}{n}\sum_{i=1}^{n} P_{i,k},\quad \overline{P}_{k+1} = \frac{1}{n}\sum_{i=1}^{n} P_{i,k+1} \tag{4.94}$$

因此，在计算转换矩阵时，首先需要通过式(4.95)计算 $R_{k(k+1)}$：

$$e(R) = \sum_{i=1}^{n} \left\| \overline{P}_{i,k+1} - R_{k(k+1)} \overline{P}_{i,k} \right\|^2 \tag{4.95}$$

式中，$\overline{P}_{i,k}$ 和 $\overline{P}_{i,k+1}$ 为相对于质心的偏差，即

$$\overline{P}_{i,k} = P_{i,k} - \overline{P}_k,\quad \overline{P}_{i,k+1} = P_{i,k+1} - \overline{P}_{k+1} \tag{4.96}$$

相机在 t_k 到 t_{k+1} 时刻的单步运动矩阵，通过上述分步运算步骤计算得到

$$M'_{k(k+1)} = \begin{bmatrix} R_{k(k+1)} & t_{k(k+1)} \\ 0 & 1 \end{bmatrix} \tag{4.97}$$

从初始时刻 t_0 到当前时刻 t_k 的运动矩阵，可以通过单步运动矩阵累积计算得到

$$M_{k(k+1)} = \prod_{j=1}^{k} M'_{j(j+1)} \tag{4.98}$$

设初始时刻 t_0 相机位置为 P_0，当前时刻相机位置 P_k 可以通过初始时刻相机位置坐标与运动矩阵相乘得到，即 $P_k = M_k P_0$。从 t_j 到 t_{k+1} 时刻的运动矩阵可以通过式(4.99)计算得到

$$M_{j(k+1)} = M_j^{-1} M_k = \prod_{m=1}^{k} M'_{m(m+1)} \tag{4.99}$$

4. 实例结果与分析

KITTI 视觉数据集[24]是卡尔斯鲁厄理工学院利用智能车辆平台采集的一个齐全的视觉数据集。该数据集包含立体匹配、光流、视觉里程计/SLAM 和三维物体识别数据。该数据集包含在卡尔斯鲁厄理工学院校园中 11 个矫正的立体图像序列，分辨率为 1241×376 像素，采集频率为 10 帧/s，给定了采集相机标定参数和通过 RTK-GNSS 提供的真实轨迹信息。另外，它也提供了 MATLAB/C++开发小工具。

本节随机选择图像序列 06 和 07 进行测试，表 4.2 和表 4.3 分别为图像序列 06 和 07 中原图像的示例。将 OXTS RT 2500 的 GNSS/IMU(inertial measurement unit，捷联惯导测量单元)数据作为真实轨迹，VISO2(视觉里程计 2)[23]算法作为对比算法，在数据集上测试对比 GNSS/IMU 真实轨迹、VISO2 的轨迹和本节算法所

得轨迹，如图 4.14 和图 4.15 所示。

表 4.2　图像序列 06 中原图像示例

类别	图像序号 000000	图像序号 000300	图像序号 000600	图像序号 000900
左图像				
右图像				

表 4.3　图像序列 07 中原图像示例

类别	图像序号 000000	图像序号 000300	图像序号 000600	图像序号 000900
左图像				
右图像				

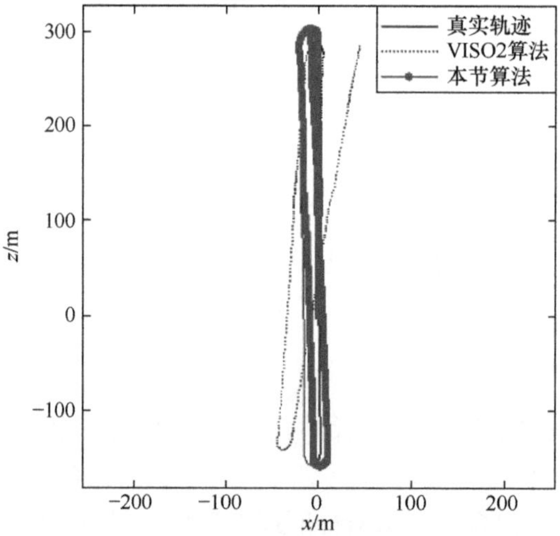

图 4.14　运动轨迹(在图像序列 06 上测试)

图 4.14 和图 4.15 展示了 KITTI 测试数据集中的两个实验结果。真实轨迹是通过 RTK-GNSS 获取的。可以发现，视觉测程法在拐弯处的性能下降很快。误差随着行驶距离的延长而加大。图 4.16 和图 4.17 展示了更多的误差量化分析结果。从结果中可以发现，在短距离范围内，平移误差较小。然而，随着距离的增加平移误差增加，这是因为视觉测程法存在来自特征点位置、三角化计算和标定参数带来的误差。

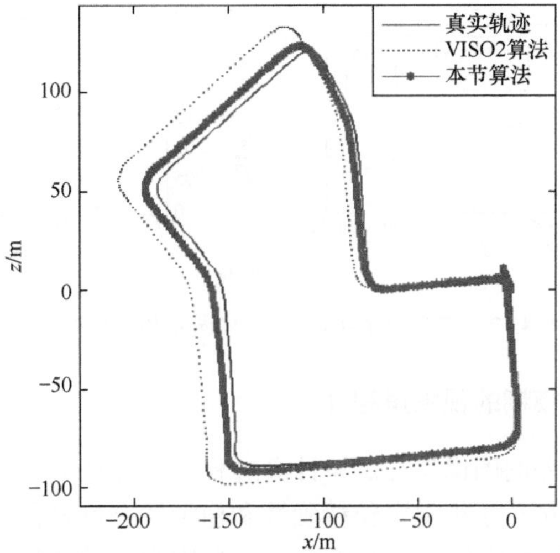

图 4.15　运动轨迹(在图像序列 07 上测试)

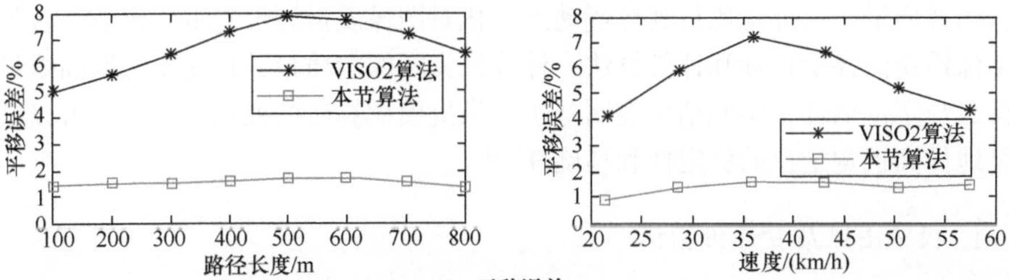

(a) 平移误差

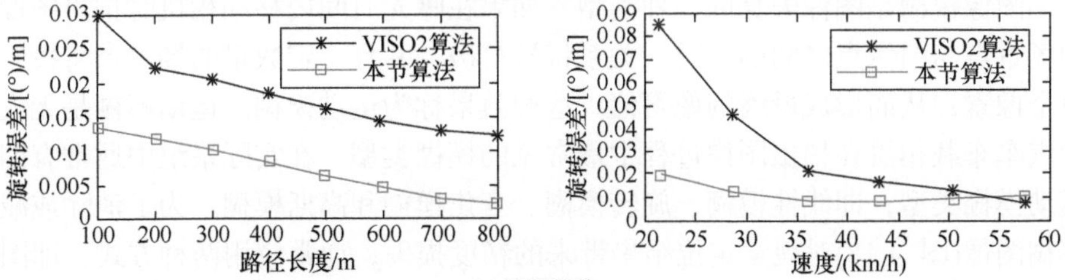

(b) 旋转误差

图 4.16　在图像序列 06 上的平移误差和旋转误差比较

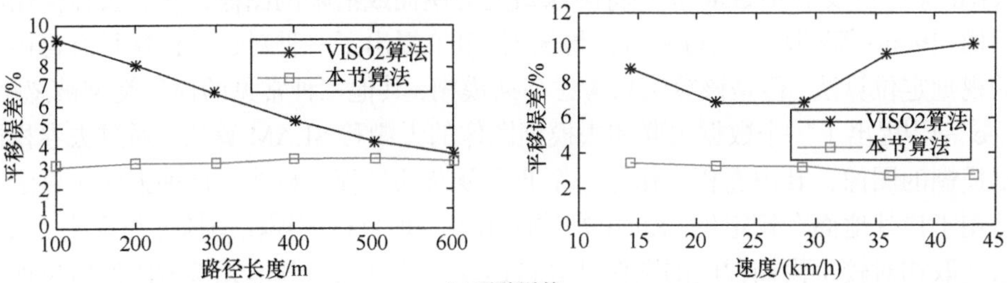

(a) 平移误差

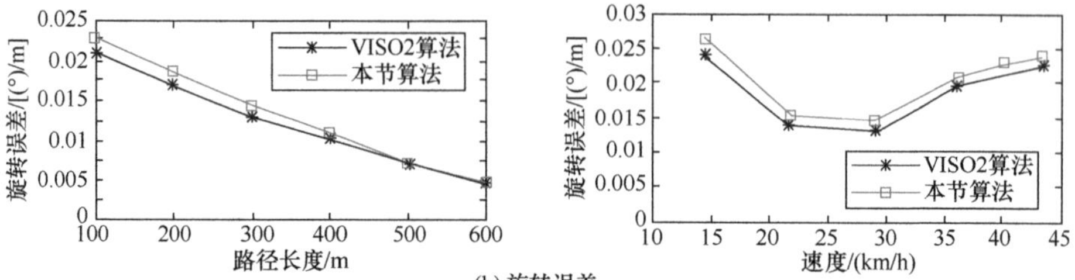

(b) 旋转误差

图 4.17　在图像序列 07 上平移误差和旋转误差比较

4.3.3　基于图像抗模糊的视觉里程计

如果引入质量差的图像参与定位计算过程，图像特征检测误差较大或者匹配失败，因此图像质量对于视觉定位精确性和稳定性有重要影响。图像奇异值包含了图像主要信息，通常应用在图像压缩、模式识别中。模糊图像的非零奇异值少，质量好的清晰图像非零奇异值多。基于此发现，通过统计非零奇异值个数，可以评价图像质量，另外车辆行驶环境动态变化对图像质量评价有重要影响。首先分析图像模糊的评价指标和评价算法，计算采集图像的质量并且动态选取高质量的图像参与定位估计，实验结果表明基于图像抗模糊算法的视觉定位算法可以较大程度地提高视觉定位的稳定性和精确性[25]。

1. 模糊图像质量评价指标

图像模糊是图像失真的一种类型。如果在曝光时间内移动相机时拍摄图像，则场景点与图像点之间的一对一关系将被打破，并且一定数量的场景点将投影到单个像素，从而形成最终的像素值，这种效果称为运动模糊。运动模糊是无人驾驶汽车车载相机在拍摄图像过程中最常见的模糊类型。在实际系统中通常有四种运动模糊类型，即线性模糊、旋转模糊、变焦模糊和高斯模糊。为了消除或减少模糊图像(图 4.18)对视觉定位结果带来的精度损失，通常应用两种方式，即图像去模糊和抗模糊。在图像去模糊研究中，Kim 等[26]通过去卷积恢复模糊图像，这使得特征提取准确性降低且该过程耗时。在图像抗模糊研究中，Marziliano 等[27]、Ferzli 等[28]以及 Narvekar 等[29]将图像归类为模糊或清晰的图像，然后去掉模糊的图像。Pretto 等[30]基于改进的特征检测器 SIFT 提出了一种对运动模糊具有鲁棒性的视觉定位算法，但是该算法只考虑高斯模糊，其他三种常见的模糊类型被忽略。Lee 等[31]提出了一个数据关联和去模糊图像的无漂移 SLAM 算法，通过去卷积恢复模糊的图像，其中卷积操作是一个非常复杂的过程。显然，这种去模糊算法不适用于户外地面车辆定位。Zhao 等[32]提出了一种自适应模糊图像分类算法，该算法选取相对较小模糊程度的图像计算自运动，该算法与其他无参考图像质量评估算法相比，如 Marziliano 等的算法[27]、可识别模糊(just noticeable blur，JNB)算法[28]和模糊检测的累积概率(cumulative probability of blur detection，CPBD)[29]算法，虽然可以在一定程度上消除运动模糊带来的影响，但是无法应用于基于图像特征检测的视觉定位应用中。

图 4.18　运动模糊图像示例

视频质量专家组(video quality experts group，VQEG)指出可以建立主客观评价之间的逻辑函数评估算法性能。下面将介绍五个重要评价指标：离出率(outlier ratio，OR)、线性皮尔森相关系数(linear Person correlation coefficient，LPCC)、斯皮尔曼等级相关系数(Spearman rank order correlation coefficient，SROCC)、平均绝对误差(mean absolute error，MAE)和均方根误差(root mean squared error，RMSE)。通过这些指标可以评估不同模糊算法的性能。

1) 离出率

$$\mathrm{OR}=\frac{n_1}{n} \tag{4.100}$$

式中，n_1为离群图像的数量；n为图像的总数量。如果模糊度评估算法计算分数与实际参考得分数之间的差值大于一定阈值，则将该图像视为离群图像。OR 值越小，算法的一致性越好；相反，算法的一致性越差。

2) 线性皮尔森相关系数

$$\mathrm{LPCC}=\frac{\sum_{i=1}^{n}(\mathrm{MOS}_i-\overline{\mathrm{MOS}})(\mathrm{MOS}_{pi}-\overline{\mathrm{MOS}_p})}{\sqrt{\sum_{i=1}^{n}(\mathrm{MOS}_i-\overline{\mathrm{MOS}})^2\sum_{i=1}^{n}(\mathrm{MOS}_{pi}-\overline{\mathrm{MOS}_p})^2}} \tag{4.101}$$

式中，MOS_i为第i幅图像平均评价分数；$\overline{\mathrm{MOS}}$为n幅图像评价分数的平均值；MOS_{pi}为计算所得分数；$\overline{\mathrm{MOS}_p}$为$n$幅图像计算分数的平均值。LPCC 越大，算法一致性越好；反之，算法一致性越差。

3) 斯皮尔曼等级相关系数

$$\mathrm{SROCC}=1-\frac{6\sum_{i=1}^{n}(\mathrm{MOS}_{ri}-\mathrm{MOS}_{rpi})^2}{n(n^2-1)} \tag{4.102}$$

式中，MOS_{ri}为第i幅图像平均评价分数；MOS_{rpi}为模糊度函数计算得到的分数；n为图像的总数目。SROCC 越大，算法性能越好；反之，算法性能越差。

4) 平均绝对误差

$$\mathrm{MAE}=\frac{1}{n}\sum_{i=1}^{n}\left|s_i-s_{pi}\right| \tag{4.103}$$

式中，s_i和s_{pi}分别为第i幅图像质量参考值和模糊度函数计算值。在统计学中，其是衡量两个连续变量之间差异的指标。MAE 越小，算法性能越好；反之，算法性能越差。

5) 均方根误差

$$\mathrm{RMSE}=\sqrt{\frac{1}{n}\sum_{i=1}^{n}(s_i-s_{pi})^2} \tag{4.104}$$

RMSE 越小，算法性能越好；反之，算法性能越差。

2. 基于奇异值分解的模糊图像质量评价算法

本节提出了一种图像奇异值分解(image singular value decomposition，ISVD)的图像抗模糊算法来减轻图像模糊效应[25]。对于图像矩阵$I\in\mathbb{R}^{m\times n}$，正交矩阵$U\in\mathbb{R}^{m\times m}$和$V\in\mathbb{R}^{n\times n}$组成$I=UWV^{\mathrm{T}}$。其中$W=\mathrm{diag}(\delta_1,\delta_2,\cdots,\delta_n)$是非零奇异值，且$\delta_1\geqslant\delta_2\geqslant\cdots\geqslant\delta_n$。为了研究奇异值与图像质量之间的关系，从 LIVE 数据库[33]中选择了模糊度递增的六幅图像，如图 4.19 所示。

图 4.19　LIVE 数据库中不同模糊度的图像

图 4.20 显示了图 4.19 中不同模糊度图像的奇异值曲线。分解图像矩阵后，利用非零奇异值建立奇异值直方图。在奇异值直方图中，不同的奇异值有不同的个数。因此，在不引起歧义的情况下，可以用奇异值个数来验证图像模糊度。ISVD 定义为

$$\mathrm{ISVD} = \frac{\sum_{i}^{n} S_i}{n}, \quad S_i = \begin{cases} 1, & \delta_i \geqslant C_{\mathrm{thres}} \\ 0, & \delta_i < C_{\mathrm{thres}} \end{cases} \tag{4.105}$$

式中，n 为奇异值矩阵 W 中非零奇异值 δ_i 的个数；C_{thres} 为阈值。在本书中，设置阈值 $C_{\mathrm{thres}}=100$ 。

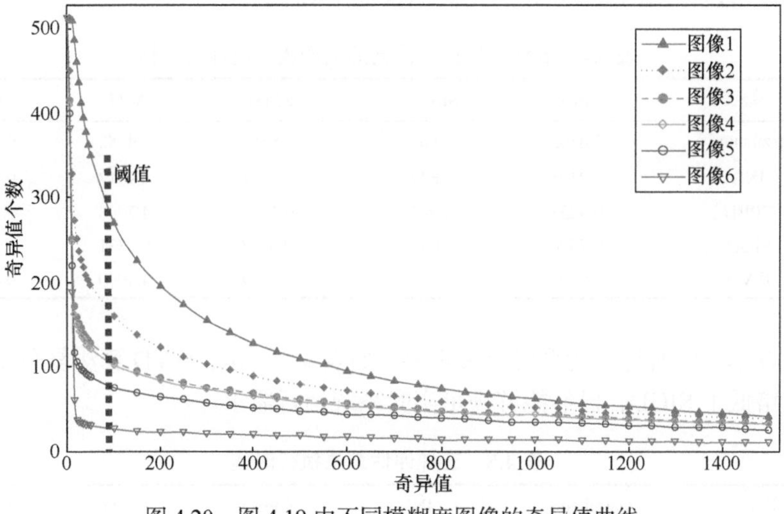

图 4.20　图 4.19 中不同模糊度图像的奇异值曲线

基于 ISVD 的图像模糊度算法如算法 4.1 所示。

算法 4.1　基于 ISVD 的图像模糊度算法

输入：图像 I

输出：图像 I 的模糊度 ISVD

初始化：ISVD=0， $\text{num}=0$

```
将图像 I 转换为灰度图像 I_gray
将图像进行奇异值分解 I_gray = UWV^T，计算奇异值 W = diag(δ_1, δ_2, …, δ_n)
for δ_i in W
    if δ_i ⩾ C_thres
      num++
    end
end
return 图像模糊度 ISVD = num / n
```

利用不同的模糊度评估算法(Marziliano 等、JNB、CPBD、小图像梯度分布(small image gradient distribution，SIGD)和 ISVD)，计算 LIVE 数据集中 174 幅图像的模糊程度。这些图像的实际图像质量参考分数是已知的。用五种评估算法计算 4.3.1 节中介绍的图像质量参数 LPCC、SROCC、RMSE、MAE 和 OR，结果如表 4.4 所示。如 Rohaly 等[34]所述，由 ISVD 计算的模糊度在整个数据范围内保持单调。显然，提出的 ISVD 比其他算法性能更好。

表 4.4　五种评估算法得到的图像模糊度评价指标

算法	LPCC	SROCC	RMSE	MAE	OR
Marziliano 等	0.8562	0.8672	8.8354	6.4382	0.1264
JNB	0.8498	0.8345	9.0117	6.9317	0.1322
CPBD	0.9257	0.9444	6.4662	4.7098	0.0632
SIGD	0.7596	0.6877	11.1176	9.0331	0.2759
ISVD	0.9405	0.9293	5.8069	4.4090	0.0230

高效率对实时运行的系统至关重要。如表 4.5 所示，ISVD 算法复杂度低，执行效率略低于 SIGD，已经能够满足实时系统运行需求。

表 4.5　五种评估算法执行时间

算法	Marziliano 等	JNB	CPBD	SIGD	ISVD
时间/s	0.5860	0.6156	0.7084	0.0226	0.0082

然后采用自适应模糊图像分类算法为后续过程选择模糊度较小的图像。如果图像矩阵太大，则分解过程太慢。为了克服时间消耗的缺点，仅在关键帧上执行抗模糊操作，其比逐帧模型执行更有效。

3. 抗模糊算法阈值自适应调整

设计的图像抗模糊算法，还无法长期稳定运行于视觉定位系统，固定的模糊度阈值会致使系统不稳定。模糊度阈值过大，模糊图像被判别为清晰图像，影响图像定位结果的精度；模糊度阈值过小，大量图像被判别为模糊图像，实际输入视觉定位系统的图像较少，图像之间的重叠区域小可能会导致图像匹配操作失败。本节提出融合一阶低通滤波器和有限单位冲击响应滤波器的抗模糊算法阈值自适应调整策略，能够根据环境自适应调整阈值。在纹理信息丰富的环境中增大阈值，不仅能选择较为清晰的图像输入视觉定位系统，而且能减少计算量；在纹理信息不丰富的环境中减小阈值，能让更多图像输入视觉定位系统，保证系统稳定运行。

一阶低通滤波器：能够滤除高频和周期性的干扰信号，但是存在相位滞后的缺点。一阶低通滤波器的传递函数为

$$\frac{Y(z)}{X(z)}=H(z)=\frac{\lambda}{1-(1-\lambda)z^{-1}}=\frac{\lambda z}{z-(1-\lambda)} \tag{4.106}$$

式中，λ 为比例因子。

有限单位冲激响应滤波器：有严格的线性相位，又可以具有任意的幅度特性。由于响应是有限长的，所以可以利用快速傅里叶变换(fast Fourier transform, FFT)算法实现信号过滤，提高算法运行效率。有限单位冲激响应滤波器的传递函数为

$$H(z)=\sum_{n=0}^{M}b(n)z^{-n} \tag{4.107}$$

式中，M 为滤波器窗口大小；$b(n)$ 为因子值。

对于融合一阶低通滤波器和有限单位冲击响应滤波器的抗模糊算法阈值自适应调整策略，其滤波器传递函数为

$$H(z)=\frac{(1-\lambda)\sum\limits_{n=1}^{M}z^{-n}}{M(1-\lambda z^{-1})}=\frac{z^{-1}(1-\lambda)(1-z^{-M})}{M(1-\lambda z^{-1})(1-z^{-1})} \tag{4.108}$$

频率响应函数为

$$H(\mathrm{e}^{\mathrm{j}w})=\frac{(1-\lambda)\sin\left(\dfrac{wM}{2}\right)}{M\sqrt{1-2\lambda\cos w+\lambda^2}\sin\left(\dfrac{w}{2}\right)}\exp\left[-\mathrm{j}\left(\frac{M+1}{2}w+\arctan\frac{\lambda\sin w}{1-\lambda\cos w}\right)\right] \tag{4.109}$$

该滤波器的幅频响应和相频响应分别为

$$\left|H(\mathrm{e}^{\mathrm{j}w})\right|=\left|\frac{(1-\lambda)\sin\left(\dfrac{wM}{2}\right)}{M\sqrt{1-2\lambda\cos w+\lambda^2}\sin\left(\dfrac{w}{2}\right)}\right| \tag{4.110}$$

$$\theta(w)=-\frac{M+1}{2}w-\arctan\frac{\lambda\sin w}{1-\lambda\cos w} \tag{4.111}$$

以 KITTI 数据集中的 00 号图像序列共 4500 帧图像为测试对象，分别在原图像上和受模糊噪声污染后的图像上，验证本节提出的抗模糊算法自适应调整策略。

如图 4.21 所示，图中圆圈表示每帧图像对应的 ISVD 值，曲线是自适应阈值曲线。根据阈值曲线，该曲线以上的值对应的图像将被认作模糊图像而被舍弃，曲线以下的值对应的图像被认作清晰图像，将被输入到车辆运动估计算法中。

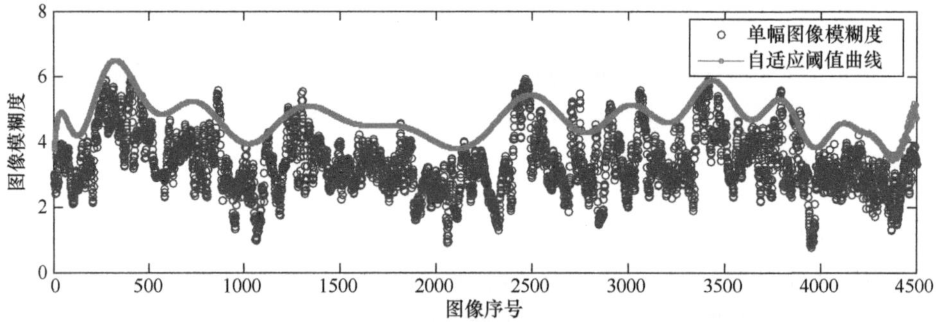

图 4.21　KITTI 数据集中 00 图像序列中图像的 ISVD 值及阈值曲线

为了验证自适应抗模糊算法的性能，将 KITTI 数据集中 00 图像序列手动添加模糊噪声，模糊序号为 500～2499 和 3500～3999 的图像。图 4.22 为其中两幅原图像与受模糊噪声污染的图像，图 4.23 是图像模糊后的自适应抗模糊算法测试

(a) 图像序列00中003001号图像，原图像　　(b) 图像序列00中003001号图像，模糊图像

(c) 图像序列00中000054号图像，原图像　　(d) 图像序列00中000054号图像，模糊图像

图 4.22　KITTI 数据集中 00 图像序列的原图像和模糊图像

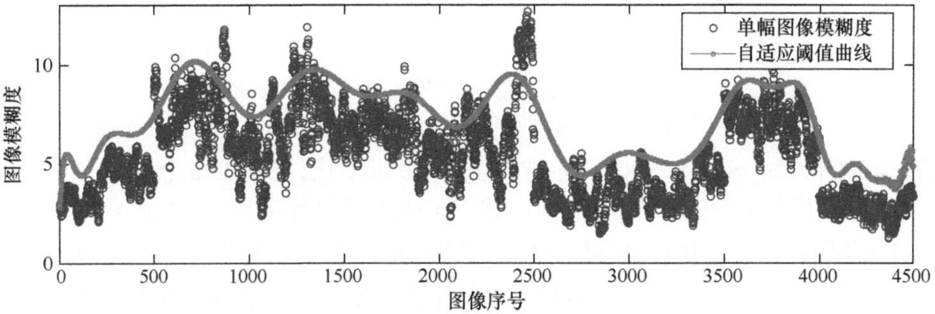

图 4.23　KITTI 数据集中 00 图像序列部分帧模糊后每幅图像的 ISVD 值及阈值曲线

结果，从图中可以看出，受模糊污染的部分图像 ISVD 值明显增大，模糊图像增多，自适应阈值曲线随着图像模糊值发生了改变。自适应阈值调整策略，只会将部分严重模糊的图像去除，保留大部分图像进行视觉定位计算。

利用长安大学“信达号”智能车辆实验平台，在校园内采集图像数据，图 4.24 展示了采集的数据中原图像和模糊图像的示例。在车辆通过减速带时摄像机抖动较大，在急转弯时速度过快，这些行驶环境都给图像带来运动模糊。计算采集的图像的 ISVD 值并测试自适应抗模糊算法，测试结果如图 4.25 所示。

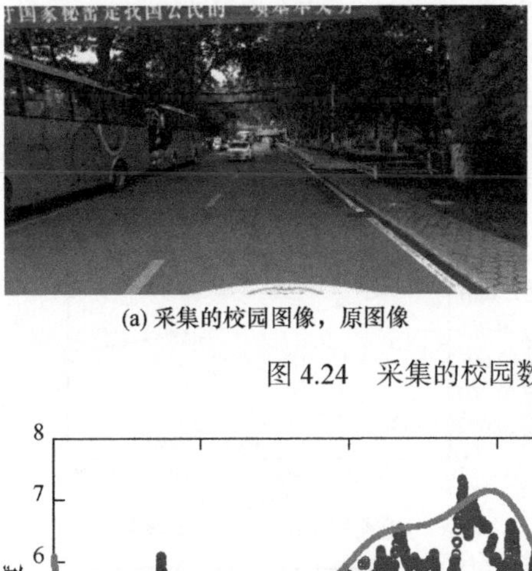

(a) 采集的校园图像，原图像

(b) 采集的校园图像，模糊图像

图 4.24　采集的校园数据中清晰图像和模糊图像

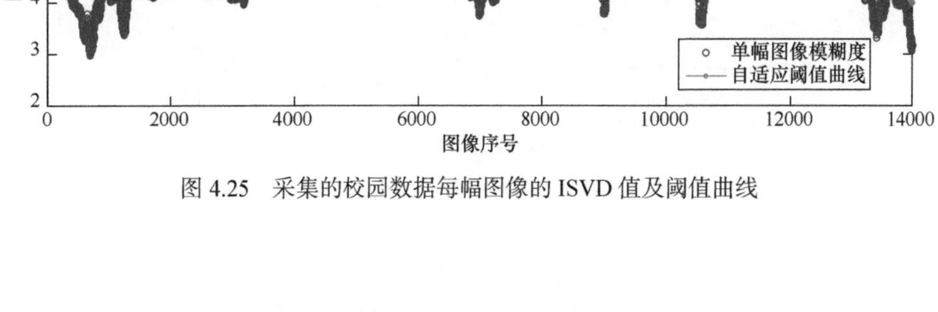

图 4.25　采集的校园数据每幅图像的 ISVD 值及阈值曲线

4. 实例结果与分析

为了验证自适应抗模糊算法的性能，在 KITTI 数据集上进行验证。随机选择图像序列 02、05 和 09 进行测试，与经典的 VISO2[23]、ORB(oriented fast and rotated brief，快速定向和旋转)-SLAM2[35]视觉定位算法进行实验对比，如图 4.26、图 4.27 和图 4.28 所示。从图中可以看出，本节提出的基于自适应抗模糊图像的视觉定位(ORB-SLAM2-ISVD)结果比 VISO2 和 ORB-SLAM2 算法结果更接近参考轨迹。从旋转误差和平移误差分析可知，本节算法可以抑制旋转误差的累积，提升了视觉定位的精度。

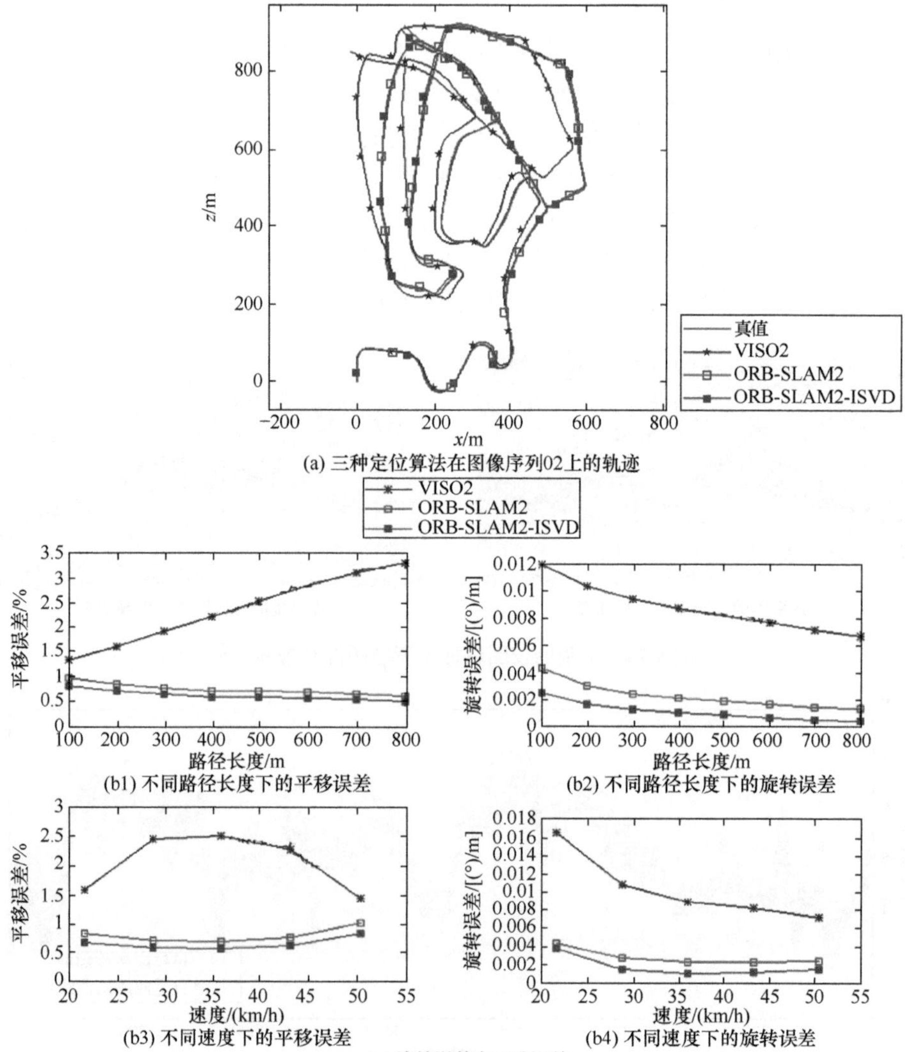

(a) 三种定位算法在图像序列02上的轨迹

(b1) 不同路径长度下的平移误差　(b2) 不同路径长度下的旋转误差

(b3) 不同速度下的平移误差　(b4) 不同速度下的旋转误差

(b) 旋转误差和平移误差

图 4.26　不同定位算法在图像序列 02 上的轨迹与误差比较

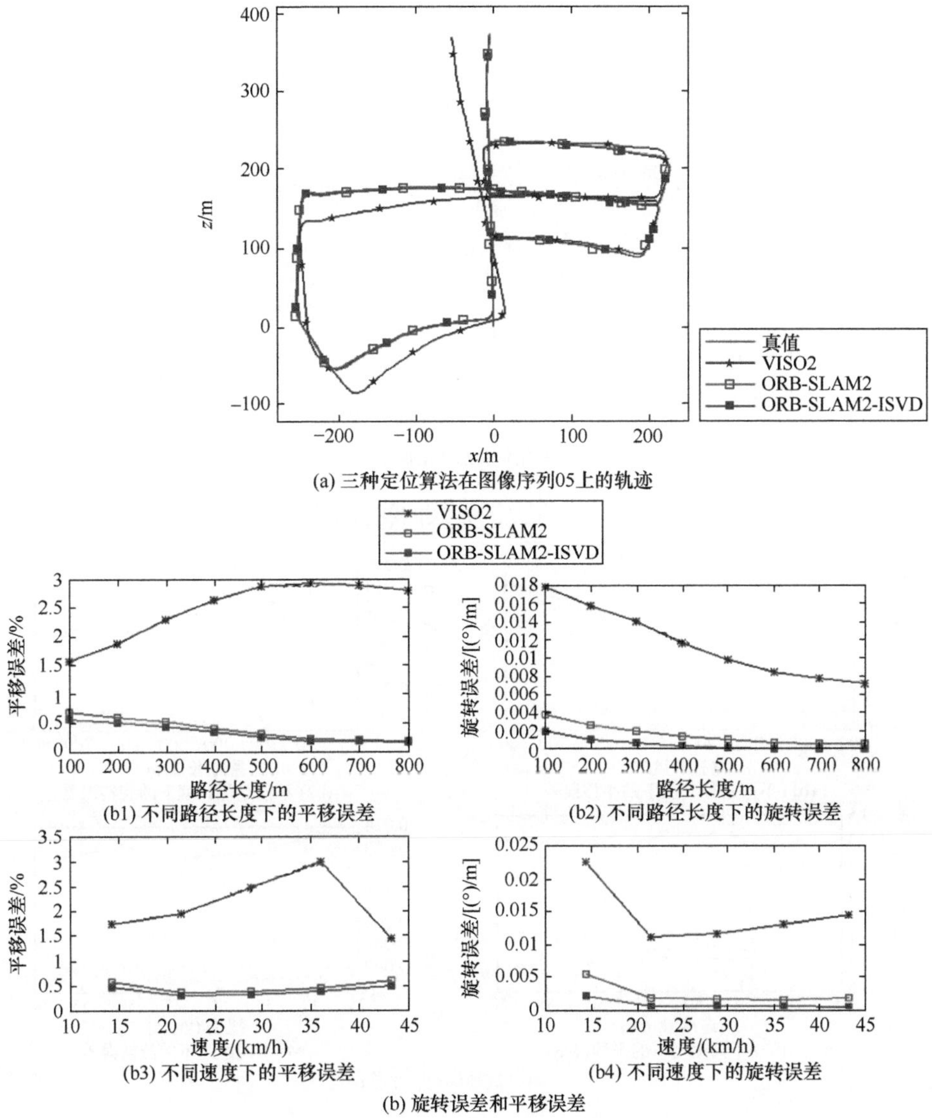

图 4.27　不同定位算法在图像序列 05 上的轨迹与误差比较

本实验比较了 VISO2 算法、ORB-SLAM2 算法和 ORB-SLAM2-ISVD 算法在 KITTI 数据集中 00～10 图像序列上轨迹的均方根误差，如表 4.6 所示。可以看出，本节提出的基于自适应抗模糊图像的视觉定位算法比 VISO2、ORB-SLAM2 的均方根误差都小，证明了自适应抗模糊算法能有效提升视觉定位精度。

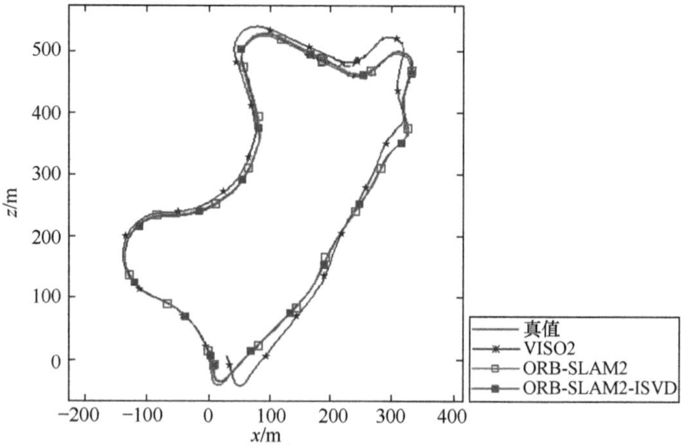

(a) 三种定位算法在图像序列09上的轨迹

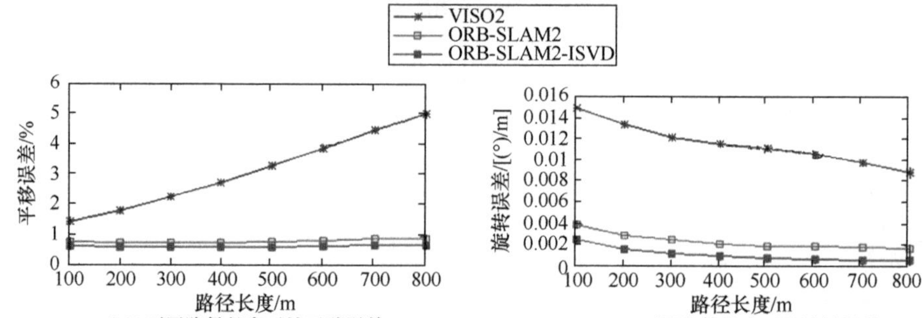

(b1) 不同路径长度下的平移误差

(b2) 不同路径长度下的旋转误差

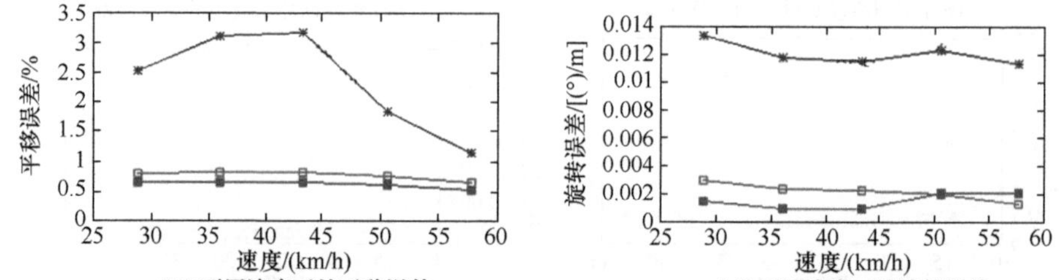

(b3) 不同速度下的平移误差

(b4) 不同速度下的旋转误差

(b) 旋转误差和平移误差

图 4.28 不同定位算法在图像序列 09 上的轨迹与误差比较

表 4.6 三种定位算法的 RMSE 比较

序列	VISO2	ORB-SLAM2	ORB-SLAM2-ISVD
KITTI 00	30.133	1.328	1.432
KITTI 01	51.430	10.936	10.231
KITTI 02	36.441	5.534	4.822
KITTI 03	2.570	0.619	0.296
KITTI 04	1.483	0.223	0.311

续表

序列	VISO2	ORB-SLAM2	ORB-SLAM2-ISVD
KITTI 05	13.653	0.846	0.525
KITTI 06	4.318	0.758	0.539
KITTI 07	5.561	0.554	0.534
KITTI 08	20.289	3.660	3.210
KITTI 09	19.581	3.427	2.580
KITTI 10	4.367	1.165	1.047

参考文献

[1] 高翔, 张涛, 刘毅. 视觉 SLAM 十四讲: 从理论到实践[M]. 北京: 电子工业出版社, 2017.

[2] Filliat D. A visual bag of words method for interactive qualitative localization and mapping[C]. IEEE International Conference on Robotics and Automation, Rome, 2007: 3921-3926.

[3] Barfoot T D. State Estimation for Robotics[M]. Cambridge: Cambridge University Press, 2017.

[4] Rao C R, Toutenburg H, Shalabh, et al. Linear models and generalizations: Least squares and alternatives[J]. Journal of the American Statistical Association, 2009, 104(486): 870.

[5] Strutz T. Data fitting and uncertainty: A Practical Introduction to Weighted Least Squares and Beyond[M]. Wiesbaden: Vieweg and Teubner, 2010.

[6] Chartrand R, Yin W T. Iteratively reweighted algorithms for compressive sensing[C]. IEEE International Conference on Acoustics, Speech and Signal Processing, Las Vegas, 2008: 3869-3872.

[7] van Huffel S, Vandewalle J. The total least squares problem: Computational aspects and analysis[J]. Mathematics of Computation, 1991, 59(200): 724.

[8] Markovsky I, van Huffel S. Overview of total least-squares methods[J]. Signal Processing, 2007, 87(10): 2283-2302.

[9] Gleser L J. Estimation in a multivariate "Errors in Variables" regression model: Large sample results[J]. The Annals of Statistics, 1981, 9(1): 24-44.

[10] Nestares O, Fleet D J, Heeger D J. Likelihood functions and confidence bounds for total-least-squares problems[C]. IEEE Conference on Computer Vision and Pattern Recognition, Hilton Head, 2000: 523-530.

[11] Ake B. Numerical Methods for Least Squares Problems[M]. Philadelphia: Society for Industrial and Applied Mathematics, 1996.

[12] Levenberg K. A method for the solution of certain non-linear problems in least squares[J]. Quarterly of Applied Mathematics, 1944, 2(2): 164-168.

[13] Marquardt D W. An algorithm for least-squares estimation of nonlinear parameters[J]. Journal of the Society for Industrial & Applied Mathematics, 1963, 11(2): 431-441.

[14] Lowe D G. Distinctive image features from scale-invariant keypoints[J]. International Journal of Computer Vision, 2004, 60(2): 91-110.

[15] Hu M K. Visual pattern recognition by moment invariants[J]. IRE Transactions on Information Theory, 1962, 8(2): 179-187.

[16] Fischler M A, Bolles R C. Random sample consensus: A paradigm for model fitting with applications to image analysis and automated cartography[J]. Communications of the ACM, 1981, 24(6): 381-395.

[17] 赵璐璐, 耿国华, 李康,等. 基于 SURF 和快速近似最近邻搜索的图像匹配算法[J]. 计算机应用研究, 2013, 30(3): 921-923.

[18] 闵海根, 赵祥模, 徐志刚, 等. 基于稳健特征点的立体视觉测程法[J]. 上海交通大学学报, 2017, 51(7): 870-877.

[19] 袁荣庆, 谢劲松. SIFT 算法研究内容概述[J]. 长春大学学报, 2014, 24(6): 728-730.

[20] Bay H, Tuytelaars T, Gool L. SURF: Speeded Up Robust Features[M]. Heidelberg: Springer, 2006.

[21] Alcantarilla P F, Bartoli A, Davison A J. KAZE Features[M]. Heidelberg: Spring, 2012.

[22] Alcantarilla P F, Nuevo J, Bartoli A. Fast explicit diffusion for accelerated features in nonlinear scale spaces[C]. Proceedings of 24th British Machine Vision Conference, Durham, 2013: 131-142.

[23] Geiger A, Ziegler J, STILLER C. StereoScan: Dense 3D reconstruction in real-time[C]. IEEE Intelligent Vehicles Symposium, Baden, 2011: 963-968.

[24] Geiger A, Lenz P, Urtasun R. Are we ready for autonomous driving? The KITTI vision benchmark suite[C]. IEEE Conference on Computer Vision and Pattern Recognition (CVPR), Rhode Island, 2012: 3354-3361.

[25] Zhao X M, Min H G, Xu Z G, et al. Image antiblurring and statistic filter of feature space displacement: Application to visual odometry for outdoor ground vehicle[J]. Journal of Sensors, 2018: 1-14.

[26] Kim T H, Lee K M. Generalized video deblurring for dynamic scenes[C]. IEEE Conference on Computer Vision and Pattern Recognition, Boston, 2015: 5426-5434.

[27] Marziliano P, Dufaux F, Winkler S, et al. Perceptual blur and ringing metrics: Application to JPEG2000[J]. Signal Processing Image Communication, 2004, 19(2): 163-172.

[28] Ferzli R, Karam L J. A no-reference objective image sharpness metric based on the notion of just noticeable blur (JNB)[J]. IEEE Transactions on Image Processing, 2009, 18(4): 717-728.

[29] Narvekar N D, Karam L J. A no-reference image blur metric based on the cumulative probability of blur detection(CPBD)[J]. IEEE Transactions on Image Processing, 2011, 20(9): 2678-2683.

[30] Pretto A, Menegatti E, Bennewitz M, et al. A visual odometry framework robust to motion blur[C]. IEEE International Conference on Robotics and Automation, Kobe, 2009: 1685-1692.

[31] Lee H S, Kwon J, Lee K M. Simultaneous localization, mapping and deblurring[C]. IEEE International Conference on Computer Vision, Barcelona, 2011: 1203-1210.

[32] Zhao H Y, Liu Y, Xie X J, et al. Filtering based adaptive visual odometry sensor framework robust to blurred images[J]. Sensors, 2016, 16(7): 1040.

[33] Sheikh H R. LIVE image quality assessment database[DB/OL]. http://live.ece.utexas.edu/research/quality[2019-7-17].

[34] Rohaly A M, Libert J, Corriveau P, et al. Final report from the video quality experts group on the validation of objective models of video quality assessment[J]. ITU-T Standards Contribution COM, 2000, 1: 9-80.

[35] Mur-Artal R, Tardós J D. ORB-SLAM2: An open-source SLAM system for monocular, stereo, and RGB-D cameras[J]. IEEE Transactions on Robotics, 2017, 33(5): 1255-1262.

第 5 章　基于激光雷达的智能车辆高精度定位

相比视觉传感器，激光雷达以其探测距离远、角度广、抗干扰能力强等优点在智能车辆的感知和定位方面得到了广泛的应用。本章从激光雷达定位的基本原理、定位算法、关键技术与示例三个方面对二维和三维智能车载激光雷达的高精度定位进行详细阐述。

5.1　激光雷达定位基本原理

激光雷达(light detection and ranging，LiDAR)本质上是利用一种光学测量原理，对空间中物体的距离进行定位和测量的光电器件。激光雷达的工作原理与众所周知的雷达技术相同，但它不是使用无线电波，而是使用紫外、红外或者电磁波谱中的可见光束。激光雷达用于测量传感器系统与被测对象之间的距离，车载激光雷达通常使用飞行时间差测量距离。测量距离基本上与发射和接收激光脉冲间的时间成正比，即

$$d = \frac{v_o t}{2} \tag{5.1}$$

式中，d 为距离；v_o 为光速；t 为飞行时间差。

激光雷达工作原理如图 5.1 所示。激光雷达的激光器采用二极管供电，二极管通过激光发射器透镜发射激光脉冲。发射的激光束击中目标然后反射回来，其中一部分反射光经过激光接收器透镜后击中光电二极管。激光雷达利用一个带有精确时钟的数字信号处理器(digital signal processor，DSP)测量发射信号和接收信号间的时间差，以此计算从设备到目标的距离，接收信号的强度，如反射率也用来测量目标特性。

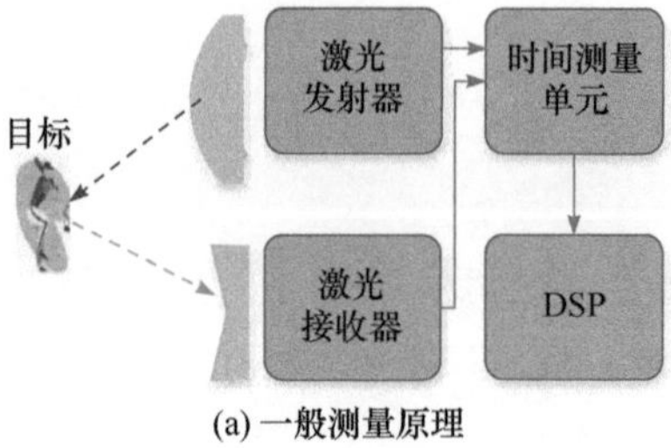

(a) 一般测量原理

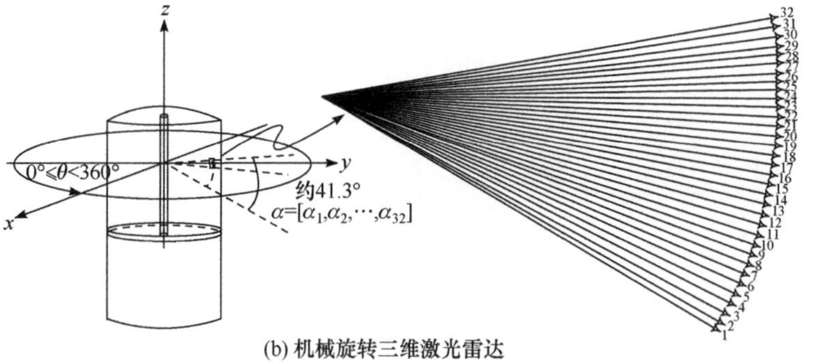

(b) 机械旋转三维激光雷达

图 5.1　激光雷达工作原理

激光雷达视野较宽并可以直接测距，获得车辆周围物体的距离、角度以及反射强度信息，测距精度可以达到厘米级。此外，激光雷达是主动探测，不依赖外界光照条件或者目标本身的辐射特性，只需要发射自己的激光束，通过探测发射激光束的回波信号来获取目标的信息，因此对光线变化不甚敏感，可以全天候工作。

目前，激光雷达按照线束主要可以划分为二维激光雷达和三维激光雷达。二维激光雷达只有一条线束，无法获得目标的高度信息。为了补偿二维激光雷达视场的不足而设计了三维激光雷达，三维激光雷达采用旋转机制，并将一对以上的发射单元和接收单元分布在垂直方向上，通过电机旋转形成多条线束的扫描，如图 5.1(b)所示。目前主流的产品有 4 线、8 线、16 线、32 线、64 线和 128 线三维激光雷达，线束越多，技术越难，价格也越高。激光雷达在无人驾驶中有两个非常重要的作用，一是通过扫描车辆周围的环境，建立车辆周围的环境模型，完成环境感知；二是利用激光雷达的点云数据建立高精度地图，同时通过雷达实时输出的点云数据与高精度地图中的特征进行匹配，实现基于激光雷达的车辆同步建图与高精度定位。

激光雷达定位与视觉定位原理相近，首先采用 SLAM 技术构建地图，构建流程如图 5.2 所示。在地图构建成功后，即可以派发给无人车进行导航应用。无人车对周围环境轮廓进行一次测量，将观测结果与地图进行匹配，若有唯一的匹配结果，则定位有效。否则，无人车将随机在小范围移动，然后观测周围环境，再次进行观测帧与地图数据的匹配；重复上述步骤，直到找到唯一的位置实现自我定位。

如图 5.2 所示，激光雷达输出的激光点云数据送往传感器里程计模块中，经过特征提取、数据关联等获得两次观测之间的车辆位移评估。将一系列车辆位移评估串联起来，即得到对车辆行驶轨迹的估计。车辆在运行过程中有可能会多次经过同一个地方，因此需要利用激光雷达的测量数据进行闭环检测，以找到车辆每次通过某位置时的位姿。然后将每次的位姿关联起来，利用非线性优化算法对车辆的行驶轨迹进行全局优化，来提高车辆位姿精度。依托经过优化后的车辆轨迹，为识别出的环境特征赋予正确的全局坐标以完成地图构建。

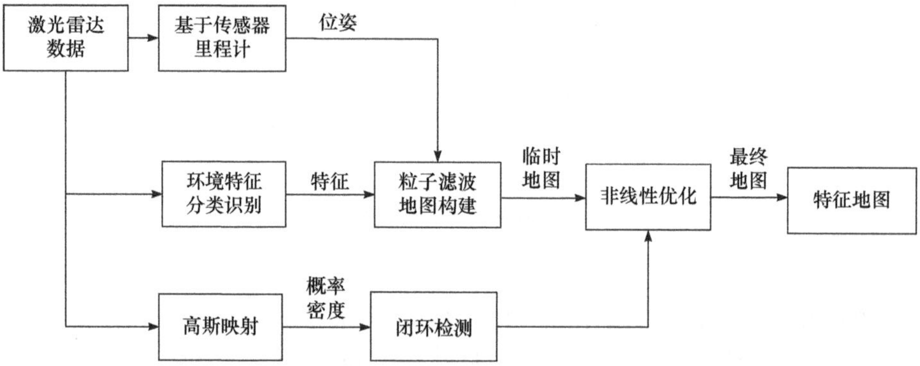

图 5.2　SLAM 流程框架图

SLAM 可以构建各种形式的地图，如点云图、占据栅格地图、地标特征地图等。

1) 点云图

激光雷达探测到的所有障碍物，都以原始测量点的形式拼接在一起组成点云图。点云图细节丰富，拼接处理时的精度要求很高，同时点与点之间的固定关系不明确。

2) 占据栅格地图

占据栅格地图将地平面划分为许多的栅格，根据激光雷达的探测结果，给每个栅格分配一个占有概率。经过拼接后形成完整的占据栅格地图。占据栅格地图的最小单位比点云图要大。因此，表示同样一幅地图，占据栅格地图所需的空间小于点云图。占据栅格地图的典型应用为八叉树地图，每一个占据栅格和相邻栅格之间的占有概率，表达了地图中的可通行情况，因此占据栅格地图可以用于导航。

3) 地标特征地图

在全局轨迹优化时，不但优化了车辆的行驶轨迹，同时优化了探测到的地标位置。将所有的地标组合在一起则形成了地标地图。地标地图是一种宽松的地图，仅表明了每个地标的位置，存储空间需求很小。由于没有对地标之间的通行条件进行描述，所以地标特征地图不能用于导航。

同相机相比，激光雷达具有更大的水平视野角度和更远的测量距离，具有更强大的环境适应能力。在非大雨、大雪和大雾等极端天气下激光雷达都可以正常工作，并且几乎不受光照影响。此外，激光雷达对位置变化速率不敏感。当无人车以较快的速度移动，尤其是快速转向时，相机的对焦过程受到强烈影响，使得图像具有严重的拖影效果，严重时甚至导致错误的位姿变化估计。激光雷达只测量距离值，速度的变化会增大测量误差，但是不会造成测量数据无效。同时，激光雷达具有测量精度高、响应速度快的优点。

5.2　激光雷达定位算法

本节将对二维激光雷达和三维激光雷达的高精度定位算法进行详细说明。其中，二维激光雷达定位采用了基于位姿估计的扫描匹配算法，三维激光雷达定位算法有基于点-点匹配的迭代最近邻算法和基于概率模型的正态分布配准算法。

5.2.1　二维激光雷达智能车辆高精度定位

设 $P_t^r=[x_t^r,y_t^r,\theta_t^r]^{\mathrm{T}}$ 为智能车第 t 时刻的位姿，其中 $[x_t^r,y_t^r]$ 是 XY 水平正平面上的坐标，θ_t^r 是车辆的航向。扫描匹配算法主要是通过比较二维激光雷达测量数据，计算出两个不同时间点之间智能车辆位移的估计值。这个相对位移 $\Delta P_t^r=[\Delta x_t^r,\Delta y_t^r,\Delta\theta_t^r]^{\mathrm{T}}$ 可用于更新智能车辆的姿态，为智能车辆定位提供另一种信息来源(事实上，这种相对位移通常比智能汽车自身编码器提供的里程计信息更可靠，因为后者可能受到车辆滑动误差的影响)。给定一个位姿和估计的相对位移量 ΔP_t^r ，可以根据运动学模型计算出更新后车辆的姿态 P_{t+1}^r ，即

$$P_{t+1}^r=\begin{bmatrix}x_{t+1}^r\\y_{t+1}^r\\\theta_{t+1}^r\end{bmatrix}=\begin{bmatrix}x_t^r\\y_t^r\\\theta_t^r\end{bmatrix}+\begin{bmatrix}\cos\theta_t^r & \sin\theta_t^r & 0\\-\sin\theta_t^r & \cos\theta_t^r & 0\\0 & 0 & 1\end{bmatrix}\begin{bmatrix}\Delta x_t^r\\\Delta y_t^r\\\Delta\theta_t^r\end{bmatrix}\tag{5.2}$$

扫描匹配算法的关键指标是匹配过程的质量和精度。事实上，两次连续扫描之间的不良关联会使智能车辆的定位出现严重的位姿错误，并且在大多数情况下这种错误是不可恢复的[1]。因此，扫描匹配算法的一个关键要求就是能够去除可能会导致位姿误差的离群点或特征。

本节将阐述一种可以有效降低智能汽车定位过程中位姿误差的扫描匹配算法。该算法包括以下三个独立的步骤。

(1) 使用基于距离的标准将当前扫描 C 分为若干组。然后，计算每个组的曲率函数。使用估计器来计算此曲率函数，该估计器使其自身适合于研究范围读数的局部周围环境。在文献[2]中详细描述了此细分过程。

(2) 建立一个相关矩阵，用以度量与当前扫描和先前获得的扫描(表示为参考扫描，R)相关的曲率函数集之间的相似性。此矩阵允许选择成对的曲率函数，并移除不包含在智能车辆位姿估计过程中的孤立组。为了快速、鲁棒地进行这种计算，该算法采用了一种 FFT 算法，该算法只允许使用乘积比较曲率函数。这个阶

段的输出是对应点的两个子集，$C' \subseteq C$ 和 $R' \subseteq R$，它们可以计算出位姿位移，作为C'到R'的最佳变换映射。

(3) 使用C'和R'获得连续扫描之间的最佳局部线性。采用封闭形式的解决方案计算最佳变换,从而改善扫描匹配算法的计算时间。智能车辆的姿态根据式(5.2)进行更新，将当前扫描保存为新的参考扫描$(R \leftarrow C)$。

接下来将详细阐述每个步骤的具体内容。

1. 激光扫描相关的曲率函数集的计算

扫描数据通常以$\{(\rho,\varphi)_{l|l=1,2,\cdots,N_R}\}$的形式表达，其中$(\rho,\varphi)_l$是第$l$个范围读数的极坐标($\rho_l$是障碍物到传感器旋转轴在方向$\varphi_l$上的测量距离)，$N_R$是范围读数的数量。假设每个距离读数在坐标、距离和方位上都独立地受到高斯噪声的影响。提出的扫描匹配算法是基于两次扫描场景的物理实体的匹配，通过匹配可以得到成对点的搜索。因此，获得对环境的完整描述时可以识别一组可分辨的实体。为了获得这种描述，首先使用自适应断点检测器对扫描进行分段。在自适应断点检测器中，若两个连续范围读数间的距离小于可变阈值而不是恒定阈值，则它们属于同一段。传感器角度增量是恒定的，因此该阈值仅取决于扫描距离。在这种约束下，通过进一步的数学推导，自适应断点检测器将指定两个连续的范围读数属于不同的段，即

$$\left|(\rho,\varphi)_l-(\rho,\varphi)_{l-1}\right|>\rho_{l-1}\frac{\sin\Delta\varphi}{\sin(\lambda-\Delta\varphi)}+3\sigma_\rho \tag{5.3}$$

式中，$\Delta\varphi$为激光角分辨率；λ为用户指定的常量参数；σ_ρ为传感器测量的范围标准偏差，方程中这个值的存在表明允许包含ρ_l的随机变化[3]。

当前扫描中属于同一段i的点与环境的一个元素相关联。如果每组点的特征在于曲率函数$C_i=\{\eta_l^i \mid l=1,2,\cdots,N_{R_i}^C\}$，其中$\eta_l^i$是与段$i$的范围读数$l$相关的曲率指数，则整个扫描将由一组$N_C$曲率函数$C_{\mathrm{cf}}=\{C_i \mid i=1,2,\cdots,N_C\}$描述。曲率函数基本描述了曲线在每个点处的弯曲量。曲率函数的峰值对应于表示曲线的拐角，并且其高度取决于这些拐角处的角度。平均值大于零的平面段与曲线段相关，而平均值等于零的平面段与直线段相关。因此，曲率函数可以用作当前扫描段的描述符。在这种情下，曲率估计器是参考文献[2]中描述的自适应算法的修改版本。相对于以前的版本,此新算法减少了通过唯一值(k_i)表示每个范围读数的计算量。在先前的工作中，该算法计算了激光扫描的最大长度，在距离读数的右侧和左侧(分别命名为k_f和k_b)没有不间断，并使用它们获得两个向量，这些向量可以计算曲率值。令$\{(x,y)_{l|l=1,2,\cdots,N_R}\}$为范围图像的笛卡儿表示，其中$x_l=\rho_l\cos\varphi_l$，

$y_l = \rho_l \sin\varphi_l$。用于计算每个提取段的自适应曲率函数的算法包括以下步骤。

(1) 激光扫描最大长度的计算，在工作范围读数 l 、k_l 的右侧没有间断，即当满足以下条件时，为激光扫描最大值：

$$\sum_{j=1}^{k_l+l-1} d\left(j, j+1\right) - d\left(l, l+k_l\right) < U_k \tag{5.4}$$

式中，$d\left(l, j\right)$ 为从 l 到 j 的欧氏距离；U_k 为允许平滑与激光数据采集相关噪声的阈值。如式(5.3)所述，然后根据每个范围读数 l 的周围自适应地选择 k_l 值。

(2) 与各量程读数 l 相关的曲率角估计，表示为 ν_l。根据先前的 k_l 值，该角度 ν_l 的计算算法为

$$\nu_l = \arctan\left[\frac{\sum_{j=l}^{k_l+l-1}\left(x_{j+1} - x_j\right)}{\sum_{j=l}^{k_l+l-1}\left(y_{j+1} - y_j\right)}\right] \tag{5.5}$$

(3) 计算与各量程读数 l 相关的曲率指数。该值可使用式(5.6)估算：

$$\eta_l = \nu_{l+1} - \nu_l \tag{5.6}$$

2. 对两次连续扫描的点进行匹配

如前所述，提出的算法基于下述思想，即通过匹配与两个连续获得的扫描相关联的曲率函数集来执行场景的物理实体的跟踪。因此，C_{cf} 是参考扫描的曲率函数集 R_{cf} 而得到的。如果参考扫描中的组数是 N_r，则这些段中每个段的范围读数的数目 R_{cf} 定义为 $R_{\text{cf}} = \{r_i \mid i = 1, 2, \cdots, N_r\}$，即 $r_i = \{\eta_l^i \mid l = 1,\ 2, \cdots, N_{R_i}^r\}$。为了提高算法的效率和鲁棒性，不必考虑成对曲率函数集 P_{cf} 的所有点，而是采用第(2)步匹配在 P_{cf} 中对应的点。为了保证扫描匹配算法的质量，该算法将匹配阶段分为两步：首先，使用傅里叶域以快速的方式获得曲率函数的匹配；然后，从相应曲率函数集合中匹配成对点。仅使用这些成对点来获得估计位移 Δp^r。

(1) 与当前和参考激光扫描相关的曲率函数匹配。一旦获得了与参考扫描 R 和当前扫描 C 的每一组相关的曲率函数，则在这两个集合之间进行匹配以获得将 C 映射到 R 的变换的第一估计。这些扫描大致对应于智能车的运动。为了匹配这两组曲率函数，建立了可能的匹配对矩阵。该矩阵的元素 ν_{ij} 由两个曲率函数间的相似性度量定义。测量两个曲率函数相似性的一种快速算法是在傅里叶域将相关转换为乘积[4]。为了使用较少的计算时间实现此转换，使用了 FFT。这意味着必须事先将每个曲率函数的长度标准化为 2^n 的值(如 64、128 或 256)，然后，将相关指数或距离函数 ν_{ij} 定义为

$$\nu_{ij} = \text{IFFT}\left(\text{FFT}\left[C_i\right] \cdot \text{FFT}\left[r_j\right]\right)_{i=1,2,\cdots,N_C;j=1,2,\cdots,N_R} \tag{5.7}$$

式中，IFFT 是快速傅里叶逆变换，$C_i \in C_{\text{cf}}$，$r_j \in R_{\text{cf}}$。当计算出所有相关指数时，在每一行找到该相关矩阵的最大值($\nu_{ij}^{\max}$)，如果该值高于先前定义的阈值U_C，则匹配 C 和 R 的相应曲率函数。该数值用于消除相关指数较低的匹配曲率函数。所述过程被迭代地应用于获得一组曲率函数，$P_{\text{cf}} = \left\{P_k = (C_i, r_j)_k \mid C_i \in C_{\text{cf}}, r_j \in R_{\text{cf}}, \nu_{ij} = \max\left\{\nu_{in} | n = 1,2,\cdots,N_l^r\right\}\right\}$ $(k = 1,2,\cdots,N_k)$，其中 N_k 是匹配曲率函数的数目。

(2) 从对应的曲率函数集合中匹配成对点。曲率函数的每个点都有一个相关的范围读数。因此，成对曲率函数集 P_{cf} 定义了一组 N_t' 个可能的匹配点 $M_{\text{cf}}^{t'}$，令 $m_l^c = \left\{\left(x_l, y_l\right)\right\}_{l=1,2,\cdots,N_t'}$ 是与当前扫描的匹配曲率函数相关联的范围读数集。同样，令 $m_l^r = \left\{\left(x_l, y_l\right)\right\}_{l=1,2,\cdots,N_t'}$ 是与参考扫描的匹配曲率函数相关联的范围读数集。则 $M_{\text{cf}}^{t'} = \left\{\left(m_l^c, m_l^r\right) | m_l^c, m_l^r \in \mathbb{R}^2\right\}\left(l = 1,2,\cdots,N_t'\right)$。为了提高匹配过程的质量，第(2)步将只选择和 N_t 组中的 N_t' 读数可能的匹配点，$M_{\text{cf}}^t \in M_{\text{cf}}^{t'}$。这 N_t' 个点的选择是基于曲率函数上特征点的检测。如果曲率函数的值高于固定阈值，则该点是特征点，也是曲率函数中的局部最大值，即

$$\eta_i = \vartheta_{i-1} - \vartheta_i \geqslant U_p, \quad \eta_{i-1} < \eta_i, \eta_{i+1} \leqslant \eta_i \tag{5.8}$$

令 N_l^c 和 N_l^r 分别为当前扫描和参考扫描的特征点数。对于每个成对的曲率函数，计算每个特征点之间的匹配 $m_i^c = \left\{\left(x_i, y_i\right)\right\}_{i=1,2,\cdots,N_l^c}$ 和 $m_j^r = \left\{\left(x_j, y_j\right)\right\}_{j=1,2,\cdots,N_l^r}$，并计算相似系数 $S\left(m_i^c, m_j^r\right)$。此相似系数基于皮尔逊(Pearson)相关性，并且使用特征点左右两侧的 n 个相邻点获得

$$S\left(m_i^c, m_j^r\right) = \left|S\left(m_i^c, m_j^r\right)_x \cdot S\left(m_i^c, m_j^r\right)_y\right| \tag{5.9}$$

式中，$S\left(m_i^c, m_j^r\right)_x$ 和 $S\left(m_i^c, m_j^r\right)_y$ 分别为 x 和 y 坐标的 Pearson 系数，有

$$\begin{cases} S\left(m_i^c, m_j^r\right)_x = \dfrac{\sum\limits_{k=1}^{n}\left(x_{ik}^c - \overline{x}_i^c\right)\left(x_{jk}^r - \overline{x}_j^r\right)}{\sqrt{\sum\limits_{k=1}^{n}\left(x_{ik}^c - \overline{x}_i^c\right)^2 \cdot \left(x_{jk}^r - \overline{x}_j^r\right)^2}} \\ S\left(m_i^c, m_j^r\right)_y = \dfrac{\sum\limits_{k=1}^{n}\left(y_{ik}^c - \overline{y}_i^c\right)\left(y_{jk}^r - \overline{y}_j^r\right)}{\sqrt{\sum\limits_{k=1}^{n}\left(y_{ik}^c - \overline{y}_i^c\right)^2 \cdot \left(y_{jk}^r - \overline{y}_j^r\right)^2}} \end{cases} \tag{5.10}$$

作为$\left(x_i^c, y_i^c\right)$和$\left(x_j^r, y_j^r\right)$每个点的笛卡儿坐标($c$ 和 r 分别表示当前扫描和参考扫描)，$\left(\overline{x}_i^c - \overline{y}_i^c\right)$和$\left(\overline{x}_j^r - \overline{y}_j^r\right)$是$n$个点集的平均值，$S\left(m_i^c, m_j^r\right)$是介于 0(没有相关性)到 1(两次扫描都相等)之间的正值。为了改进匹配步骤(2)，算法拒绝满足以下条件的候选：①低强度，当$S\left(m_i^c, m_j^r\right) \leqslant S_{\min}$时，检测到该概念，即$S_{\min}$阈值，用于消除相关性指数较低的候选。②显著性低，存在满足$S\left(m_i^c, m_l^r\right) / S\left(m_i^c, m_j^r\right) \approx 1$的$m_l^r$，换句话说，具有相似 Pearson 系数的候选被拒绝，从而减少了匹配过程中的歧义。③单向性，对于m_i^c，匹配最大化$\left\{S\left(m_i^c, m_j^r\right)\right\}_{i=1,2,\cdots,N_l^c;\ j=1,2,\cdots,N_l^r}$的对象是集合$N_l^r$中的某个点。但对于后者$m_j^r$，匹配最大化$\left\{S\left(m_i^c; m_j^r\right)\right\}_{i=1,2,\cdots,N_l^c;\ j=1,2,\cdots,N_l^r}$的对象却不在集合$N_l^c$中。

因此，最终过程获得了一组N_l个匹配的特征点。最后，围绕每个特征点，该算法在左右两侧定义了n个匹配点的范围。这N_t个成对点$\left(N_t = N_l(2n+1)\right)$构成最终匹配点的集合$M_{\mathrm{cf}}^t = \left\{\left(m_l^c, m_l^r\right) \mid m_l^c, m_l^r \in \mathbb{R}^2, l = 1,2,\cdots,N_t\right\}$。该算法的鲁棒性和准确性是基于这两个匹配步骤描述的。

3. 计算平移量和旋转量

匹配过程的目的是提供一组高质量的数据匹配，以便计算智能车的估计姿势。为了避免相对位移计算中的错误，对扫描匹配算法施加了两个约束条件：快速和精确。使用前面定义的两个匹配步骤解决这两个约束。此外，该算法还得到了一个最优的变换，利用一个闭合解将当前扫描映射到参考扫描。这样，该算法无须迭代就将位移误差最小化，提高了计算成本。

此问题的解决算法包括解决误差函数的最小化，即

$$E\left(R_{\Delta\theta}, \Delta T\right) = \sum_{i=1}^{N_t}\sum_{j=1}^{N_t} \omega_{ij} \left\| m_i^c - \left(R_{\Delta\theta} m_j^r + \Delta T\right) \right\| \tag{5.11}$$

式中，N_t 表示经过扫描匹配后得到的最终匹配点的集合；m_i^c 和 m_j^r 为属于 M_{cf}^t 的匹配范围读数；ω_{ij} 为定义为 1 的二进制值，如果 m_i^c 和 m_j^r 已匹配，则为 0；$R_{\Delta\theta}$ 和 ΔT 为与当前扫描和参考扫描相关的搜索旋转和平移矩阵。它们定义为

$$R_{\Delta\theta} = \begin{bmatrix} \cos\Delta\theta^r & \sin\Delta\theta^r \\ -\sin\Delta\theta^r & \cos\Delta\theta^r \end{bmatrix} \tag{5.12}$$

$$\Delta T^r = \begin{bmatrix} \Delta x^r \\ \Delta y^r \\ \Delta\theta^r \end{bmatrix} \tag{5.13}$$

式中，$\Delta T^r=\left[\Delta x^r,\Delta y^r,\Delta\theta^r\right]^{\mathrm{T}}$ 描述了估计的相对位移，它允许从 p_t^r 估计 p_{t+1}^r。式(5.10)中描述的优化问题的扩展在文献[5]中进行了详细说明。在这项研究中，作者得到了一个闭式表达式，该表达式允许根据匹配点集来计算旋转矩阵和平移矩阵，而不是使用迭代最小化算法。因此，在将姿态偏移 Δp^r 计算为最优变换值之后，使用等式(5.1)更新智能车辆姿态，并将当前扫描保存为新的参考扫描($C\leftarrow R$)。扫描匹配算法使用非迭代算法来估计智能车辆位移，从而确保了解的收敛性[5]。

最后，为了将扫描匹配过程正确地集成到其他导航任务(如 SLAM 算法)中，有必要知道估计智能车辆位移的统计属性 Δp^r。因此，在 SLAM 算法中，与所提出算法相关的概率误差分布需要在 SLAM 随机过程中使用扫描匹配算法提供的姿态。这种误差分布被认为是高斯噪声，并用协方差矩阵表示，这表明姿态估计的质量。事实上，协方差主对角线上的高值反映了不确定性的增大。为了得到姿态估计的误差协方差矩阵，采用文献[6]描述的技术。本节将线性回归理论应用于扫描匹配算法，解析地导出了智能车辆位移的协方差矩阵。式(5.11)定义了位移的非线性误差函数$(R_{\Delta\theta},\Delta T)$，其中非线性是由智能车旋转引起的$\Delta\theta^r$。

设$\left(x_i^c,y_i^c\right)$和$\left(x_j^r,y_j^r\right)$为两个匹配点的笛卡儿坐标，即两个数据点表示相同真实场景中的点。式(5.11)简化为

$$E\left(R_{\Delta\theta},\Delta T\right)=\sum_{i=1}^{N_i}\left\|m_i^c-\left(R_{\Delta\theta}m_i^r+\Delta T\right)\right\|^2 \tag{5.14}$$

对于较小的$\Delta\theta^r$值，可以将其线性化表示，即

$$\begin{aligned}
&\begin{bmatrix}x_i^c\\ y_i^c\end{bmatrix}-\begin{bmatrix}\cos\Delta\theta^r & \sin\Delta\theta^r\\ -\sin\Delta\theta^r & \cos\Delta\theta^r\end{bmatrix}\begin{bmatrix}x_i^r\\ y_i^r\end{bmatrix}-\begin{bmatrix}\Delta x^r\\ \Delta y^r\end{bmatrix}\\
&\approx\begin{bmatrix}\xi_i^\chi\\ \psi_i^\chi\end{bmatrix}-\begin{bmatrix}1 & \Delta\theta^\rho\\ -\Delta\theta^\rho & 1\end{bmatrix}\begin{bmatrix}\xi_i^\rho\\ \psi_i^\rho\end{bmatrix}-\begin{bmatrix}\Delta\xi^\rho\\ \Delta\psi^\rho\end{bmatrix}\\
&\Rightarrow\begin{bmatrix}x_i^c-x_i^r\\ y_i^c-y_i^r\end{bmatrix}-\begin{bmatrix}1 & 0 & y_i^r\\ 0 & 1 & -x_i^r\end{bmatrix}\begin{bmatrix}\Delta x^r\\ \Delta y^r\\ \Delta\theta^r\end{bmatrix}\\
&=\left(Y-M\hat{b}\right)^{\mathrm{T}}\left(Y-M\hat{b}\right)
\end{aligned} \tag{5.15}$$

当$\hat{b}=\left[\Delta x^r,\Delta y^r,\Delta\theta^r\right]^{\mathrm{T}}$时，智能车辆的估计位移$Y$和$M$定义为

$$\begin{cases} Y = \begin{bmatrix} x_i^c - x_i^r \\ y_i^c - y_i^r \end{bmatrix} \\ M = \begin{bmatrix} 1 & 0 & y_i^r \\ 0 & 1 & -x_i^r \end{bmatrix} \end{cases} \tag{5.16}$$

上述方程是线性的，因此可以使用线性回归分析来计算与智能车辆位移相关联的协方差矩阵的最佳估计，即

$$C_{R_{\Delta\theta}\Delta T} = \left(M^{\mathrm{T}}M\right)^{-1}\sigma^2 \tag{5.17}$$

假设采用零均值的高斯分布，则激光传感器的测量的方差为σ^2。在参考文献[6]中，提出σ^2值的估计为

$$\sigma^2 = \frac{1}{N_t - 3}\Delta E_{\min}\left(\hat{b}\right) \tag{5.18}$$

式中，$\Delta E_{\min}\left(\hat{b}\right)$为估计的智能车辆位移$\hat{b}$的最小误差。因此，估计量$\hat{b}$的协方差矩阵是一个 3×3 对称矩阵，其对角元素是三参数估计量的方差，其非对角元素是它们的相关性，即

$$C_{R_{\Delta\theta}\Delta T} = \begin{bmatrix} \sigma_{\Delta x^r}^2 & \sigma_{\Delta x^r \Delta y^r} & \sigma_{\Delta x^r \Delta\theta^r} \\ \sigma_{\Delta x^r \Delta y^r} & \sigma_{\Delta y^r}^2 & \sigma_{\Delta y^r \Delta\theta^r} \\ \sigma_{\Delta x^r \Delta\theta^r} & \sigma_{\Delta y^r \Delta\theta^r} & \sigma_{\Delta\theta^r}^2 \end{bmatrix} \tag{5.19}$$

5.2.2　三维激光雷达智能车辆高精度定位

由于二维激光雷达只有一个激光发射束，扫描范围局限在水平范围内。因此，二维激光雷达点云分布比较稀疏，难以全面描述车辆周围的三维场景。三维激光雷达受环境光照强度影响较小，并且具有更大的测量范围以及更高的采样密度和采样频率，因而通过三维激光雷达数据匹配定位具有很好的鲁棒性和精度。基于三维激光雷达的 SLAM 技术是通过对不同时刻三维激光雷达感知得到的环境深度点云与前一帧深度点云进行配准，计算三维激光雷达相对运动的距离和姿态的改变，同时完成了对其自身的定位。当前基于三维激光雷达的地图构建技术主要包括前端的激光雷达点云配准位姿估计和后端优化及闭环检测。激光雷达点云配准和闭环检测是基于三维激光雷达的 SLAM 技术的核心步骤。点云配准是利用配准算法计算相邻两帧激光雷达点云的旋转和平移量，进而估计出车辆的位姿变化

量；闭环检测主要是优化地图，从而减少全局地图的漂移现象。

1. 三维激光雷达点云配准

目前，主流的激光雷达点云配准算法包括基于点匹配的迭代最近点(iterative closest point，ICP)算法、基于概率模型的正态分布变换(normal distributions transform，NDT)算法及基于其他的配准算法。

1) 基于 ICP 的三维激光雷达点云配准及其变种

ICP 算法最早由 Besl 等[7]提出，该算法的基本思想是通过求得两帧点云间的空间变换矩阵，使其统一于同一坐标系，从而实现不同点云之间的配准。ICP 算法的实现方式是从两帧点云(参考点云和目标点云)中重复选择对应的关系点对，计算空间变换矩阵，找到旋转参数和平移参数；利用计算的变换矩阵对目标点云进行旋转和平移，然后计算变换后的目标点云和参考点云之间的均方根误差，不断迭代直到满足正确配准的收敛精度要求。在实际配准过程中，两个待匹配的点云，经过旋转和平移后往往只有部分重叠，因此在进行 ICP 算法寻找最近邻点时需要确定一个迭代初值 T_0，T_0 对于 ICP 算法配准的结果会产生非常重要的影响。如果迭代初值 T_0 选择不合适，点云匹配很可能会陷入局部最优，使得最终迭代不能收敛。经典 ICP 算法的实现步骤如算法 5.1 所示。

算法 5.1　经典 ICP 算法

输入：目标点云 $B=\{b_1,b_2,\cdots,b_{N_B}\}$；参考点云 $A=\{a_1,a_2,\cdots,a_{N_A}\}$；初始变换参数 T_0

输出：令 B 和 A 相匹配的正确变换矩阵 T

```
T ← T_0;
while 结果不收敛 do
    for i ← 1 to N_B
    m_i ← FindClosestPointInA(T · b_i);
        if ‖m_i − T b_i‖ ≤ d_max then
            η_i ← 1;
        else
            η_i ← 0;
        end if
    end for
    T ← argmin{ Σ_i η_i ‖T b_i − m_i‖² };
end while
```

典型的 ICP 算法实时性、鲁棒性较差。基于 ICP 算法存在的缺陷，国内外许多学者相继提出很多的改进算法，其中应用最广泛的 ICP 改进算法就是基于点对点的 ICP 算法。基于点对点的 ICP 算法最初由 Censi[8]提出，为了获得目标点云和参考点云中对应的匹配点对，采用了最近邻搜索的算法。对参考点云中的任一点，搜索其距离目标点云中最近的点作为其在目标点云中配准的点。Li 等[9]提出了一种改进的基于度量的 ICP 算法估计机器人位姿。该算法针对真实点云密度分布差异较大的特点，采用重采样的算法加快迭代过程，并通过减少密度大但无帮助的点抑制阈值的失真，结合点对点和点对线度量用于确定部分重叠扫描之间的正确对应关系，从而保持效率和准确性。为了解决 ICP 算法对存在大量离群点和噪声的点集配准性能差的问题，Wu 等[10]提出了一种基于尺度 ICP 的配准算法，采用最大相关性作为相似性度量准则，利用点云相关特性建立了一个新的尺度配准模型。与传统的 ICP 算法相比，该算法将变换矩阵限制为只包含旋转、平移和比例因子，由于相关性与常用的欧氏距离相比，具有消除异常值和干扰噪声的特性，该算法在匹配精度和运行时间方面得到了很大的提升。针对 ICP 算法初值敏感的问题，李玉[11]首先基于经典 ICP 算法计算目标点集与参考点集的旋转变换矩阵和平移向量，结合智能车辆前一时刻的位姿，计算得到智能车辆当前位姿的粗估计，然后在估计的位置附近基于高斯分布散点，利用粒子滤波更新智能车辆当前的位置。

2) 基于 NDT 的三维激光雷达点云配准

在点云配准中利用点云描述扫描曲面有很多弊端，因为点云无法表示出曲面具有的方向、光滑度等特征。三维激光雷达输出的数据除了用点云表示，还可以用多种方式表示，正态分布变换 NDT 就是其中一种。NDT 可以看作一种紧致表示曲面的算法，它通常以非结构化点云的形式出现，提供了一种非常有吸引力的雷达扫描数据的表示形式。在将原始点云转换成 NDT 后，雷达扫描曲面就表示为一个具有解析二阶导数的分段光滑连续函数。对于扫描数据的 NDT 表示，可以使用数值优化算法如牛顿迭代法执行扫描配准，使得点云配准在初始姿态估计中对较大的误差具有鲁棒性，并能通过两次扫描配准快速生成精确的姿态。Biber 等[12]首先提出了一种基于 NDT 的二维激光雷达点云配准算法，该算法将二维平面细分为栅格单元，对每个单元分配一个正态分布局部地模拟测量一个点的概率，将扫描点云变换成一个分段连续可微的概率密度函数形式，然后通过一个代价函数和牛顿迭代法确定配准的最优解。因此，该算法不需要在目标点云与参考点云之间建立明确的对应关系。该算法不是直接将当前扫描与参考扫描的点进行匹配，而是通过正态分布的线性组合模拟在某个位置找到表面点的可能性。因此，正态分布给出了具有连续一阶导数和二阶导数的参考扫描的分段光滑表示。利用这种表示法，可以应用标准的数值优化算法进行配准，而一般的数值优化是一个研究非常充分的问题。Magnusson[13]将 NDT 扩展到了三维激光雷达点云配准中，该算法将三维激光雷达点云映射到光滑的表面进行表示，并将其描述为一组局部概率密度函数，每个局部概率密度函数都描述了表面的一个部分形状，因此不需要像 ICP 算法一样进行最近邻搜索，而是直接通过最小化目标函数便能得到点云之间的转换关系。通过定性和定量的大量实验表明，NDT 点云配准算法在配准精度和鲁棒性上都优于 ICP 配准算法。此外，NDT 配准算法还可以通过牺牲一定的配准精度来获得更高的配准速度。

基于 NDT 配准算法的第一步就是利用雷达输出的点云数据建立扫描空间的 NDT 模型，也就是将激光雷达扫描的空间细分为一个个栅格单元。对于三维激光雷达扫描的空间，细化的栅格为正方体。然后基于栅格内激光雷达的分布特性，计算每个栅格的概率密度函数。每个栅格中的概率密度函数可以解释为栅格表面点 x 的生成过程，也就是说假设栅格表面点 x 的位置是由这个栅格中的分布产生的。

假设激光雷达参考扫描空间曲面点 x 的分布是由 D 维的正态随机过程产生的，则 x 被测量到的概率是

$$f(x)=\frac{1}{(2\pi)^{D/2}\sqrt{|\Sigma|}}\exp\left[-\frac{(x-\mu)^{\mathrm{T}}\Sigma^{-1}(x-\mu)}{2}\right] \tag{5.20}$$

式中，μ 和 Σ 分别为 x 所在栅格内的均值向量和协方差矩阵，μ 和 Σ 的计算方式如下：

$$\mu=\frac{1}{m}\sum_{k=1}^{m}y_k \tag{5.21}$$

$$\Sigma=\frac{1}{m-1}\sum_{k=1}^{m}(y_k-\mu)(y_k-\mu)^{\mathrm{T}} \tag{5.22}$$

式中，$y_k(k=1,2,\cdots,m)$ 为参考扫描点所在栅格中的位置。

正态分布给出了具有连续导数的点云分段光滑曲面表示形式，每个概率密度函数都可以看作雷达扫描局部曲面的近似，它描述了表面的位置及其方向和平滑度。

目前的工作主要集中在正态分布上，同时要更仔细地了解单变量正态分布和多变量正态分布的特征。在一维情况下，正态分布随机变量 x 由确定的期望值 μ 和不确定性方差值 σ 表示：

$$f(x)=\frac{1}{\sigma\sqrt{2\pi}}\exp\left[-\frac{(x-\mu)^2}{2\sigma^2}\right] \tag{5.23}$$

在多维情况下，描述的均值和方差是由均值向量 μ 和协方差矩阵 Σ 表示的。

协方差矩阵的对角线元素表示各变量的方差,非对角线元素表示各变量的协方差。在二维和三维的情况下，可以通过协方差矩阵的特征向量和特征值评估曲面的方向和平滑度。特征向量描述了分布的主成分，也就是说，一组正交向量对应于各变量协方差的主方向。根据方差的比例，二维正态分布可以是点形(如果方差相似)，也可以是线形(如果一个比另一个大得多)，或者介于两者之间。在三维情况下可以描述一个点或球体的大小(如果方差在各个方向是相似的)，一条线(如果方差在一个方向上比其他两个更大)或一个平面(如果方差在一个方向上比其他两个更小)。

当使用 NDT 扫描配准时，目标是找到当前雷达扫描的位姿，最大限度地增大当前扫描点位于参考扫描表面的可能性。当前需要优化的参数是估计当前扫描位姿的旋转矩阵和平移向量，假设用 p 表示。当前的扫描点云可以表示为 $X=\{x_1,x_2,\cdots,x_n\}$,假设有一个空间变换函数 $T(p,x)$ 表示将空间中的一点 x 移动了 p 。对于给定扫描点集的概率密度函数 $f(x)$ ，其对应的 p 的取值一定是能够使似然函数(5.24)最大化的：

$$L=\prod_{k=1}^{n} f(T(p,x_k)) \tag{5.24}$$

或者最小化式(5.25)负对数似然函数的 p ，即

$$-\lg L=-\sum_{k=1}^{n}\lg(f(T(p,x_k))) \tag{5.25}$$

概率密度函数不一定是正态分布，可以是任何能够捕获局部表面点并对异常值具有鲁棒性的概率密度函数。正态分布的负对数似然增长在离均值很远的地方没有边界。因此，扫描数据中存在的外点对于匹配结果有很大的影响。通常采用混合正态分布和均匀正态分布减小外点对匹配结果的影响。NDT 匹配的伪代码如算法 5.2 所示。

算法 5.2　NDT 匹配算法

输入：参考扫描点云 $Y=\{y_1,y_2,\cdots,y_m\}$ ，当前激光雷达输出点云 $X=\{x_1,x_2,\cdots,x_n\}$ ，姿态初始估计 p_{raw}

输出：参考点云与当前激光雷达输出点云匹配的正确变换位姿 p

1　$p \leftarrow p_{\text{raw}}$ ；

2　划分网格单元 $D=\{d_1,d_2,\cdots,d_{N_D}\}$ ；

3　for $i \leftarrow 1$ to m

找到包含点 y_i 的单元 d_k；
将 y_i 存储于 d_k 中；
end for
for $j \leftarrow 1$ to N_D
$Y' = \{y_1', y_2', \cdots, y_m'\} \leftarrow d_j$ 中的所有点；
　if $m' \leqslant 5$ then
　　delete d_j；
　else
　　$\mu_j' \leftarrow \frac{1}{m'}\sum_{k=1}^{m'} y_k'$；
　　$\Sigma_j \leftarrow \frac{1}{m'-1}\sum_{k=1}^{m'}(y_k' - \mu)(y_k' - \mu)^{\mathrm{T}}$；
　end if
end for
$p \leftarrow \arg\min\left\{-\sum_{k=1}^{n}\lg(f(T(p, x_k)))\right\}$；

3) 基于三维激光雷达点云特征的匹配算法

三维点云数量大且分布较为稀疏，从中提取有效的特征进行匹配，可以显著提高匹配的速度和鲁棒性。Martin 等[14]提出了一种基于微分进化的扫描匹配算法，可在三维环境下进行高精度建图。该算法从两个不同的三维激光扫描点云提取重要特征，包括几何形态特征(直线、平面和球体)和数值特征(体积、平均范围、曲率)等，以检测智能车辆是否正在访问一个已知的地方，从而减少积累错误。Zhang 等[15]提出了一种基于点云边界和平面特征的定位算法，该算法从参考点云和当前三维激光雷达输出的点云中分别提取边界特征和平面特征进行特征匹配，从而估计车辆运动速度和位姿变化。该算法实现了低漂移和低计算复杂度，不需要高精度测距和惯性测量。此外，该算法在结合惯性导航的情况下可以获得更高的定位精度和鲁棒性。他们通过大量的实验和 KITTI 基准数据集对该算法进行了评价，结果表明该算法可以达到与最先进的离线批处理算法相同的精度，这也是目前最流行的基于特征匹配的开源方案。Zhang 等[16]提出了一种将视觉里程计和 LiDAR(激光雷达)里程计相结合的里程计算法，该算法首先用视觉里程计高频率但是低可靠性地估计自运动(ego-motion)并且配准 LiDAR 生成的点云，然后通过基于扫描匹配的 LiDAR 里程计对运动估计进行修正，同时完成点云配准，其性能较现阶段的最高水平有所提高，作者通过实验证明该算法不仅具有很高的精度，而且在智能车辆高速运动以及受到显著的环境照明变化等情况下表现出很好的鲁棒性。

4) 基于其他的三维点云匹配算法

Deschaud[17]提出了一种纯基于三维激光雷达数据的低漂移 SLAM 算法，该算法依赖扫描到模型的匹配框架，首先针对三维激光雷达扫描数据使用特定的采样策略对点云数据进行下采样，然后将模型定义为之前的局部激光雷达扫描点云，并使用隐式移动最小二乘(implicit moving least squares，IMLS)表面表示。通过 Velodyne HDL-32 采集数据进行实验，4km 的采集过程中在没有任何闭环的情况下只有 0.4%的漂移。Nicolai 等[18]提出了一种基于深度学习的三维激光点云匹配算法。该算法首先将三维激光雷达采集的点云数据映射到二维平面空间生成点云深度图，然后通过卷积神经网络进行点云匹配的模型训练，从而得到端到端的点云配准结果。通过实验结果表明该算法具有很高的实时性和鲁棒性。

2. 后端优化与闭环检测

为了最小化建图的累积误差，智能车辆要时刻检测当前位置是否曾经访问过，从而优化整个地图，这一过程称为闭环检测。在激光 SLAM 中，解决局部误差累积的两种普遍做法是基于滤波器和基于图的后端优化算法。

基于滤波器后端优化的过程其实是一个贝叶斯估计的过程，具体包括里程计预测、测量预测、测量、数据关联、状态更新及地图更新，而在激光雷达 SLAM 中，最常采用的数学优化框架就是粒子滤波。针对局部建图，Tipaldi 等[19]提出了一种用于二维深度数据的多尺度感兴趣区域算子，即快速激光感兴趣区域变换(fast laser interest region transformation，FLIRT)，并将 FLIRT 与 RANSAC 结合使用，来解决 SLAM 在室内和室外环境中的闭环检测或全局定位问题。当针对大场景建图时，Strom 等[20]利用现有的 SLAM 算法计算最大似然智能车辆轨迹，并引入一种新的有效算法来栅格化动态占用网格，同时采用一种空间感知的数据结构使地图更新的成本与闭环检测的影响成比例，从而获得比单纯的算法更好的性能。此外，该算法利用冗余传感器数据提高地图质量，并加速栅格化。

基于图的后端优化算法主要是用图论表示智能车辆 SLAM 的过程。在整个过程中，智能车辆每个时刻的位置姿态表示成一个节点，而节点之间的空间约束关系表示成一个边，然后通过图优化的算法最小化建图过程中的累积误差，优化的同时考虑所有帧间的约束。

闭环检测问题是激光数据扫描匹配结果相似性的问题，利用闭环这一约束条件达成最终构建的地图拓扑一致。闭环检测主要包括帧与帧闭环检测、帧与子图闭环检测、子图与子图闭环检测。帧与帧闭环检测主要采用相关性扫描匹配，对两帧点云进行旋转和平移变换，通过判断变换后两帧点云的相似性实现闭环检测的目的。该算法在激光雷达点云特征较少的情况下很容易与其他相似度高的点云数据发生误匹配。帧与子图闭环检测的算法主要利用激光数据在闭环约束之间自动地估计变换。谷歌的 Hess 等[21]就是通过帧与子图闭环检测消除建图过程中产生的累积误差的。子图与子图闭环检测算法解决了激光点云特征少的情况下的匹配问题，将当前的 N 帧激光雷达点云整合成一个局部的子图，然后将该局部子图与之前的子图进行匹配。针对大尺度点云图的闭环检测容易发生误检的问题，文国成等[22]采用子图与子图匹配算法进行闭环检测。该算法利用连续几帧的激光点云数据构建一个局部子图，然后基于构建的局部子图生成压缩表，通过定位筛选压缩表，对闭环检测匹配候选集进行优化，该算法可有效提高闭环检测的可靠性并显著减少匹配候选集数量。

5.3 基于激光雷达的智能车辆高精度定位关键技术及实例

5.3.1 基于扫描匹配的二维激光雷达定位

当前，许多研究者侧重于基于三维激光雷达应用的研究[23-25]。三维激光雷达存在成本高的缺点，短时间内难以进行大规模的商业化应用。在这一背景下，本节实现基于二维激光雷达的三维虚拟激光雷达构建算法，然后基于虚拟的三维激光雷达构建室外三维地图。

1. 车辆平台及传感器介绍

本研究中使用的自动驾驶车辆平台由长安大学“信达号”团队独立自主设计研发，该自动驾驶车辆平台包含了多种传感器和计算单元。如图 5.3 所示，该自动驾驶车辆平台是基于比亚迪(简称 BYD)速锐汽车改造而来的，配备了 1 个 SICK LMS151 的单线激光雷达，该雷达的有效探测距离为 50m，帧率为 25Hz，分辨率为 0.5°。除了单线激光雷达，还配备了低成本的 GNSS 接收机 u-blox M8L 和数字罗盘 HEC365V，该接收机通过串口输出定位结果。可以通过控制器局域网络(controller area network，CAN)总线从车辆平台获取车辆的里程计信息和方向盘的角度位置信息。配备的传感器及数据输出信息如表 5.1 所示。

表 5.1 自动驾驶车辆平台传感器信息一览表

传感器类型	品牌及型号	数据接口类型	数据帧率/Hz
二维激光雷达	SICK LMS151	以太网	25
GNSS 接收机	u-blox M8L	串口	10

续表

传感器类型	品牌及型号	数据接口类型	数据帧率/Hz
数字罗盘	HEC365V	串口	10
方向盘转角	BYD	CAN 总线	50
车辆速度	BYD	CAN 总线	50

图 5.3　“信达号”自动驾驶车辆平台

2. 算法流程

本节提出的地图构建算法在离线环境下工作，如图 5.4 所示，在构建点云图之前，需要通过驾驶智能车辆来收集离线传感器数据，包括里程(车速、方向盘角度和车辆航向)、GNSS(纬度、经度和高度)和二维激光扫描数据。首先，进行数据预处理，传感器输出数据的频率不同，因此数据预处理的首要任务是时间同步；其次，需要采用一种优化算法对原始里程数据进行校正，该步是基于二维激光雷达和标定后的里程数据构建虚拟三维激光雷达；再次，通过环路闭合以检测重新访问的区域并计算不同驾驶之间的位移，这有助于降低累积误差，此外，在得到传感器的所有约束条件和闭环检测后，采用基于 GraphSLAM(图形优化器)的优化算法得到最终的优化轨迹；最后，通过投影虚拟三维激光雷达数据和最终的优化轨迹生成点云图；重要的是，该点云图可以直接用于智能车辆的在线定位。

3. 数据预处理

在收集目标区域的传感器数据后，进行包括时间同步和里程计数据校准在内的数据预处理，以获取智能车辆的优化轨迹。映射算法采用三种工作在不同频率的传感器，如 GNSS 接收器每 100ms 通过串行端口输出位置数据，每 20ms 通过以太网接口获取激光雷达数据，每 10ms 通过 CAN 总线的获取里程计数据。所有这些传感器数据之间的时间同步对映射性能有重大影响。在收集原始传感器数据时，所有传感器的消息流中都会添加协调世界时(universal time coordinated，UTC)时间戳。这些时间戳用于离线时间同步。

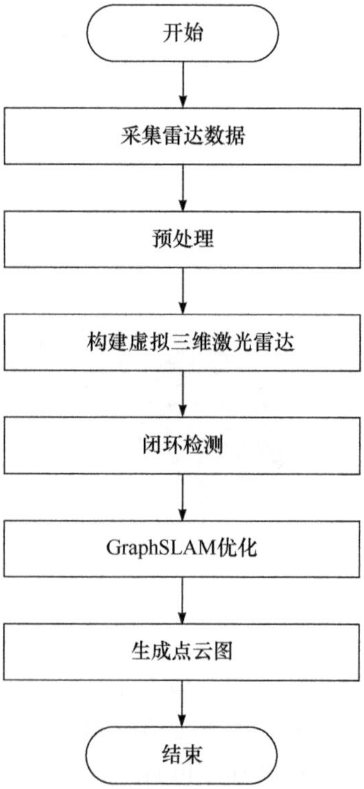

图 5.4　地图构建算法的框架

在时间同步之后，进行里程计数据校准以获取校准轨迹。来自 GNSS 数据的姿态没有累积误差，因此可用于里程数据和航迹推算算法的姿态标定。令 T 表示整个映射算法的持续时间，t 为一个瞬间。设 $v(t)(t\in T)$ 表示智能车辆的速度。令 $\delta(t)$ $(t\in T)$ 表示方向盘转角，$\varphi(t)(t\in T)$ 表示智能车辆的航向，$\left(x^{\mathrm{D}}(t), y^{\mathrm{D}}(t), \varphi^{\mathrm{D}}(t)\right)$ $(t\in T)$ 表示在局部坐标系中的航迹推算姿态。速度和方向盘角度直接从智能车辆 CAN 总线获取，航向数据是从数字罗盘上获取的。由于这些传感器的特性，速度数据会受到乘性偏差 $b^{\mathrm{V}*}$ 的影响，航向数据会受到相加偏差 $b^{\mathrm{H}+}$ 的影响，方向盘角度数据会受到相乘偏差 $b^{\mathrm{S}*}$ 和相加偏差 $b^{\mathrm{S}+}$ 的影响[26]。航迹推算位姿计算算法见式(5.26)～式(5.28)：

$$x^{\mathrm{D}}(t+1)=x^{\mathrm{D}}(t)+v(t)b^{\mathrm{V}*}\sin\left[\varphi(t)\right],\quad t\in T \tag{5.26}$$

$$y^{\mathrm{D}}(t+1)=y^{\mathrm{D}}(t)+v(t)b^{\mathrm{V}*}\cos\left[\varphi(t)\right],\quad t\in T \tag{5.27}$$

$$\varphi^{\mathrm{D}}(t+1)=(\varphi^{\mathrm{D}}(t)+b^{\mathrm{H}+})+b^{\mathrm{S}*}\left[\delta(t)+b^{\mathrm{S}+}\right]\Delta t,\quad t\in T \tag{5.28}$$

令$\left(x^{\mathrm{G}}(t),y^{\mathrm{G}}(t)\right)(t\in T)$表示来自 GNSS 接收器的姿态，该姿态已转换为通用横轴墨卡托(universal transverse Mercator，UTM)投影坐标。里程表数据校准是为了获得这些偏差的最佳值。为了校正这些偏差，采用了一种优化算法。将航迹推算姿态与 GNSS 姿态的均方误差(mean square error，MSE)定义为目标函数，N 表示离线数据中的 GNSS 帧数：

$$e=\frac{1}{N}\sum_{t}\left\{\left[x^{\mathrm{G}}(t)-x^{\mathrm{G}}(0)-x^{\mathrm{D}}(t)\right]^2+\left[y^{\mathrm{G}}(t)-y^{\mathrm{G}}(0)-y^{\mathrm{D}}(t)\right]^2\right\},\quad t\in T \tag{5.29}$$

式中，$\left(x^{\mathrm{G}}(0),y^{\mathrm{G}}(0)\right)$表示智能车辆的初始 GNSS 姿态。目标函数的目的是保证每个航迹推算姿态都位于以各自 GNSS 姿态为中心的圆内，半径由 GNSS 标准差求得。

为了进行优化，本节采用了一种全局最优粒子群优化算法，该算法性能优良，易于执行[27]。在优化算法中，每个粒子代表一组偏差$\left(b^{\mathrm{V}*},b^{\mathrm{H}+},b^{\mathrm{S}*},b^{\mathrm{S}+}\right)$。优化算法有三个关键步骤：①粒子的偏差设置为随机值；②通过将这些偏差值与里程数据积分计算目标函数；③将 MSE 值与上一次迭代值进行比较，若小于上一次迭代值，则这些偏差值将存储为最佳值，否则，此粒子将忽略。重复这三个步骤，直至达到预定义的最大迭代次数 M。基于全局最优的偏差值即对里程数据进行了校正。

4. 基于二维激光雷达的虚拟三维激光雷达构建算法

尽管许多现有研究已采用三维 LiDAR(如 Velodyne)进行建图并获得了显著的性能，但三维 LiDAR 的价格过高，无法广泛使用[28]。相反，二维激光雷达(如 SICK)具有可接受的价格和稳定的性能。但是，与三维 LiDAR 相比，来自二维激光雷达的原始数据太稀疏，无法直接构建点云图。在映射算法中，应用了基于低成本二维激光雷达的虚拟三维 LiDAR 构建算法。虚拟三维 LiDAR 可以将密集点云数据作为三维 LiDAR 输出。

二维激光雷达只能探测一个平面。如图 5.5(a)所示，二维激光雷达安装在车辆的顶部，探测的角度向地面倾斜。虚拟三维激光雷达构建算法的核心思想是在标定的里程数据基础上，积累固定距离间隔的二维激光扫描，形成三维点云环境。设$c(t)(t\in T)$表示来自二维激光雷达的数据，L 表示虚拟三维激光雷达的固定长度。当智能车辆移动时，新的扫描数据 $c(t+i)(t\in T)$ 将插入到三维点云 $C^{\mathrm{W}}(t)(t\in T)$ 中，并且从虚拟三维 LiDAR 中移除最早的数据。虚拟三维激光雷达的工作原理就像一个移动的先进先出(first in first out，FIFO)系统，即

$$C^{\mathrm{W}}(t)=\sum_{L}\{c(t-L),\cdots,c(t)\},\quad t\in T \tag{5.30}$$

图 5.5(b)是虚拟三维激光雷达 $C^{\mathrm{W}}(t)(t\in T)$ 的演示。

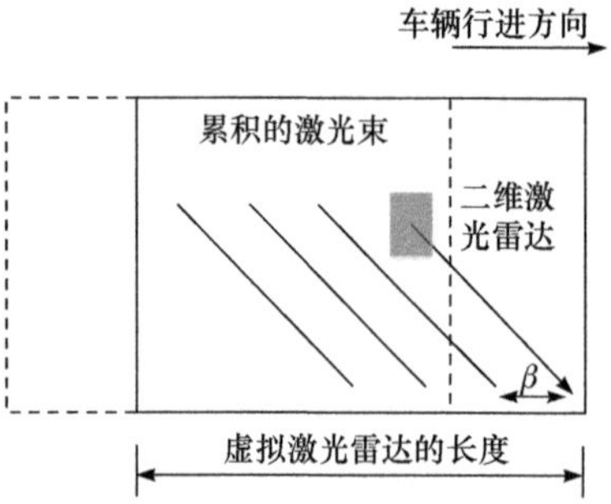

(a) 虚拟三维激光雷达构建方法

(b) 生成虚拟三维激光雷达

图 5.5　虚拟三维激光雷达构建

5. 闭环检测

闭环检测包括两个目标：识别出之前轨迹的重复区域和计算出两次通过同一区域的位移差。在收集目标区域的传感器数据时，通常会在不同时间访问同一位置。在数据预处理后，仍然存在因死锁而引起的累积误差，闭环检测可用于降低累积误差，并有助于映射系统的全局优化。

图 5.6 简要说明了闭环检测和姿态优化的方案。在图 5.6 的左侧，有 11 个智能车辆轨迹的姿态。实际上，第一个姿态 P_1 和最后一个姿态 P_{11} 是相同的姿态。由于累积误差，在这两个姿态之间存在微小的位移。闭环子系统可以找到这些重复区域并计算位移差。

在映射算法中，选择 GNSS 姿态作为判断是否存在环路闭合的准则。用 $D_n(t)$ 表示两个 GNSS 姿态之间的距离：

$$D_n(t)=\sqrt{\left[x^{\mathrm{G}}(t+n)-x^{\mathrm{G}}(t)\right]^2+\left[y^{\mathrm{G}}(t+n)-y^{\mathrm{G}}(t)\right]^2},\quad t\in T,\quad n\in\mathbb{N} \tag{5.31}$$

如果两个 GNSS 姿态之间的距离小于阈值 $\hat{D}$，并且时间大于时间阈值 $\hat{N}$，则将这两个姿态视为一个闭环。然后将这两个 GNSS 姿态保存下来进行位移计算。

如果多个相邻的 GNSS 姿态都满足这些要求，则闭环子系统仅选择最近的一对 GNSS 姿态。

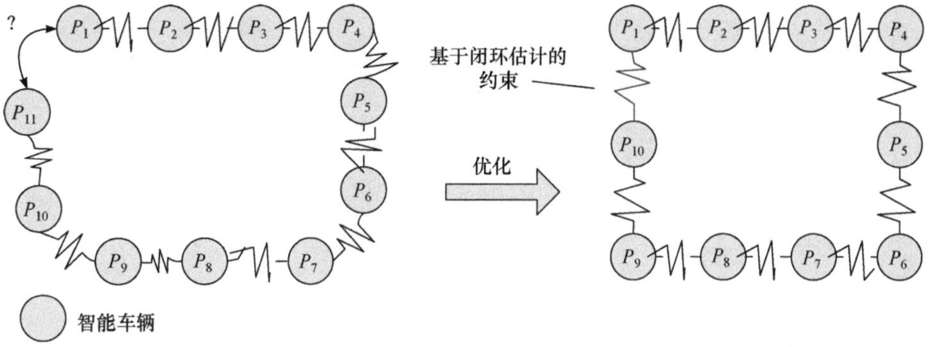

图 5.6　闭环检测和姿态优化方案

为了精确测量在环路闭合区域内两个不同位置的位移，采用广义迭代最近点(generalized iterative closet point，GICP)法[29]。设 $P^{G}(t)=\left[x^{G}(t),y^{G}(t)\right](t\in T)$，表示 t 时刻的智能车辆 GNSS 姿态。如图 5.7 所示，用不同颜色标记检测到的两个闭合环路姿态 $P^{G}(t)$、$P^{G}(t+n)$ 和对应的点云 $C^{W}(t)$、$C^{W}(t+n)$。GICP 法提取每个点云的特征并进行配准以获得位移 $O_{t,n}^{L}$。

图 5.7　广义迭代最近点算法的说明

6. GraphSLAM 优化

GraphSLAM 是一种有效的图形优化器，在车辆地图中得到了广泛的应用[26]。在对里程数据进行标定和环路闭合处理后，将所有的姿态和约束条件发送给 GraphSLAM，最终生成高精度车辆轨迹。在映射算法中，图顶点表示智能车辆位姿$\left(x^{\mathrm{G}}(t), y^{\mathrm{G}}(t), \varphi^{\mathrm{D}}(t)\right)(t \in T)$，图的边表示传感器测量及其不确定性(表示为协方差矩阵)，如图 5.8 所示。

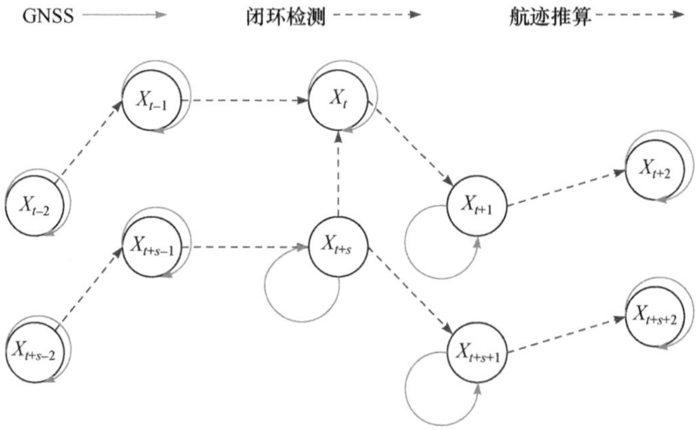

图 5.8 GraphSLAM 构造图示例

由于航迹推算和环路闭合导致高斯位移限制，而 GNSS/数字罗盘导致高斯全局姿态限制[26]。在映射算法中，为了估计给定图最可能的姿态，将最大似然估计问题转化为一个基于梯度的二次优化问题。用 R^{O} 表示里程限制的总和，R^{G} 表示 GNSS/数字罗盘限制的总和，R^{L} 表示环路闭合限制的总和。设 $P^{\mathrm{D}}(t)=\left[x^{\mathrm{D}}(t), y^{\mathrm{D}}(t)\right]\ (t \in T)$ 表示 t 时刻智能车辆推算姿态。GraphSLAM 的目标函数为

$$J=R^{\mathrm{O}}+R^{\mathrm{G}}+R^{\mathrm{L}} \tag{5.32}$$

$$R^{\mathrm{O}}=\sum_t\left(\left\{P^{\mathrm{D}}(t)-\left[P^{\mathrm{D}}(t-1)+O_{t-1,t}^{\mathrm{D}}\right]\right\}^{\mathrm{T}}\left[C^{\mathrm{D}}(t)\right]^{-1}\left\{P^{\mathrm{D}}(t)-\left[P^{\mathrm{D}}(t-1)+O_{t-1,t}^{\mathrm{D}}\right]\right\}\right) \tag{5.33}$$

$$R^{\mathrm{G}}=\sum_t\left\{\left[P^{\mathrm{D}}(t)-P^{\mathrm{G}}(t)\right]^{\mathrm{T}}\left[C^{\mathrm{G}}(t)\right]^{-1}\left[P^{D}(t)-P^{G}(t)\right]\right\} \tag{5.34}$$

$$R^{\mathrm{L}}=\sum_{t \in \mathrm{Loop}}\left(\left\{P^{\mathrm{G}}(t+n)-\left[P^{\mathrm{G}}(t)+O_{t,n}^{\mathrm{L}}\right]\right\}^{\mathrm{T}}\left[C^{\mathrm{L}}(t)\right]^{-1}\left\{P^{\mathrm{G}}(t+n)-\left[P^{\mathrm{G}}(t)+O_{t,n}^{\mathrm{L}}\right]\right\}\right) \tag{5.35}$$

式中，$O_{t,t-1}^{\mathrm{D}}$ 表示相邻姿势 $P^{\mathrm{D}}(t)$ 和 $P^{\mathrm{D}}(t-1)$ 之间的估计位移。$C^{\mathrm{D}}(t)$、$C^{\mathrm{G}}(t)$、$C^{\mathrm{L}}(t)$ 分别是航迹推算、GNSS/数字罗盘和环路闭合的协方差逆矩阵。优化后的轨迹被用于生成地图。

7. 三维点云图生成

通过 GraphSLAM 获得精准的车辆运动轨迹后，就可以结合虚拟三维激光雷达得到周围环境地图。目前，针对智能车辆定位的三种主流地图类型：占据栅格地图、反射率地图和点云图[30]。在构建虚拟三维 LiDAR 和 GraphSLAM 后，将生成三维点云和精确的智能车辆轨迹。在此步骤中，虚拟三维 LiDAR 的激光点将按照最终的智能车辆轨迹投影到空间中，然后生成目标区域的点云图。结合现有算法，如 NDT 匹配、道路标记匹配，智能车辆就可以实现实时高精度定位[31,32]。

8. 实验设置

为了测试映射算法的鲁棒性和精度，设计具有两个不同测试场景的实验，包括开放区域、有建筑物和树木的城市道路。

在长安大学渭水校区的车联网自动驾驶汽车测试场进行了开放区域实验，如图 5.9 所示。GNSS 接收器可以在测试轨道的任意位置接收卫星信号。如图中指示线所示，车辆从 *A* 点出发，途经 *E*、*B*、*C*、*D*、*E* 点，然后回到出发点 *A*。实验中车辆的速度在 30km/h 左右。在 *E* 点有明显的闭环，该设置是为了测试闭环检测在建图系统中的可靠性。*A* 点与 *B* 点之间的直线距离为 700m，车辆共行驶 1.5km。

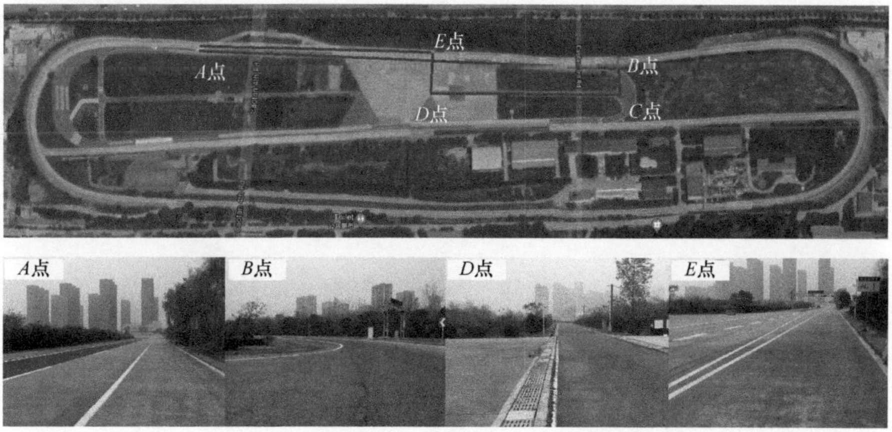

图 5.9　实验场地卫星图像及关键路点图像

城市道路实验是在一条周围有许多建筑物和树木的狭窄道路上进行的，由于多径效应，GNSS 定位结果对汽车导航而言不够精确。如图 5.10 所示，智能车辆从 *A* 点开始，经过 *B*、*C*、*D*、*E*、*F*、*G*、*H*、*I* 点，最后返回到起点 *A*。其中，从 *C* 点到 *D* 点是环路闭合区域，共行驶约 1.5 km。

在生成开放区域和城市区域的点云图后，使用生成的点云图和 NDT 匹配算法进行智能车辆定位，来测试生成地图的准确性[21]。在 10min 内记录所有关键路点的定位结果，并将其放置在一个平面圆中。覆盖所有定位结果圆的最小半径即为定位精度。通常，若定位精度在 15cm 以内，则点云图可用于智能车辆实时定位和导航[33]。

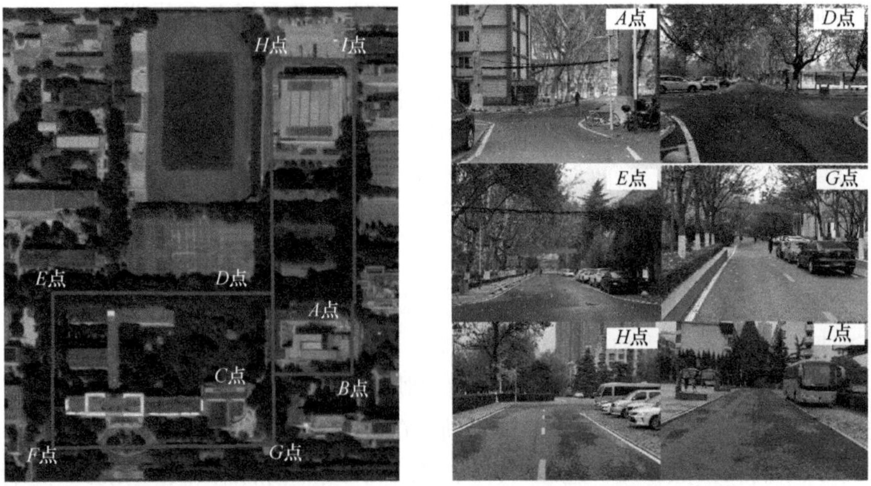

(a) 城市道路测试轨迹的卫星图像　　(b) 关键路点的图像

图 5.10　城市道路测试轨迹

本节的地图构建软件是在 C++和机器人操作系统(robot operating system，ROS)进行开发的。映射软件由四个模块组成，即传感器驱动程序模块、数据收集和存储模块、映射模块及用户界面(user interface，UI)模块。所有这些模块并行工作，其中迭代最近点算法采用点云库 PCL 中集成的 GICP 程序[29]，GraphSLAM 优化器是采用 G2O 实现的[26]。在建图中，有许多重要参数对建图结果产生重大影响。实验关键参数如表 5.2 所示。

表 5.2　实验关键参数

关键参数	数值	单位
二维激光雷达倾斜角度	25.5	(°)
二维激光雷达安装高度	2.1	m
虚拟三维激光雷达长度	30	m
优化器粒子数	500	—
优化器迭代次数	10000	—
距离阈值 $\hat{D}$	5	m
时间阈值 $\hat{N}$	300	s

9. 实验结果

如图 5.11(a)所示，映射算法生成了开放区域测试轨迹的高分辨率点云图。不同的点颜色对应不同的点高度。在图 5.11(a)中，所有道路和其他环境元素均由点云图表示，其中在 *E* 点有一个环路闭合。在图 5.11(b)中可看到 *E* 点的详细视图，点 *E* 上没有重叠或丢失的点云，这表明映射算法可以处理开放环境的直线道路、弯道和环路闭合。

(b) 关键路点的点云图

图 5.11　开放区域测试轨迹的映射结果

在表 5.3 中列出了在开放区域的智能车辆定位结果。五个关键路点的定位精度均小于 15cm，这表明映射算法生成的高精度点云图能用于智能车的定位。从表 5.3 可以推断，在 *E* 点的定位精度最高是由于其周围的环境信息更多。

表 5.3　智能车辆在开放区域定位结果

A 点	*B* 点	*C* 点	*D* 点	*E* 点
13.8cm	13.7cm	13.5cm	13.9cm	12.5cm

图 5.12 显示了城市区域实验结果。由于周围树木和建筑物更多，所以点云图比图 5.11 密集。此外，不同颜色表示地图上不同点的高度。在图 5.12(a)中，尽管从 *C* 点到 *D* 点有一个环路闭合区域，但映射算法在该区域进行了高精度的映射。因此，在环路闭合区域中不存在点云不匹配或点云重叠的情况。如图 5.12(b)所示，在 *E* 点和 *I* 点的详细地图中，路边停放的车辆以高精度形状进行了很好的展示，显示了地图构建系统的出色性能。

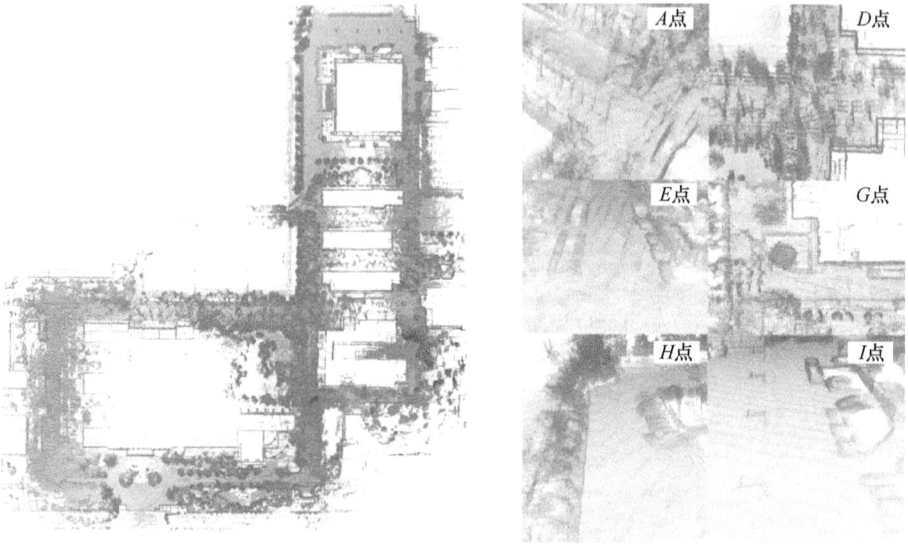

(a) 城市区域点云图　　(b) 关键路点的详细点云图

图 5.12　市区测试轨迹的点云图结果

根据生成的点云图和 NDT 匹配算法，表 5.4 中列出了城市区域的智能车定位结果。与开放地区相比，市区所有关键路点的定位精度要高。随着城市环境复杂度增加，点云图信息更加密集，有助于提高定位精度。

表 5.4　智能车在城市区域定位结果

A 点	*B* 点	*C* 点	*D* 点	*E* 点	*F* 点	*G* 点	*H* 点	*I* 点
11.8cm	12.3cm	12.5cm	11.9cm	12.4cm	11.6cm	11.8cm	11.8cm	12.2cm

5.3.2　基于 NDT 的三维激光雷达定位

传统的基于激光雷达 SLAM 技术是进行 SLAM 的，但是这种算法实现代价高，难度大，很难用于自动驾驶领域。自动驾驶车辆行驶速度快，行驶范围广且环境复杂，使得 SLAM 的精度下降，同时远距离行驶导致实时构建的地图偏差过大。因此，如果在先建立高精度的全图地图的情况下进行智能车辆的定位，将极大地简化该问题。因此，智能车辆在使用激光雷达进行定位时，一般分为两个部分：首先利用场景的三维激光雷达点云数据建立场景的高精度地图；然后将实时采集的场景三维激光雷达点云数据与建立的三维高精度地图进行点云配准，通过不断地比对实时扫描到的点云和已经建好的全局点云图，可以持续获得当前的位置。ICP 等匹配算法通过对所有的点或者提取的特征点进行匹配配准以确定当前的位置，但是行人、车辆以及路侧环境的不断变化，导致实时扫描的三维激光雷达点云与已经建立的三维点云图有许多差别，从而导致定位时出现匹配误差。而 NDT 是基于概率分布的，可以在很大程度上消除这种不确定性。不同于 ICP 通过计算两个点云中点与点之间的差距，NDT 是先将三维高精度地图转换为多维变量的正态分布，分布参数使得扫描的三维激光雷达点云与高精度地图匹配得很好，那么变换点在参考系中的概率密度将会很大。

为了系统地介绍基于 NDT 的三维激光雷达 SKAM 算法，本节以长安大学“信达号”智能车辆作为实验平台，该智能车辆实验平台搭载了 Velodyne 公司生产的 Velodyne HDL-32E 三维激光雷达，其性能参数如表 5.5 所示。该三维激光雷达的点云具有频率高、数据量大、距离激光雷达远处的点云稀疏以及大量地面信息不具备结构特性等特征。

表 5.5　Velodyne HDL-32E 三维激光雷达性能参数

参数指标	参数特性
激光特性	采用 905nm 波长，人眼安全； 采用飞行时间法测距； 测距范围(1～70m)
雷达传感器参数	有 32 对激光发射单元和接收单元； 5～20Hz 扫描频率； 360°水平视场角； −30.67°～10.67°水平视场角； 25m 范围内测量误差小于 2cm； 1.33°的垂直角度分辨率； 0.16°的水平角度分辨率(当旋转频率为 10Hz 时)； 可在−10～60℃工作
电气特性	12V 工作电压和 2A 工作电流； 运行电压为 9～32V(直流)
输出	每秒大约 70 万个点； 100Mbit/s 带宽连接； 以用户数据包协议(user datagram protocal，UDP) 数据报的形式输出每个点的距离和旋转角度

Velodyne HDL-32E 以 5Hz、10Hz 或者 20Hz 的频率进行 360°旋转，默认旋转频率为 10Hz，这种更新频率非常适合汽车使用。因此，它的激光器每秒可以发射数千次，每秒输出 70 万个点来详细描述车辆周围的三维环境，测量精度为 2cm，对于反射率约为 0.1 的路面检测范围可达 50m，而对于反射率约为 0.8 的汽车和植物检测范围则可达 100m。除了一些极端恶劣的天气如雨、雪、雾天等，其他天气环境下都是可以正常工作的。如图 5.13 所示采集的一帧点云数据及其对应的图

像，车辆周围的树木、道路边界等目标都被完整地重构出来。

图 5.13　三维激光雷达及三维点云图

1. 三维激光雷达点云输入与数据预处理

Velodyne HDL-32E 通过旋转扫描可以获得车辆周围 360°空间、方圆 70m 范围内的场景信息，每秒输出近 70 万个三维激光雷达点。Velodyne HDL-32E 三维激光雷达输出的原始数据是以球体坐标表示的，对于返回的任意激光点 p_i，其包含的信息有激光束返回的距离值 γ_i、当前激光雷达水平旋转的角度值 θ_i、当前雷达点的垂直角度 ϕ_i 值以及雷达打到物体上反射的强度值 I_i。这些激光点可以封装成点云作为数据处理的原始输入。点云数据表示可以很方便地表示、存储、处理和可视化三维激光雷达的原始测量数据。在形式上，它可以定义为一个多维点的集合，这些点描述了被测目标的外形结构。点云的自然特征是空间直角坐标 XYZ，还可以选择分配额外的属性(在激光雷达中，包含物体的反射强度信息)。

一个三维激光雷达点在点云中是一个包含空间位置和反射强度的元组，可以表示为

$$p_i = \begin{bmatrix} \gamma_i \\ \theta_i \\ \phi_i \\ I_i \end{bmatrix} \tag{5.36}$$

一帧原始的激光雷达点云 P 为三维激光雷达点的集合，可以表示为

$$P = \{p_1, p_2, \cdots, p_n\} \tag{5.37}$$

在点云表示中，三维激光雷达的点云数据可以直接从原始数据中导出，并重新分配用于多种情况下。大量的基于三维激光雷达的目标检测、识别等工作都是利用了公开的激光雷达点云数据。这不仅使研究可以在没有传感器物理存在的情况下进行，而且提供了用相同数据集验证不同算法的机会。

一般采用的三维激光雷达扫描频率为 10Hz，当车辆静止时，如果雷达扫描在平坦的地面上，则每一行雷达点云会形成一个圆环。但是当车辆在扫描过程中正在移动时，激光雷达扫描的局部坐标原点会随着车辆姿态的变化而变化。假如智能车辆在扫描期间以 10m/s 的速度行驶，则在输出一帧点云时，雷达中心原点随着智能车辆的运动而移动了 1m，如果不考虑车辆运动，则雷达扫描在平坦地面上的点构成的形状不再是一个圆环，而是呈螺旋分布的，如图 5.14(a)所示。此外，当智能车辆在起伏、不平整的路面上行驶时，车辆的姿态会出现横滚、俯仰，与车体刚性连接在一起的激光雷达的位姿也会出现相同的变化，如图 5.14(b)、(c)所示为车辆在起伏路面上行驶时的横滚和俯仰模型，行驶在起伏路面上时车辆的姿态会随着路面的变化而波动或翻滚。因此，为了保证智能车辆在室外不同工况下能安全行驶，在记录输出的原始雷达点云时必须将车辆的位置、姿态的变化考虑进去。

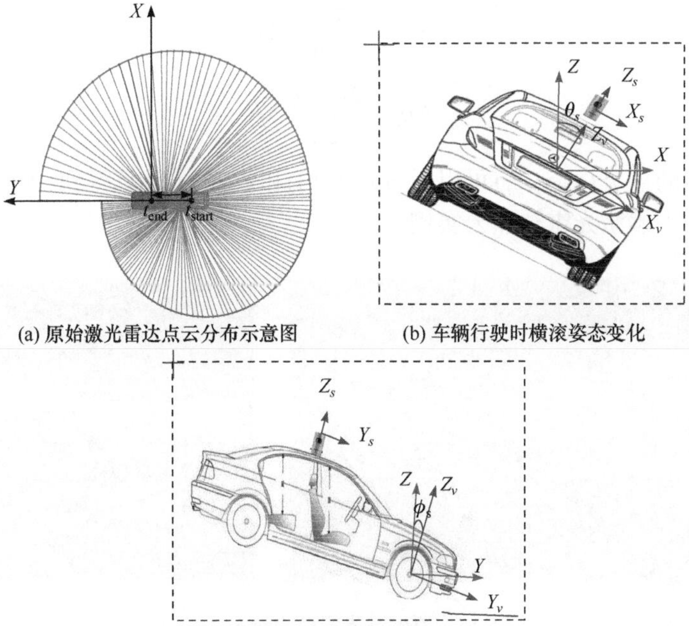

(a) 原始激光雷达点云分布示意图　(b) 车辆行驶时横滚姿态变化

(c) 车辆行驶时俯仰姿态变化

图 5.14　车辆运动时姿态变化以及同一扫描线上的点分布

针对这个问题，一种可行的算法就是使用惯性导航系统、里程计、轮速计等姿态传感器实时获取智能车辆运动过程中的姿态变化信息，然后利用获取的姿态信息对采集的原始激光雷达数据进行校正，以补偿扫描过程中智能车辆运动产生的影响。本节采用了长安大学“信达号”车载的 RT2000 惯性导航系统获取车辆姿态信息。RT2000 惯性导航系统由三个角速度传感器、三个伺服加速度计、一个 GNSS 接收器和一个数据处理模块组成。数据输出频率为 100Hz，定位精度可以达到 1cm 和姿态角精度可达到 0.15°。即使在城市或树木覆盖的环境，RT2000 仍然可以提供准确的航向、位置、姿态及速度信息。

当激光以 10Hz 的频率旋转时，由于扫描周期较短，假设在扫描过程中，智能车辆的位姿会发生线性变化。因此，每个扫描位置对应的车辆位姿的变化(水平旋转角度 0～2π)可用线性差分计算得到。

假设在一个扫描周期内，智能车辆由于运动位移变化了 $(\Delta x,\Delta y,\Delta z)^{\mathrm{T}}$，俯仰角和横滚角分别变化了 $\Delta\alpha$ 和 $\Delta\beta$。对于任意原始雷达点 $p_i(x_i,y_i,z_i)$，其水平旋转角度为 θ_i，从扫描开始输出 p_i 点的俯仰和横滚角分别变化了 $\Delta\alpha_i$ 和 $\Delta\beta_i$，空间位置变化了 ΔT_i，则其参数计算如下：

$$\Delta T_i = \frac{2\pi - \theta_i}{2\pi}(\Delta x,\Delta y,\Delta z)^{\mathrm{T}} \tag{5.38}$$

$$\Delta\alpha_i = \frac{2\pi - \theta_i}{2\pi}\Delta\alpha \tag{5.39}$$

$$\Delta\beta_i = \frac{2\pi - \theta_i}{2\pi}\Delta\beta \tag{5.40}$$

矫正后的点 $p_i(x_i,y_i,z_i)$ 可以通过式(5.13)和式(5.14)计算得到，如图 5.15 所示，通过矫正的一帧激光雷达点云实例。

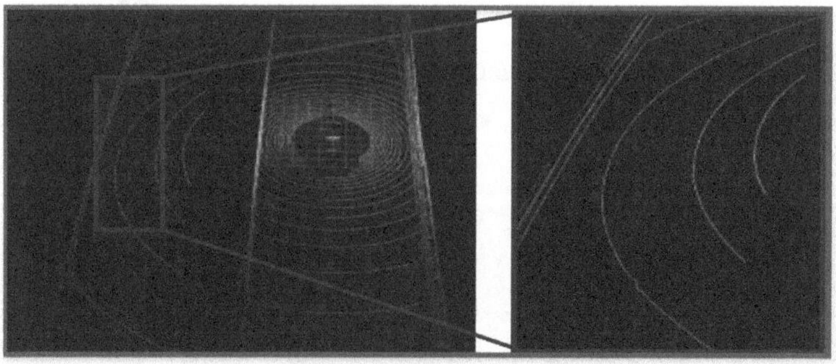

图 5.15　原始激光雷达点云校正实例

$$\begin{bmatrix} x_i \\ y_i \\ z_i \end{bmatrix} = R_i \begin{bmatrix} x_i \\ y_i \\ z_i \end{bmatrix} + \Delta T_i \tag{5.41}$$

$$R_i = \begin{bmatrix} \cos\Delta\alpha_i & 0 & \sin\Delta\alpha_i \\ -\sin\Delta\alpha_i \sin\Delta\beta_i & \cos\Delta\beta_i & \cos\Delta\alpha_i \sin\Delta\beta_i \\ -\sin\Delta\alpha_i \cos\Delta\beta_i & -\sin\Delta\beta_i & \cos\Delta\alpha_i \cos\Delta\beta_i \end{bmatrix} \tag{5.42}$$

2. 基于 NDT 的三维激光雷达地图构建

基于 NDT 的三维高精度地图构建流程如图 5.16 所示，Velodyne HDL-32E 激光雷达扫描一圈输出的点云数据大约有 7 万个,可以精确地描述车辆周围的环境。在 SLAM 过程中，如果采用雷达所有输出的点进行建图，则会大大增加点云配准的时间复杂度和空间复杂度，大大降低建图的效率。因此，在建图前保证在不影响激光点云对环境特征表示的前提下，可以适当降低激光雷达点云的密度，从而提高建图的效率。

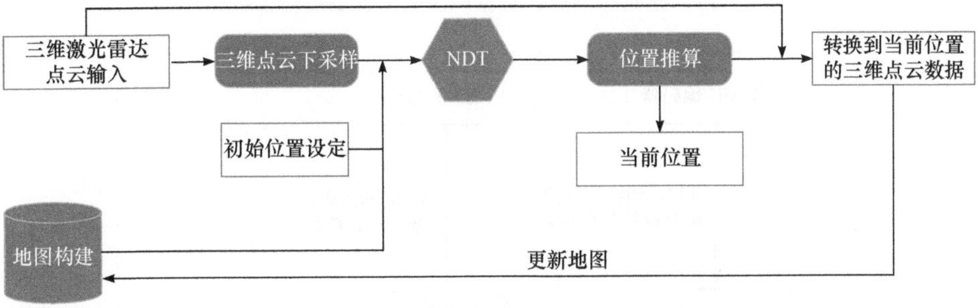

图 5.16　基于 NDT 的三维高精度地图构建流程

最常用的下采样算法是将三维点云进行三维体素栅格化，然后对每个栅格中的点云进行下采样，既减少点的数量，同时保持点云的形状特征。首先将三维激光雷达扫描空间划分成大小一致的三维体素栅格，然后将点云根据空间坐标映射到对应的体素栅格中，利用映射到每个体素栅格中所有点的重心表示该栅格中所有的点。对于一个映射了 M 个激光点的三维体素栅格，重心计算如式(5.43)所示：

$$x=\frac{1}{M}\sum_{i=1}^{M}x_i,\quad y=\frac{1}{M}\sum_{i=1}^{M}y_i,\quad z=\frac{1}{M}\sum_{i=1}^{M}z_i \tag{5.43}$$

如图 5.17(a)所示的点云数据，经过点云下采样后可得到点云数据如图 5.17(b)所示。Velodyne HDL-32E 水平角度分辨率为 0.16°，在下采样中体素栅格尺寸为 20cm×20cm×20cm。通过统计，下采样后的雷达点云数量相比原始雷达点云降低了 70%以上，通过对比图 5.17 下采样前后的点云图可以看出，下采样后虽然点云的密度降低了很多，但是依然保留了扫描环境的主要特征。

本节采用长安大学自主研发的“信达号”智能车辆作为实验平台，以车载的 Velodyne HDL-32E 三维激光雷达采集的数据作为输入，在 Ubuntu+ROS 环境下实现 NDT 匹配算法，并选取一个简单结构化的场景和一个复杂场景，采用 NDT 匹配算法进行三维场景重建。

基于 NDT 的三维 LiDAR 地图构建的工作流程如图 5.18 所示[34]。

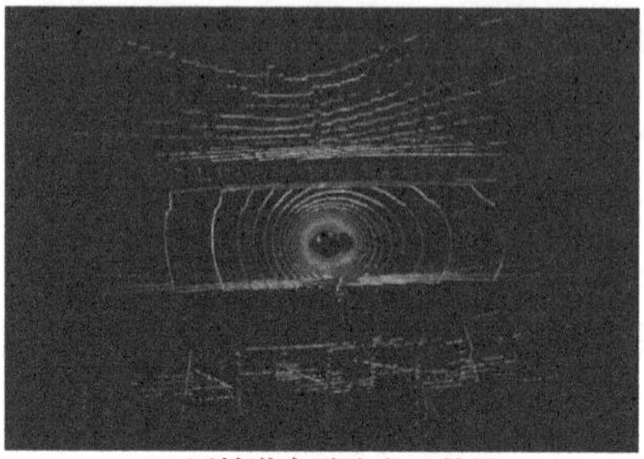

(a) 原始激光雷达点云数据

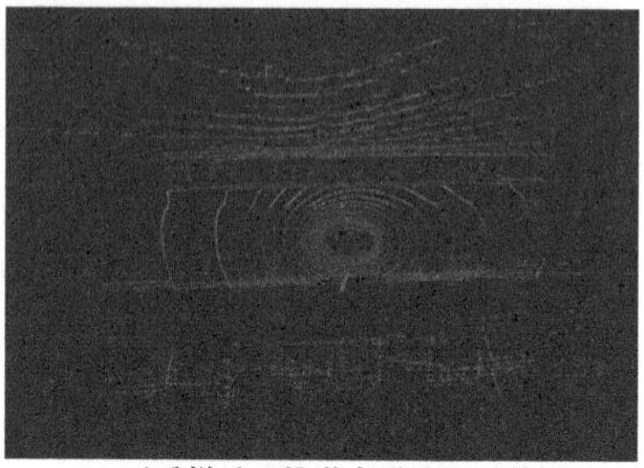

(b) 下采样后三维激光雷达点云数据

图 5.17　原始三维点云数据以及下采样后的点云数据

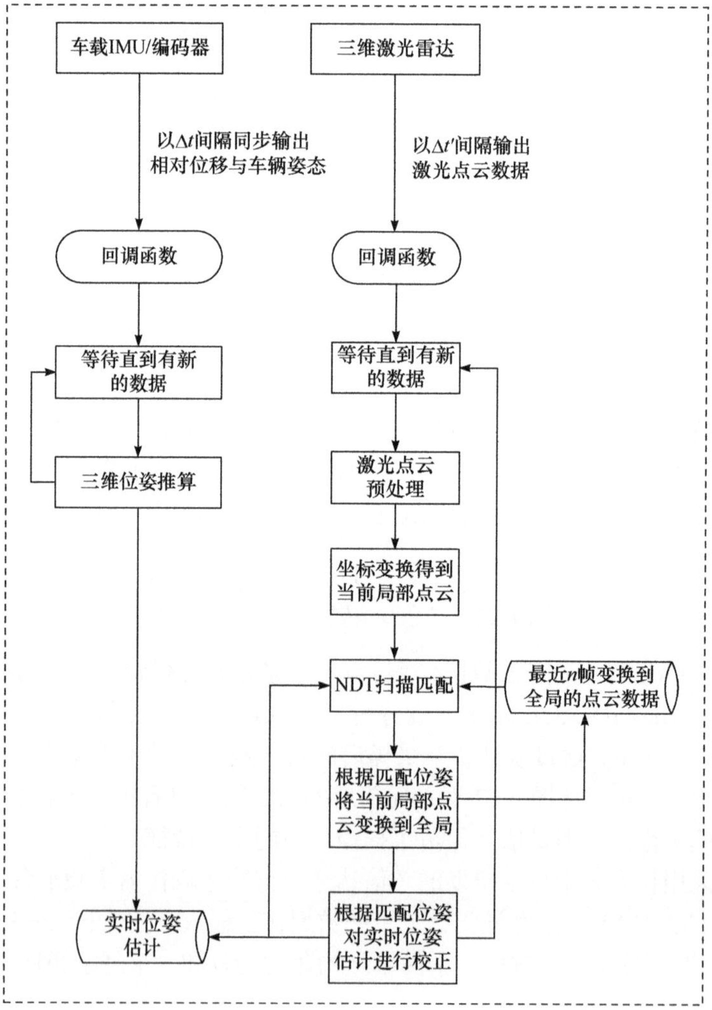

图 5.18　基于三维激光雷达的 NDT 构图工作流程

(1) 在建图前，首先要设置地图的初始位置和初始姿态。地图的初始位置$[x_0,y_0,z_0]^{\mathrm{T}}$可以设置成当前车载 GNSS 的坐标或者为$[0,0,0]^{\mathrm{T}}$，为简化建图过程，在建图时将地图的初始位置设置为$[0,0,0]^{\mathrm{T}}$，初始姿态(包括横滚角$\alpha_0$、俯仰角$\beta_0$、偏航角$\gamma_0$)采用车载惯性导航系统获得，位姿代表智能车辆后轴轮的中心位置。将初始位姿存入集合A。输入激光雷达点云，如果是第一帧，则将该帧三维激光雷达点云利用式(5.44)转换到地图坐标系下，作为 NDT 初始帧的全局目标点云，并将其保存到集合M中，完成初始化；否则执行步骤(2)与步骤(3)。

$$\begin{bmatrix} x_i \\ y_i \\ z_i \end{bmatrix} = R_z(\gamma_0)R_y(\beta_0)R_x(\alpha_0)\begin{bmatrix} x_i \\ y_i \\ x_i \end{bmatrix} + \begin{bmatrix} x_0 \\ y_0 \\ z_0 \end{bmatrix} \tag{5.44}$$

式中，R_z、R_y、R_x为绕z、y、x轴的旋转变量；$[x_i,y_i,z_i]^{\mathrm{T}}$为第$i$个点。

(2) 假设位姿更新时间为Δt，根据惯性导航系统获取的车辆当前的位姿信息和记录在集合A中的上一时刻的位姿信息可以计算出当前时刻车辆所在的位置信息，计算过程如式(5.45)所示。然后将该时刻车辆的位姿值记录到集合A中。

$$\begin{bmatrix} x_t \\ y_t \\ z_t \end{bmatrix} = \begin{bmatrix} \Delta d_t \cos(-\beta_t)\cos(\alpha_t) \\ \Delta d_t \cos(-\beta_t)\sin(\alpha_t) \\ \Delta d_t \sin(-\beta_t) \end{bmatrix} + \begin{bmatrix} x_{t-1} \\ y_{t-1} \\ z_{t-1} \end{bmatrix} \tag{5.45}$$

式中，Δd_t为车辆编码器从$t-1$至t时刻测量的相对位移变化量；$[x_t,y_t,z_t]^{\mathrm{T}}$为$t$时刻车辆所在的位置；$[\alpha_t,\beta_t]$为$t$时刻车辆当前的横滚角和俯仰角估计。

(3) 以$\Delta t'$为时间间隔，记录三维激光雷达扫描输出的点云数据，然后依次执行步骤(4)～步骤(6)。

(4) 根据式(5.46)所示坐标变换算法，对当前三维激光雷达输出的点云数据进行变换，然后将其作为 NDT 的参考点云。

$$\begin{bmatrix} x_i \\ y_i \\ z_i \end{bmatrix} = R_z(\gamma_0)R_y(\beta_0)R_x(\alpha_0)\begin{bmatrix} x_i \\ y_i \\ x_i \end{bmatrix} + \begin{bmatrix} x_t \\ y_t \\ z_t \end{bmatrix} \tag{5.46}$$

(5) 将记录在集合中的距离当前激光雷达输出时刻最近的车辆位姿作为 NDT 算法的初始位姿参数，将记录在集合中所有帧的雷达点云配准成一帧后的点云作为参考点云，执行 NDT 算法。

(6) NDT 算法执行后，根据其输出的车辆相对位置$[\Delta x_t,\Delta y_t,\Delta z_t]^{\mathrm{T}}$和相对姿态$[\Delta\alpha_t,\Delta\beta_t,\Delta\gamma_t]$，利用式(5.47)所示的算法计算当前车辆实际位置，并记录到集合A中。

$$\begin{bmatrix} x_t \\ y_t \\ z_t \\ u_t \end{bmatrix} = \begin{bmatrix} \Delta x_t \\ \Delta y_t \\ \Delta z_t \\ \Delta u_t \end{bmatrix} + \begin{bmatrix} x_{t-1} \\ y_{t-1} \\ z_{t-1} \\ u_{t-1} \end{bmatrix} \tag{5.47}$$

式中，$\Delta u_t = [\Delta\alpha_t, \Delta\beta_t, \Delta\gamma_t]$。然后根据式(5.46)所示的算法，将当前时刻的局部三维激光雷达点云变换成全局激光雷达点云，然后记录到集合 M 中。如果集合 M 中的点云帧数多于 n，则剔除采样时间最早的点云帧。

选择长安大学校园廊道作为实验场景，该场景结构化特征比较明显，场景尺度适中。通过 NDT 匹配建立了校园场景的三维点云图，如图 5.19 所示。

图 5.19　简单校园场景

选择长安大学校园内一处场景，该场景同时兼备了结构化与非结构化的场景特征，场景较开阔，符合复杂场景的要求，通过 NDT 匹配算法重构的该场景如图 5.20 所示。

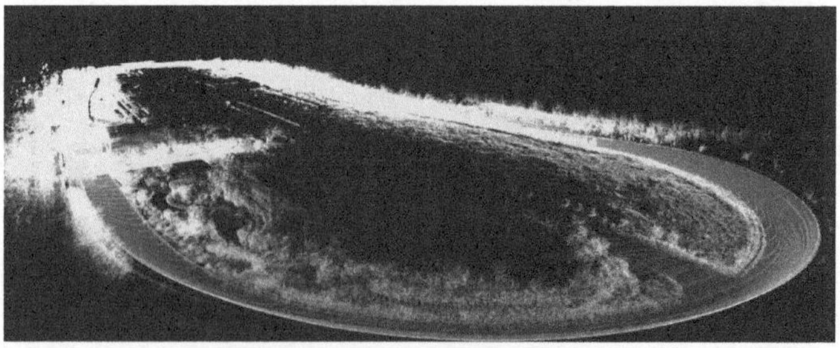

图 5.20　长安大学汽车实验场

选择西安市未央区内一处带有交叉口的城市道路场景，该场景同时具有结构化与非结构化的特征，道路宽阔，且场景尺度较大，相对比较复杂，通过 NDT 匹配算法重构的城市道路场景如图 5.21 所示。

在上述建图的基础上，基于 NDT 的车辆高精度定位流程如图 5.22 所示。基于 NDT 的定位算法不断地接收实时扫描到的三维激光雷达点云，以及异步更新

图 5.21　城市道路场景

的三维高精度点云图，然后使用 NDT 算法不断进行配准获取当前的位置，实现车辆的高精度定位。基于 NDT 的车辆高精度定位实例如图 5.23 所示。

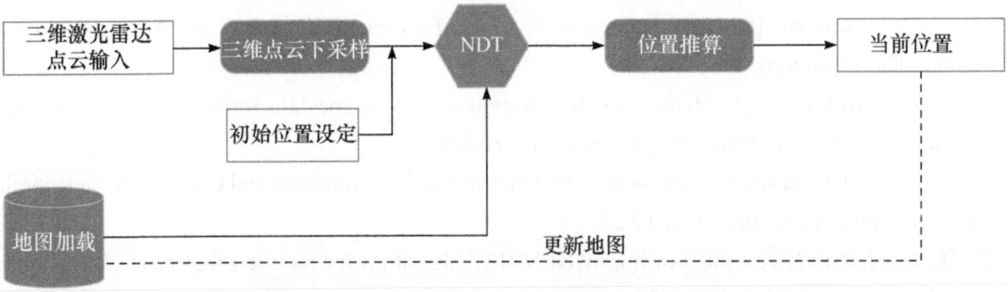

图 5.22　基于 NDT 的车辆高精度定位流程

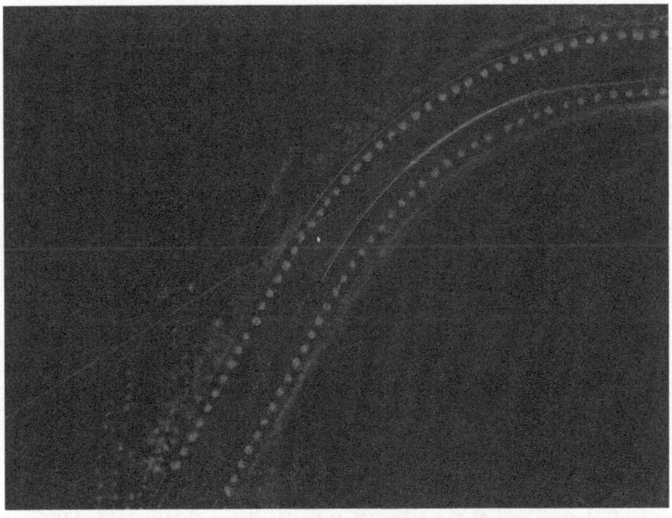

图 5.23　基于 NDT 的车辆高精度定位实例

参 考 文 献

[1] Bengtsson O, Baerveldt A J. Robot localization based on scan-matching—Estimating the covariance matrix for the IDC algorithm[J]. Robotics & Autonomous Systems, 2003, 44(1): 29-40.

[2] Blanco J L, Fernandez-Madrigal J A, Gonzalez J. A new approach for large-scale localization and mapping: Hybrid metric-topological SLAM[C]. IEEE International Conference on Robotics and Automation, Rome, 2007: 2061-2067.

[3] Borges G A, Aldon M J. Line extraction in 2D range images for mobile robotics[J]. Journal of Intelligent & Robotic Systems, 2004, 40(3): 267-297.

[4] Cox I J. Blanche An experiment in guidance and navigation of an autonomous robot vehicle[J]. IEEE Transactions on Robotics & Automation, 1991, 7(2): 193-204.

[5] Dissanayake M W M G, Newman P, Clark S, et al. A solution to the simultaneous localization and map building(SLAM) problem[J]. IEEE Transactions on Robotics and Automation, 2013, 17(3): 229-241.

[6] Gutmann J S, Schlegel C. AMOS: Comparison of scan matching approaches for self-localization in indoor environments[C]. Proceedings of the First Euromicro Workshop on Advanced Mobile Robot, Kaiserslautern, 1996: 61-67.

[7] Besl P J, McKay N D. Method for registration of 3-D shapes[J]. Sensor Fusion IV: Control Paradigams and Data Structures, 1992, 1611: 586-606.

[8] Censi A. An ICP variant using a point-to-line metric[C]. IEEE International Conference on Robotics & Automation, Pasadena, 2008:19-25.

[9] Li L, Liu J, Zuo X K, et al. An improved MbICP algorithm for mobile robot pose estimation[J]. Applied Sciences, 2018, 8(2): 272.

[10] Wu Z Z, Chen H C, Du S Y, et al. Correntropy based scale ICP algorithm for robust point set registration[J]. Pattern Recognition, 2019, 93: 14-24.

[11] 李玉. 基于3D激光点云的无人车城市环境SLAM问题研究[D]. 北京：北京理工大学, 2016.

[12] Biber P, Straßer W. The normal distributions transform: A new approach to laser scan matching[C]. IEEE/RSJ International Conference on Intelligent Robots and Systems (IROS 2003), Las Vegas, 2003: 2743-2748.

[13] Magnusson M. The three-dimensional normal-distributions transform: An efficient representation for registration, surface analysis, and loop detection[D]. Stockholm: Örebro University, 2009.

[14] Martin F, Triebel R, Moreno L, et al. Two different tools for three-dimensional mapping: DE-based scan matching and feature-based loop detection[J]. Robotica, 2014, 32(1):19-41.

[15] Zhang J, Singh S. LOAM: Lidar odometry and mapping in real-time[C]. Robotics: Science and Systems Conference, Berkeley, 2014: 1-8.

[16] Zhang J, Singh S. Visual-Lidar odometry and mapping: Low-drift, robust, and fast[C]. IEEE International Conference on Robotics & Automation, Seattle, 2015: 2174-2181.

[17] Deschaud J E. IMLS-SLAM: Scan-to-model matching based on 3D data[C]. IEEE International Conference on Robotics and Automation (ICRA), Brisbane, 2018: 2480-2485.

[18] Nicolai A, Skeele R, Eriksen C, et al. Deep learning for laser based odometry estimation[J]. RSS Workshop Limits and Potentials of Deep Learning in Robotics, 2016, 184: 1.

[19] Tipaldi G D, Braun M, Arras K O. FLIRT: Interest regions for 2D range data with applications to robot navigation[J]. Experimental Robotics, 2014, 28(2): 695-710.

[20] Strom J, Olson E. Occupancy grid rasterization in large environments for teams of robots[C]. IEEE/RSJ International Conference on Intelligent Robots and Systems, San Francisco, 2011: 4271-4276.

[21] Hess W, Kohler D, Rapp H, et al. Real-time loop closure in 2D LiDAR SLAM[C]. IEEE International Conference on Robotics and Automation (ICRA), Stockholm, 2016: 1271-1278.

[22] 文国成, 曾碧, 陈云华. 一种适用于激光 SLAM 大尺度地图的闭环检测方法[J]. 计算机应用研究, 2018, 35(6): 1724-1727, 1732.

[23] Durrant-Whyte H, Bailey T. Simultaneous localization and mapping: Part I[J]. IEEE Robotics & Automation Magazine, 2006, 13(2): 99-110.

[24] Moutarlier P, Chatila R. An experimental system for incremental environment modelling by an autonomous mobile robot[J]. Lecture Notes in Control & Information Sciences, 1990, 139: 327-346.

[25] Gordon N J, Salmond D J, Smith A F M. Novel approach to nonlinear/non-Gaussian Bayesian state estimation[J]. IEE Proceedings F Radar and Signal Processing, 1993, 140(2): 107.

[26] Mutz F, Veronese L P, Oliveira-Santos T, et al. Large-scale mapping in complex field scenarios using an autonomous car[J]. Expert Systems with Applications, 2016, 46: 439-462.

[27] Clerc M, Kennedy J. The particle swarm-explosion, stability, and convergence in a multidimensional complex space[J]. IEEE Transactions on Evolutionary Computation, 2002, 6(1): 58-73.

[28] Grant W S, Voorhies R C, Itti L. Efficient velodyne SLAM with point and plane features[J]. Autonomous Robots, 2019, 43(5): 1207-1224.

[29] Pandey G, Savarese S, McBride J R, et al. Visually bootstrapped generalized ICP[C]. IEEE Internation al Conference on Robotics and Automation, Shanghai, 2011: 2660-2667.

[30] Wan G W, Yang X L, Cai R L, et al. Robust and precise vehicle localization based on multi-sensor fusion in diverse city scenes[C]. IEEE International Conference on Robotics and Automation (ICRA), Brisbane, 2018: 4670-4677.

[31] Akai N, Morales L Y, Takeuchi E, et al. Robust localization using 3D NDT scan matching with experimentally determined uncertainty and road marker matching[C]. IEEE Intelligent Vehicles Symposium (IV), Los Angeles, 2017: 1356-1363.

[32] Brubaker M A, Geiger A, Urtasun R. Map-based probabilistic visual self-localization[J]. IEEE Transactions on Pattern Analysis and Machine Intelligence, 2016, 38(4): 652-665.

[33] Levinson J, Askeland J, Becker J, et al. Towards fully autonomous driving: Systems and algorithms[C]. IEEE Intelligent Vehicles Symposium (IV), Baden, 2011: 163-168.

[34] 韩明瑞. 基于激光 LIDAR 的室外移动机器人三维定位与建图[D]. 南京:东南大学, 2016.

第 6 章　基于多传感器数据融合的智能车辆组合定位

构建一个全覆盖、多冗余度、高精度的多功能定位系统是实现汽车智能驾驶的重要基础，每种单一的定位系统具有其独特性和局限性，因此智能车辆定位常常融合多种不同类型定位系统进行互相补充、取长补短。本章基于现有的 GNSS、INS、DR、MM、视觉定位、激光雷达定位、SLAM 等技术，主要介绍几种典型的组合定位理论与算法，并探讨多传感器集成融合定位的适用性。

6.1　多传感器数据融合定位基本原理

本节简单介绍多传感器数据融合的基本概念及多传感器数据融合原理。应用多传感器数据融合定位原理，克服单一传感器的智能车辆定位算法存在的诸多问题，从而实现智能车辆在复杂环境下全时空、高精度、高可靠定位。

6.1.1　多传感器数据融合概念

随着传感器技术及计算机技术的发展，多传感器技术在航空航天、智能交通、武器装备研发等领域都得到了推广和应用。根据国内外相关研究，总结多传感器数据融合定义为，利用不同时间与空间的多源、异构、多类型传感器数据，采用计算机技术对时间序列数据按照一定规则进行分析和使用，从而获得对被测对象的一致性解释与描述，获得比单一数据来源更准确、更充分的有效信息[1,2]。

6.1.2　多传感器数据融合原理

类似于人类大脑处理复杂的环境信息，充分利用异质、异构传感器在空间或者时间上冗余或者互补特性，根据信息组合准则对多源信息进行处理得到融合结果。下面简要介绍多传感器数据融合过程和基本原理[1]：

(1) N 个不同类型的传感器(有源或无源)收集观测目标的数据；

(2) 对传感器的输出数据进行特征提取和变换，建立观测数据的特征向量；

(3) 利用神经网络或聚类等算法对特征向量进行模式识别处理，实现单一传感器的目标信息说明；

(4) 将各传感器关于目标的说明数据按某些规则进行分组或关联；

(5) 将对同一目标的描述进行合并，得到多传感器对目标的一致性描述。

6.2　多传感器数据融合定位算法

要获得对被测对象的全面、完整描述，核心在于设计合适的多传感器数据融合定位算法。对于多传感器系统，信息具有复杂性和多样性，因此要求多传感器数据融合定位算法具有高效性和鲁棒性。根据国内外已有研究，多传感器数据融合的常用算法基本上可概括为随机类和人工智能类两大类，随机类算法有加权平均法、卡尔曼滤波法、多贝叶斯估计法和 Dempster-Shafer(D-S)证据推理法等；而人工智能类则有模糊逻辑理论、神经网络和专家系统等。近年来，人工智能等新技术的发展，进一步推动了多传感器数据融合的发展，在移动机器人、无人机中得到了大量应用。

1) 卡尔曼滤波法

卡尔曼滤波法主要用于融合低层次实时动态多传感器冗余数据。该算法用测量模型的统计特性递推，决定统计意义下的最优融合和数据估计。如果系统具有线性动力学模型，并且系统与传感器的误差符合高斯白噪声模型，则卡尔曼滤波将为融合数据提供唯一统计意义下的最优估计[3-5]。标准卡尔曼滤波能够解决线性系统问题，对于非线性系统，通常是泰勒级数展开后近似为线性系统，这种卡尔曼滤波法称为扩展卡尔曼滤波(EKF)。为了提高滤波的精度，可以采用 EKF 的变化与扩展，如二阶 EKF 和迭代 EKF。与一阶线性化的 EKF 相比，二阶 EKF 还考虑了非线性方程泰勒级数展开二阶项对误差传播的影响，因而二阶 EKF 在理论上具有更高的精度。虽然 EKF 为实际应用提供了高效、可靠的性能，但在高度非线性系统中，线性化过程会导致发散。为了解决这一问题，引入了粒子滤波等先进的非线性滤波算法。然而，这种算法需要很强的计算能力才能在嵌入式系统中实现。

2) 贝叶斯估计法

基于贝叶斯估计法的多传感器数据融合的主要思想是，在矩法估计、总概率最大值法、极大似然法中，都是在未知参数θ作为非随机变量的情况下讨论参数估计问题，提供未知参数θ的先验信息有利于参数θ的估计[6]。利用传感器数据概率进行数据组合，测量不确定性以条件概率表示，当传感器组的观测坐标一致时，可以直接对传感器数据进行融合，但在大多数情况下，传感器测量数据要以间接方式采用贝叶斯估计进行数据融合。

3) D-S 证据推理法

D-S 证据推理法[7]在很多情况下都能很好地进行信息融合，并得到与人们直观认识相一致的结果，但当证据源出现矛盾，甚至冲突时，D-S 证据理论组合规则将会失效。在智能车辆定位中，每个传感器数据都是决定最终车辆位置的证据，为了减小证据之间的冲突，提高决策的正确性，采用序贯方式逐步将新证据加入证据序列，利用基于证据方差的加权修正算法实现证据组合。

4) 模糊逻辑推理

模糊逻辑推理通过指定一个 0～1 的实数表示真实度，将多个传感器数据融合过程中的不确定性直接表示在推理过程中。如果采用某种系统化的算法对融合过程中的不确定性进行推理建模，则可以产生一致性模糊推理，它在一定程度上克服了概率论面临的问题，对信息的表示和处理更接近人类的思维模式，更适用于高层次决策过程，但逻辑推理本身还不够成熟和系统化[8]。

5) 人工神经网络

神经网络具有很强的容错性以及自学习、自组织和自适应能力，可以模拟复杂的非线性映射过程。利用神经网络的非线性处理能力，可以较好地解决多传感器数据融合问题。多传感器受环境影响，数据都存在不同程度的不确定性，多传感器数据融合过程相当于一个不确定推理过程。神经网络根据样本相似性确定网络权值，采用学习算法得到不确定推理机制，最终利用信号处理能力和推理能力实现多传感器数据融合[9,10]。

6.3 多传感器数据融合定位关键技术及实例

传统的视觉定位算法通常假设相机不动或者匀速运动，这种假设并不能很好地覆盖智能车辆全部的复杂运动状态。车辆运动学模型(vehicle kinematic model，VKM)可以较好地描述车辆在低速或者小滑移情况下的运动；而车辆动力学模型(vehicle dynamic model，VDM)可以描述车辆在高速或者大滑移情况下的运动，结合车辆运动学模型和动力学模型，能够描述智能车辆动态变化的行驶状态；结合地图匹配，可进一步提高定位的稳定性和精确性。

6.3.1 GNSS/DR/MM 组合定位

智能车辆 GNSS/DR/MM 组合定位导航系统[11,12]是利用 GNSS、DR 定位系统的技术特点进行优势互补，并结合 MM 技术提高整个定位导航系统的定位精度和可靠性的一种多源信息融合算法。整个组合定位导航系统的工作模式如图 6.1 所示，可分为五大功能模块：MM 系统、数字地图系统、DR 系统、GNSS 系统和多源信息融合系统。

GNSS/DR/MM 组合定位导航系统能很好地解决城市车辆定位导航系统中 GNSS 信号不连续问题，但是却不能很好地解决城市中经常出现的 GNSS 多径问题。本节主要介绍 GNSS/DR/MM 组合定位导航系统中多径误差的消除。目前，针对多径误差，研究人员尝试了不同的算法，例如：①基于信噪比自适应的抗多径算法；②抗多径天线；③抗多径接收机。以上基于硬件的多径误差消除法不能彻底消除误差，还需要设计算法对该误差进行消除。

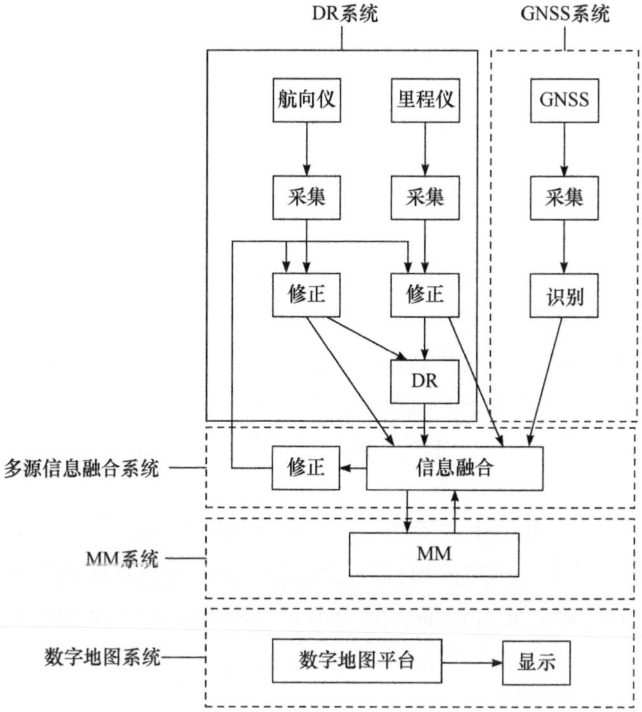

图 6.1　GNSS/DR/MM 组合定位导航系统工作模式框图

1. 实时辨识 GNSS 多径误差

GNSS 多径误差对车辆的定位精度影响主要体现在两个方面：①车辆位置的影响；②车辆行驶角度的影响。

GNSS 多径误差主要出现在 GNSS 盲区和 GNSS 可见区的交界处，往往一边是高楼，一边是开阔天空(GNSS 接收机只能看到半个天空)的道路。所以，当车辆从 GNSS 盲区进入 GNSS 可见区时，系统会很快地得到正确 GNSS 信号的校正。在城市车辆导航过程中，任何一个 GNSS 多径误差都可能会给车辆导航系统的总体性能带来致命的影响，必须要消除 GNSS 多径误差对车辆导航系统的影响。

2. 神经元实时辨识 GNSS 多径误差

神经元实时辨识 GNSS 多径误差的基本原理[13]为：利用车辆当前时刻(t 时刻)

的状态向量式(6.1)，采用 DR/MM 组合定位技术估计下一时刻(t+1 时刻)的车辆状态向量式(6.2)：

$$X(t/t)=\{x(t),y(t),v(t),\alpha(t),d(t)\} \tag{6.1}$$

$$X(t+1/t)=\{x'(t+1),y'(t+1),v'(t+1),\alpha'(t+1),d'(t+1)\} \tag{6.2}$$

$$Y=\{x(t+1),y(t+1),v(t+1),\alpha(t+1),d(t+1)\} \tag{6.3}$$

$$P_1=X-WX(t+1/t) \tag{6.4}$$

$$\rho=\|P_1\| \tag{6.5}$$

式中，t 为时间；W 为权值；$\{x,y,v,\alpha,d\}$ 为车辆状态向量，其中 x、y 为车辆的平面坐标位置；v 为车辆的速度；α 为车辆的加速度；d 为车辆的行驶方向(与地理坐标北向的夹角)；$\{x',y',v',\alpha',d'\}$ 为车辆的估计状态向量；$X(t/t)$ 为在 t 时刻地图匹配模块输出的车辆状态向量；$X(t+1/t)$ 为利用车辆状态向量 $X(t/t)$ 预测估计的车辆在下一时刻(t+1 时刻)的状态向量；Y 为在 t+1 时刻由 GNSS 测得的车辆状态向量；P_1为 t+1 时刻车辆状态向量的 GNSS 量测量和估计量构成的残差向量。

如式(6.4)所示，由 t+1 时刻车辆状态向量的 GNSS 量测量式(6.3)和估计量式 (6.2)计算出 1 号神经元输入模式向量 P_1(图 6.2)，最后系统根据式(6.5)计算向量 P_1的范数 ρ，1 号神经元将根据 ρ 的大小实时辨识 GNSS 量测量内是否含有多径误差。2 号神经元(图 6.3)主要是辨识车辆当前时刻的状态向量是否满足定位精度要求，其输入值可由匹配点获得。

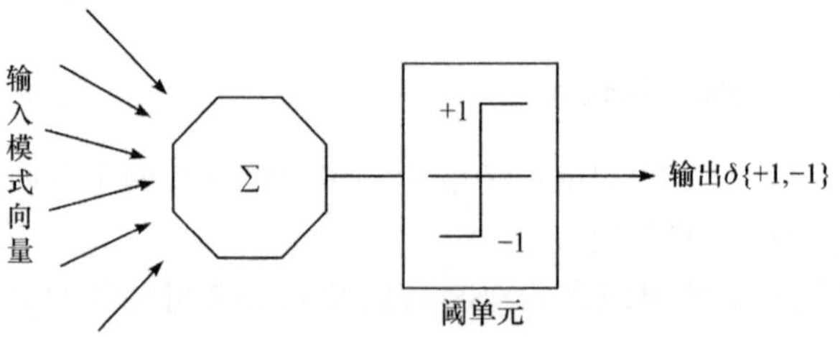

图 6.2　1 号神经元结构图

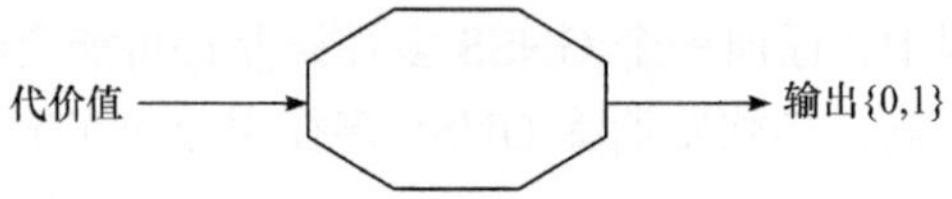

图 6.3　2 号神经元结构图

神经元实时辨识 GNSS 多径误差的基本原理框图如图 6.4 所示。

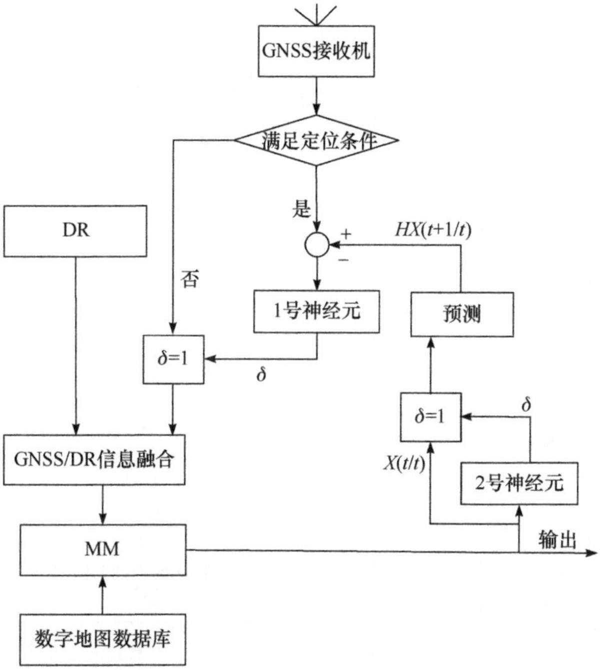

图 6.4　神经元实时辨识 GNSS 多径误差的基本原理框图

3. 基于 DR/MM 的改进概率估计地图匹配算法

概率估计算法要求 DR 的传感器误差在统计意义上传播到位置决策中。这些误差和误差模型定义的椭圆形或矩形置信区域用于描绘出真实车辆所处的区域界线的轮廓。这种置信区域被叠加到公路网上。如果该区域仅包含一个交叉路口或道路，则仅需进行一次匹配，把坐标综合或进行进一步处理并作为车辆的位置。如果该区域内不止一个交叉路口或道路，则需要进行道路连通性检查以确定车辆的最可能位置。由此可知，减小误差置信区域可以提高匹配计算速度和匹配精度。减小误差置信区域一般可以采用两种途径，即合理的计算算法和提高传感器的定位精度。在前面已经提到，对于提高传感器的定位精度，在车辆导航应用中其性价比无法被用户所接受。

图 6.5 表示常规的地图匹配算法流程图，图 6.6 表示改进的地图匹配算法流程图。比较发现图 6.6 添加了一个“实时修正 DR 累积误差模块”。图中的 DRInfoArray、DRModifyArray 和 MMInfoArray 代表三个队列，它们分别存储了车辆原始轨迹点(数据来源于传感器的采集)、修正误差后的车辆轨迹点和车辆的地图匹配轨迹点。

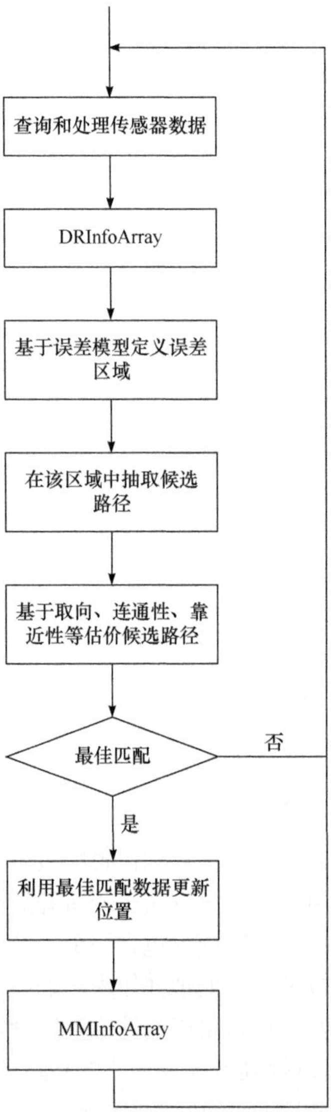

图 6.5　常规的地图匹配算法流程图

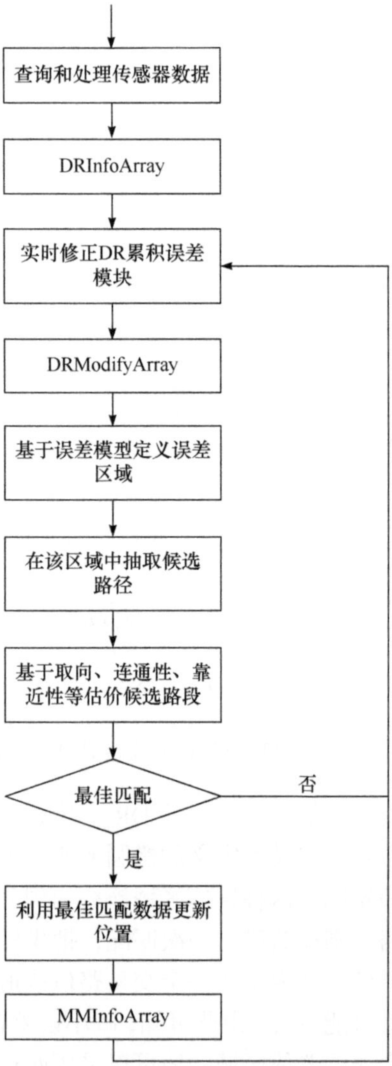

图 6.6　改进的地图匹配算法流程图

4. DR 累积误差实时修正算法

1) 实时修正 DR 累积误差的原则与算法流程

利用地图匹配算法实时修正 DR 累积误差的思想在早期的半确定性地图匹配技术中就已经使用。它是基于车辆沿着预先确定的道路上行驶的，每当系统检测到车辆拐弯时，就会修正推算定位距离传感器产生的累积误差；如果车辆的行驶路线在道路的两个拐弯之间驶出了道路，系统会修正 DR 取向的累积误差。本节主要介绍在车辆行驶路线不确定条件下采用数字地图中的道路数据库实时修正 DR 累积误差，具体原则如下：

(1) 车辆在直线道路上行驶，由于车辆行驶角度为常数，利用车辆匹配位置和数字地图数据库中的道路对 DR 进行法向位置和行驶角度的修正；

(2) 当统检测到车辆拐弯时，如果车辆拐弯角度大于阈值θ，则利用车辆匹配位置和数字地图数据库中的道路拓扑关系对 DR 进行法向位置、切向位置和角度的修正；

(3) 车辆在曲线道路上行驶，即当系统检测到车辆拐弯角度小于阈值θ时，不对 DR 进行任何修正。

实时修正 DR 累积误差技术流程如图 6.7 所示。

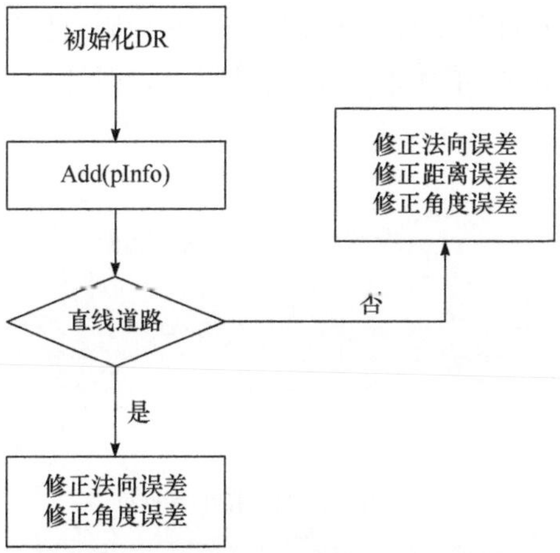

图 6.7　实时修正 DR 累积误差技术流程

2) 实时修正 DR 累积误差观测方程的建立

DR 系统测量传感器主要包括：

(1) 车辆里程表，输出车辆在采样周期 T 时间内行驶的距离；

(2) 角速率陀螺仪，输出车辆航向的变化 $\Delta\alpha$ 。

数字地图中的道路网络数据库主要提供的是：

(1) 道路段方向 $\Delta\beta$ ；

(2) 路段间、道路与道路间的角度变化量 $\Delta\beta$ 。

所以系统的状态变量为

$$z=[\Delta\alpha',\Delta\beta'] \tag{6.6}$$

观测方程可写成

$$\begin{cases}\Delta\alpha' = \Delta\alpha + \varepsilon_\alpha \\ \Delta\beta' = \Delta\beta + \varepsilon_\beta\end{cases} \tag{6.7}$$

式中，ε_α 为角速率陀螺仪的测量误差；ε_β 为数字地图数据库误差量。则 z 可表示为

$$z = \begin{bmatrix}\Delta\alpha \\ \Delta\beta\end{bmatrix} + \begin{bmatrix}\varepsilon_\alpha \\ \varepsilon_\beta\end{bmatrix} \tag{6.8}$$

观测方程为线性方程，可解。

5. 实例结果与分析

利用提出的定位算法，对 1300 辆浮动车三天的数据进行处理，同时记录每种算法处理数据的总数量以及完成匹配所耗费的时间。定位结果如图 6.8 所示，提出的算法可以有效改善简单几何算法在处理交叉口附近路段时出现的错误匹配情况，虽仍有少数点的错误匹配仍然无法得到校正，但超过 90%的错误匹配结果均得到了优化。

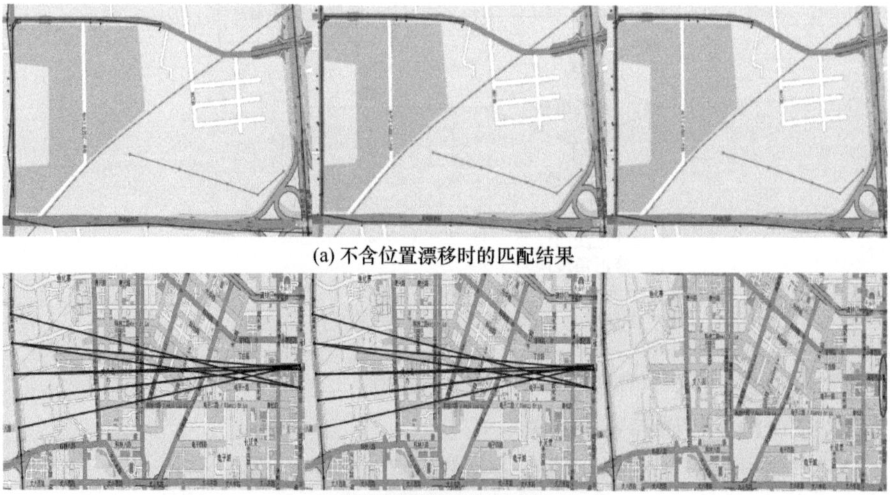

(a) 不含位置漂移时的匹配结果

(b) 含有位置漂移时的匹配结果

图 6.8 地图匹配算法处理结果

利用关于数据量与耗费时间的数据记录绘制如图 6.9 所示的折线图，横轴和纵轴分别表示待匹配点数和处理对应数据耗费的时间，时间的单位为 s。由于路网结构复杂以及空间分布的不同，根据原始数据绘制的曲线图上下波动异常明显，采用滑动平均法对原始曲线进行处理，得到了平滑后的曲线图。

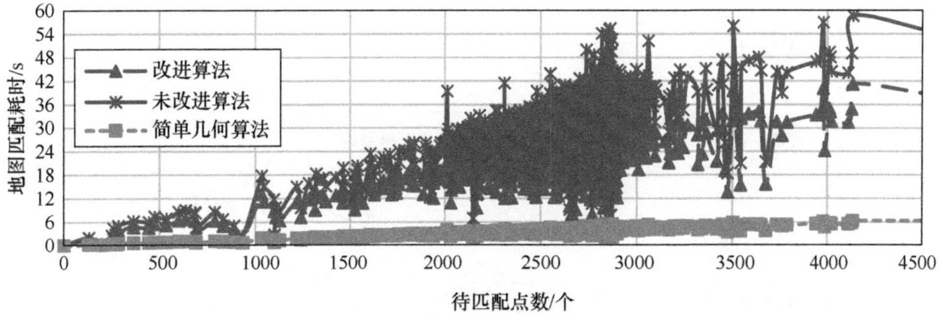

(a) 原始曲线图

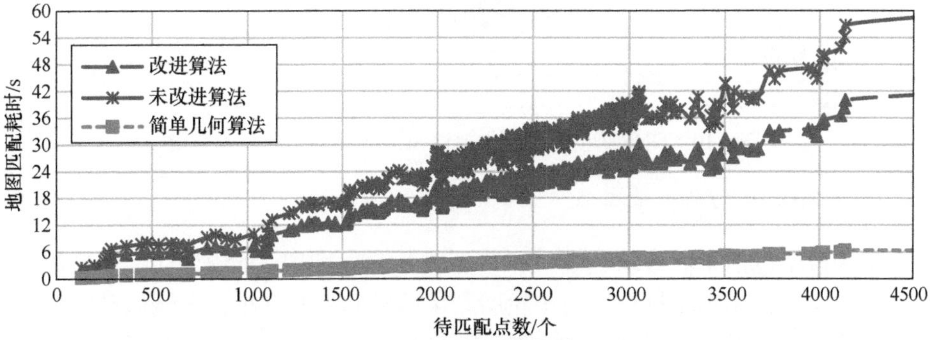

(b) 平滑后曲线图

图 6.9　执行时间相对于数据数量的变化曲线图

6.3.2　GNSS/车身传感器/视觉 SLAM 组合定位

对于智能驾驶车辆，单一的定位方式存在诸多问题，常用的 GNSS 存在信号盲区或多径效应，因此引入视觉定位和车身传感器(in-vehicle sensors，In-S)相互弥补不足。本节融合 GNSS、车身传感器和双目视觉定位算法计算的车辆运动信息，提出基于车辆运动学和动力学模型辅助的智能车辆多源信息定位算法，经过模拟仿真和实车测试证明提出的定位算法满足智能车辆在复杂环境下全时空、高精度、高可靠定位需求[14]。

本节提出的基于交互式多模型(interacting multiple model，IMM)[15]的定位系统使用模式概率整合每个模型的 EKF 估计以适应各种驾驶条件。在高速和大滑移驾驶条件下，基于车辆动力学模型的滤波器更合适，因为它考虑横向速度和车辆滑移。相反，在低速和小滑移驾驶条件下，基于车辆运动学模型的滤波器提供更好的定位估计，因为车辆横向速度的过程噪声不影响滤波器估计过程。本节提出的定位系统的整体系统结构如图 6.10 所示。该系统由一个包含两个 EKF 的 IMM 滤波器组成，一个用于车辆运动学模型，另一个用于车辆动力学模型。

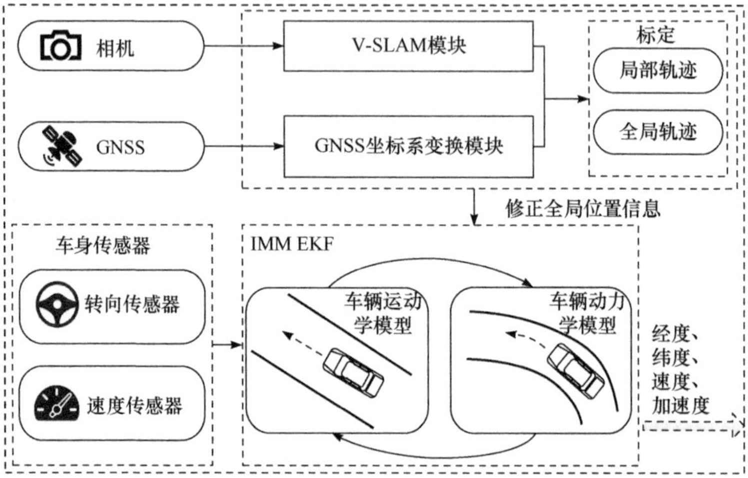

图 6.10　GNSS/车身传感器/视觉 SLAM 组合定位系统结构

1. 车辆运动学/动力学模型

车辆模型包括车辆运动学模型和车辆动力学模型[16]。车辆运动学模型假设车辆零横向速度且无车轮打滑，由于轮胎产生的横向力非常小，车辆运动学模型适用于低速和较小滑移的驾驶环境。然而，在高速和较大滑移的驾驶区域，车辆运动学模型的假设不成立，导致模型估计性能差。与车辆运动学模型相反，车辆动力学模型考虑横向轮胎力和车辆力矩。因此，车辆动力学模型可以估计车辆横向速度和车轮滑移，可以应用于高速和较大滑移驾驶环境。

1) 两轮车辆运动学模型

车辆运动学模型假设车辆低速行驶且轮胎无滑移，将四轮车辆的两个前轮和两个后轮分别等效为一个车轮，得到二自由度自行车模型，如图 6.11 所示。

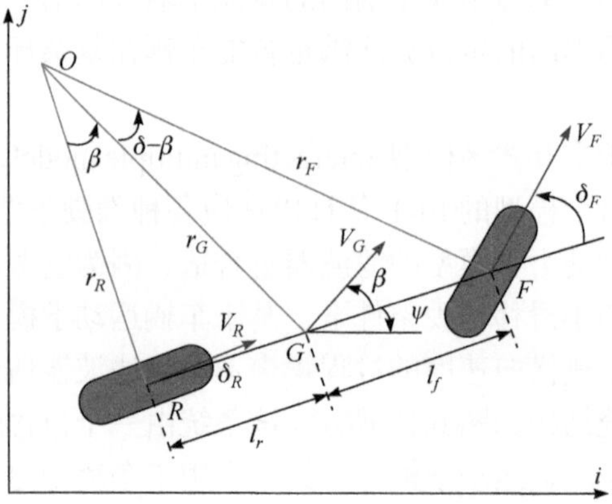

图 6.11　二自由度自行车模型

在二自由度自行车模型中，左和右前/后轮由单个车轮表示。前、后轮转向角分别用 δ_F 、δ_R 描述。车辆的重心(center of gravity，CG)在 G 点。CG 到前轮和后轮的距离分别由 l_f 和 l_r 表示。(x,y) 代表 CG 的位置。在全局坐标系中，ψ 表示车辆航向角，V_G 代表 G 点速度，V_G 与车辆纵轴之间的夹角 β 表示质心侧偏角。轮胎与地面无滑移，因此轮胎转向角与车辆航向角直接相关。

在图 6.11 三角形 FOR 中，由正弦定理可得

$$\frac{l_f}{\sin(\delta_F-\beta)}=\frac{R}{\sin\left(\frac{\pi}{2}-\delta_F\right)} \tag{6.9}$$

在图 6.11 三角形 ROG 中，由正弦定理可得

$$\frac{l_r}{\sin(\beta-\delta_R)}=\frac{R}{\sin\left(\frac{\pi}{2}+\delta_R\right)} \tag{6.10}$$

由式(6.9)和式(6.10)可得

$$\cos\beta\left(\tan\delta_F-\tan\delta_R\right)=\frac{l_f+l_r}{R} \tag{6.11}$$

由式(6.9)和式(6.11)可得

$$\frac{\sin\beta-\cos\beta\tan\delta_R}{\cos\beta\left(\tan\delta_F-\tan\delta_R\right)}=\frac{l_r}{l_f+l_r} \tag{6.12}$$

由式(6.12)可得

$$\tan\beta=\frac{l_f\tan\delta_R+l_r\tan\delta_F}{l_f+l_r} \tag{6.13}$$

由 $\dot{\psi}=V_G/R$ 和式(6.11)，可得

$$\dot{\psi}=\frac{V_G}{R}=\frac{V_G}{l_f+l_r}\cos\beta\left(\tan\delta_F-\tan\delta_R\right) \tag{6.14}$$

车辆运动学模型假定车轮和地面之间没有滑移。因此，转向角与偏航率直接相关，根据几何关系可得

$$\dot{x}=V_G\cos(\psi+\beta) \tag{6.15}$$

$$\dot{y}=V_G\sin(\psi+\beta) \tag{6.16}$$

综合以上描述，可以得到车辆运动学模型描述公式，即

$$\begin{bmatrix}\dot{x}\\ \dot{y}\\ \dot{\psi}\end{bmatrix}=\begin{bmatrix}V_G\cos(\psi+\beta)\\ V_G\sin(\psi+\beta)\\ V_G\cos\beta\left(\tan\delta_F-\tan\delta_R\right)/\left(l_f+l_r\right)\end{bmatrix} \tag{6.17}$$

式中，$\beta=\arctan\left(\dfrac{l_f\tan\delta_R+l_r\tan\delta_F}{l_f+l_r}\right)$。

假设车辆为前轮驱动，则后轮转角控制输入 $\delta_R=0$。在这种情况下，可以只考虑前轮转角，能较好地描述车辆模型，也简化了计算。

在车辆运动学模型中，设控制量 $u=(v,\delta_F)$，状态量 $w=(x,y,\psi)$，则有

$$\dot{w}=f(w,u) \tag{6.18}$$

当智能车辆在行驶时，会自动生成参考轨迹，对于参考轨迹上的每一个点，都满足车辆运动学方程，则有

$$\dot{w}_p=f(w_p,u_p) \tag{6.19}$$

式中，$u_p=(v_p,\delta_{Fp})$；$w_p=(x_p,y_p,\psi_p)$。

将式(6.18)在点 $p(w_p,u_p)$ 处进行泰勒展开并忽略高阶项，得

$$\dot{w}=f(w,u)+\frac{\partial f(w,u)}{\partial w}\bigg|_{w=w_p}(w-w_p)+\frac{\partial f(w,u)}{\partial u}\bigg|_{u=u_p}(u-u_p) \tag{6.20}$$

将式(6.20)与式(6.19)相减，得

$$\begin{aligned}\dot{w}'=\begin{bmatrix}\dot{x}-\dot{x}_p\\ \dot{y}-\dot{y}_p\\ \dot{\psi}-\dot{\psi}_p\end{bmatrix}&=\begin{bmatrix}0&0&-v_p\sin\psi_p\\ 0&0&v_p\cos\psi_p\\ 0&0&0\end{bmatrix}\begin{bmatrix}x-x_p\\ y-y_p\\ \psi-\psi_p\end{bmatrix}\\ &+\begin{bmatrix}\cos(\psi+\beta)&0\\ \sin(\psi+\beta)&0\\ \dfrac{\cos\beta\tan\delta_F}{l_f+l_r}&\dfrac{v_p}{(l_f+l_r)\cos^2\delta_F}\end{bmatrix}\begin{bmatrix}v-v_p\\ \delta_F-\delta_{Fp}\end{bmatrix}\end{aligned} \tag{6.21}$$

对式(6.21)进行离散化处理，得

$$w'(k+1) = A_k w'(k) + B_k u'(k) \tag{6.22}$$

式中，$A_k = \begin{bmatrix} 1 & 0 & -v_p \sin\psi_p T \\ 0 & 1 & v_p \cos\psi_p T \\ 0 & 0 & 1 \end{bmatrix}$；$B_k = \begin{bmatrix} \cos(\psi+\beta)T & 0 \\ \sin(\psi+\beta)T & 0 \\ \dfrac{\cos\beta \tan\delta_F T}{l_f + l_r} & \dfrac{v_p T}{(l_f + l_r)\cos^2\delta_F} \end{bmatrix}$；$T$ 为位置估计时间间隔。

2) 三自由度车辆动力学模型

考虑到由道路状况、车辆载荷、风速和方向变化等引起的车辆滑移和横向速度，引入车辆动力学模型描述智能车辆未完全滚动但具有侧向滑动的高速运动状态。如图 6.12 所示，轮胎滑移角 α_F 和 α_R 是轮速矢量 V_F 和 V_R 与前、后纵向轮轴之间的角度，假设轮胎滑移角与作用在轮胎上的横向力成比例。由于后轮转角为零，设前轮转角控制输入为 δ 。$\{i,j,k\}$ 是参考坐标系，$\{e_x,e_y,e_z\}$ 和 $\{t_x,t_y,t_z\}$ 分别是固定前轮和车辆 G 点处的坐标系。

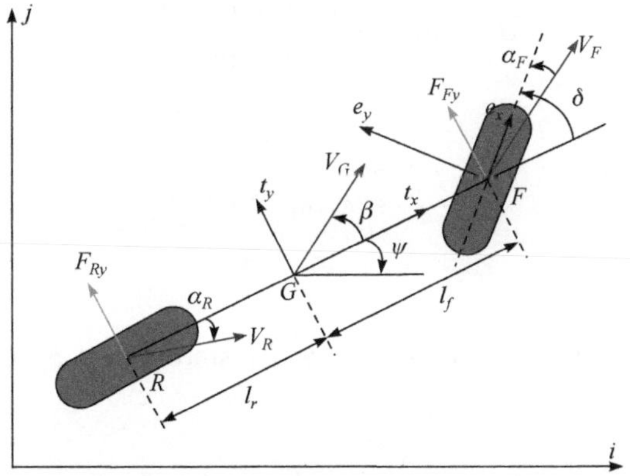

图 6.12　车辆动力学模型

在广义坐标系下，有

$$q_1 = x, \quad q_2 = y, \quad q_3 = \psi \tag{6.23}$$

式中，x 和 y 分别为车辆 G 点处的位置；ψ 为车辆航向角。

车辆 G 点与坐标系原点 O 之间的关系是

$$P_G = x\vec{i} + y\vec{j} \tag{6.24}$$

对式(6.24)求时间导数得到速度，即

$$V_G = \dot{x}\vec{i} + \dot{y}\vec{j} \tag{6.25}$$

车辆前轮的速度是

$$V_F = V + r^\wedge P_{FG} \tag{6.26}$$

式中，P_{FG} 为点 F 相对于点 G 的位置；$r = \dot{\psi}\vec{k}$。因此，有

$$V_F = (\dot{x} - a\dot{\psi}\sin\psi)\vec{i} + (\dot{y} + a\dot{\psi}\cos\psi)\vec{j} \tag{6.27}$$

车辆后轮速度是

$$V_R = V_G + r^\wedge P_{RG} \tag{6.28}$$

式中，P_{RG} 为点 R 相对于点 G 的位置。因此，有

$$V_R = (\dot{x} + b\dot{\psi}\sin\psi)\vec{i} + (\dot{y} - b\dot{\psi}\cos\psi)\vec{j} \tag{6.29}$$

结合式(6.27)和式(6.29)，轮胎滑移角可写为

$$\alpha_F = \arctan\left(\frac{\dot{y} + a\dot{\psi}\cos\psi}{\dot{x} - a\dot{\psi}\sin\psi}\right) - (\delta + \psi) \tag{6.30}$$

$$\alpha_R = \arctan\left(\frac{\dot{y} - b\dot{\psi}\cos\psi}{\dot{x} + b\dot{\psi}\sin\psi}\right) - \psi \tag{6.31}$$

前轮上的力是

$$F_F = F_{Fx}\vec{e}_x + F_{Fy}\vec{e}_y \tag{6.32}$$

也可以写为

$$F_F = \left[F_{Fx}\cos(\delta+\psi) - F_{Fy}\sin(\delta+\psi)\right]\vec{i} + \left[F_{Fx}\sin(\delta+\psi) + F_{Fy}\cos(\delta+\psi)\right]\vec{j} \tag{6.33}$$

后轮上的力是

$$F_R = F_{Rx}\vec{t}_x + F_{Ry}\vec{t}_y \tag{6.34}$$

也可以写为

$$F_R = \left(F_{Rx}\cos\psi - F_{Ry}\sin\psi\right)\vec{i} + \left(F_{Rx}\sin\psi + F_{Ry}\cos\psi\right)\vec{j} \tag{6.35}$$

广义坐标系下的力是

$$Q_k = \sum_{j=1}^{p} F_j \frac{\partial P_j}{\partial q_k} \tag{6.36}$$

具体地，即

$$Q_1 = F_F \frac{\partial P_F}{\partial q_1} + F_R \frac{\partial P_R}{\partial q_1} \tag{6.37}$$

$$Q_2 = F_F \frac{\partial P_F}{\partial q_2} + F_R \frac{\partial P_R}{\partial q_2} \tag{6.38}$$

$$Q_3 = F_F \frac{\partial P_F}{\partial q_3} + F_R \frac{\partial P_R}{\partial q_3} \tag{6.39}$$

式中，

$$\begin{cases} \dfrac{\partial P_F}{\partial q_1} = \dfrac{\partial P_F}{\partial x} = \vec{i}, \quad \dfrac{\partial P_F}{\partial q_2} = \dfrac{\partial P_F}{\partial y} = \vec{j}, \quad \dfrac{\partial P_F}{\partial q_3} = \dfrac{\partial P_F}{\partial \psi} = -a\sin\psi\vec{i} + a\cos\psi\vec{j} \\ \dfrac{\partial P_R}{\partial q_1} = \dfrac{\partial P_R}{\partial x} = \vec{i}, \quad \dfrac{\partial P_R}{\partial q_2} = \dfrac{\partial P_R}{\partial y} = \vec{j}, \quad \dfrac{\partial P_R}{\partial q_3} = \dfrac{\partial P_R}{\partial \psi} = -b\sin\psi\vec{i} + b\cos\psi\vec{j} \end{cases} \tag{6.40}$$

将式(6.33)、式(6.35)和式(6.40)代入式(6.37)～式(6.39)，得到

$$Q_1 = F_{Fx}\cos(\psi+\delta) + F_{Rx}\cos\psi - F_{Fy}\sin(\psi+\delta) - F_{Ry}\sin\psi \tag{6.41}$$

$$Q_2 = F_{Fx}\sin(\psi+\delta) + F_{Rx}\sin\psi + F_{Fy}\cos(\psi+\delta) - F_{Ry}\cos\psi \tag{6.42}$$

$$Q_3 = F_{Fx}a\sin\delta + F_{Fy}a\cos\delta - F_{Ry}b \tag{6.43}$$

系统的动力学方程为

$$T = \frac{1}{2}mV_G \cdot V_G + \frac{1}{2}I_G\dot{\psi}^2 \tag{6.44}$$

拉格朗日方程为

$$\frac{\mathrm{d}}{\mathrm{d}t}\left(\frac{\partial T}{\partial \dot{q}_k}\right) - \frac{\partial T}{\partial q_k} = Q_k \tag{6.45}$$

对于系统的三个广义坐标，即

$$\begin{cases} \dfrac{\partial T}{\partial q_1} = \dfrac{\partial T}{\partial x} = 0, \quad \dfrac{\partial T}{\partial q_2} = \dfrac{\partial T}{\partial y} = 0, \quad \dfrac{\partial T}{\partial q_3} = \dfrac{\partial T}{\partial \psi} = 0 \\ \dfrac{\partial T}{\partial \dot{q}_1} = \dfrac{\partial T}{\partial \dot{x}} = m\dot{x}, \quad \dfrac{\partial T}{\partial \dot{q}_2} = \dfrac{\partial T}{\partial \dot{y}} = m\dot{y}, \quad \dfrac{\partial T}{\partial \dot{q}_3} = \dfrac{\partial T}{\partial \dot{\psi}} = I_G\dot{\psi} \end{cases} \tag{6.46}$$

对式(6.46)求时间导数得

$$\frac{\mathrm{d}}{\mathrm{d}t}\left(\frac{\partial T}{\partial \dot{q}_1}\right) = \frac{\mathrm{d}}{\mathrm{d}t}\left(\frac{\partial T}{\partial \dot{x}}\right) = m\ddot{x} \tag{6.47}$$

$$\frac{\mathrm{d}}{\mathrm{d}t}\left(\frac{\partial T}{\partial \dot{q}_2}\right)=\frac{\mathrm{d}}{\mathrm{d}t}\left(\frac{\partial T}{\partial \dot{y}}\right)=m\ddot{y} \tag{6.48}$$

$$\frac{\mathrm{d}}{\mathrm{d}t}\left(\frac{\partial T}{\partial \dot{q}_3}\right)=\frac{\mathrm{d}}{\mathrm{d}t}\left(\frac{\partial T}{\partial \dot{\psi}}\right)=I_G\ddot{\psi} \tag{6.49}$$

将式(6.46)和式(6.47)～式(6.49)代入式(6.45)，得

$$m\ddot{x}=F_{Fx}\cos(\psi+\delta)+F_{Rx}\cos\psi-F_{Fy}\sin(\psi+\delta)-F_{Ry}\sin\psi \tag{6.50}$$

$$m\ddot{y}=F_{Fx}\sin(\psi+\delta)+F_{Rx}\sin\psi+F_{Fy}\cos(\psi+\delta)-F_{Ry}\cos\psi \tag{6.51}$$

$$I_G\ddot{\psi}=F_{Fx}a\sin\delta+F_{Fy}a\cos\delta-F_{Ry}b \tag{6.52}$$

式中，

$$\begin{cases}\ddot{x}=\dfrac{F_{Fx}\cos(\psi+\delta)+F_{Rx}\cos\psi-F_{Fy}\sin(\psi+\delta)-F_{Ry}\sin\psi}{m}\\ \ddot{y}=\dfrac{F_{Fx}\sin(\psi+\delta)+F_{Rx}\sin\psi+F_{Fy}\cos(\psi+\delta)-F_{Ry}\cos\psi}{m}\\ \ddot{\psi}=\dfrac{F_{Fx}a\sin\delta+F_{Fy}a\cos\delta-F_{Ry}b}{I_G}\end{cases} \tag{6.53}$$

在许多情况下，使用V_G和β代替$\dot{x}$和$\dot{y}$，它们之间的关系为

$$\begin{cases}\dot{x}=V_G\cos(\psi+\beta)\\ \dot{y}=V_G\sin(\psi+\beta)\end{cases} \tag{6.54}$$

对式(6.54)求导数得

$$\begin{cases}\ddot{x}=\dot{V}_G\cos(\psi+\beta)-V_G(\dot{\psi}+\dot{\beta})\sin(\psi+\beta)\\ \ddot{y}=\dot{V}_G\sin(\psi+\beta)-V_G(\dot{\psi}+\dot{\beta})\cos(\psi+\beta)\end{cases} \tag{6.55}$$

将式(6.55)代入式(6.53)，得

$$\begin{cases}\dot{V}_G\cos(\psi+\beta)-V_G(\dot{\psi}+\dot{\beta})\sin(\psi+\beta)\\ \quad=\dfrac{F_{Fx}\cos(\psi+\delta)+F_{Rx}\cos\psi-F_{Fy}\sin(\psi+\delta)-F_{Ry}\sin\psi}{m}\\ \dot{V}_G\sin(\psi+\beta)-V_G(\dot{\psi}+\dot{\beta})\cos(\psi+\beta)\\ \quad=\dfrac{F_{Fx}\sin(\psi+\delta)+F_{Rx}\sin\psi+F_{Fy}\cos(\psi+\delta)-F_{Ry}\cos\psi}{m}\\ \ddot{\psi}=\dfrac{F_{Fx}a\sin\delta+F_{Fy}a\cos\delta-F_{Ry}b}{I_G}\end{cases} \tag{6.56}$$

简化后可得

$$\begin{cases}\dot{V}_G = \dfrac{F_{Fx}\cos(\beta-\delta)+F_{Rx}\cos\beta+F_{Fy}\sin(\beta-\delta)+F_{Ry}\sin\beta}{m} \\ \dot{\beta} = \dfrac{F_{Fy}\cos(\beta-\delta)+F_{Ry}\cos\beta-F_{Fx}\sin(\beta-\delta)-F_{Rx}\sin\beta-mV_G\dot{\psi}}{mV_G} \\ \ddot{\psi} = \dfrac{F_{Fx}a\sin\delta+F_{Fy}a\cos\delta-F_{Ry}b}{I_G}\end{cases} \tag{6.57}$$

滑移角变为

$$\begin{aligned}\alpha_F &= \arctan\left[\frac{V_G\sin(\psi+\beta)+a\dot{\psi}\cos\psi}{V_G\cos(\psi+\beta)-a\dot{\psi}\sin\psi}\right]-(\delta+\psi)=\arctan\left(\frac{V_G\sin\beta+a\dot{\psi}}{V_G\cos\beta}\right)-\delta \\ \alpha_R &= \arctan\left[\frac{V_G\sin(\psi+\beta)-b\dot{\psi}\cos\psi}{V_G\cos(\psi+\beta)+b\dot{\psi}\sin\psi}\right]-\psi=\arctan\left(\frac{V_G\sin\beta-b\dot{\psi}}{V_G\cos\beta}\right)\end{aligned} \tag{6.58}$$

因此，新的状态量是$(x,y,\psi,V_G,\beta,\dot{\psi})$，状态方程是

$$\begin{cases}\dot{x}=V_G\cos(\psi+\beta) \\ \dot{y}=V_G\sin(\psi+\beta) \\ \dot{V}_G = \dfrac{F_{Fx}\cos(\beta-\delta)+F_{Rx}\cos\beta+F_{Fy}\sin(\beta-\delta)+F_{Ry}\sin\beta}{m} \\ \dot{\beta} = \dfrac{F_{Fy}\cos(\beta-\delta)+F_{Ry}\cos\beta-F_{Fx}\sin(\beta-\delta)-F_{Rx}\sin\beta-mV_G\dot{\psi}}{mV_G} \\ \ddot{\psi} = \dfrac{F_{Fx}a\sin\delta+F_{Fy}a\cos\delta-F_{Ry}b}{I_G}\end{cases} \tag{6.59}$$

状态方程(6.59)是一个非线性化模型，可写为

$$\dot{w}=f(w,u) \tag{6.60}$$

式中，状态量是$w=[x,y,\psi,V_G,\beta,\dot{\psi}]^{\mathrm{T}}$；输入量是$u=[\delta,F_{Fx},F_{Rx},F_{Fy},F_{Ry}]^{\mathrm{T}}$。

可以对该模型进行线性化，输入量中由于侧向力在实际中难以测量，所以只考虑前轮偏角δ，即$u=\delta^{\mathrm{T}}$。

用矩阵形式表达为

$$\dot{w}=Aw+Bu \tag{6.61}$$

式中，$A=\begin{bmatrix} 0 & 0 & 0 & 1 & 0 & 0 \\ 0 & 0 & V_G & 0 & V_G & 0 \\ 0 & 0 & 0 & 0 & 0 & 1 \\ 0 & 0 & 0 & 0 & 0 & 0 \\ 0 & 0 & 0 & 0 & -\dfrac{C_F+C_R}{mV_G} & -1-\dfrac{aC_F-bC_R}{mV_G^2} \\ 0 & 0 & 0 & 0 & -\dfrac{aC_F-bC_R}{I_G} & -\dfrac{a^2C_F+b^2C_R}{I_GV_G} \end{bmatrix}$；$B=\begin{bmatrix} 0 \\ 0 \\ 0 \\ 0 \\ \dfrac{C_F}{mV_G} \\ \dfrac{aC_F}{I_G} \end{bmatrix}$；$C_F$ 和 C_R 分别为前、后轮侧偏刚度。

2. 视觉 SLAM 轨迹与 GNSS 轨迹标定

视觉 SLAM 轨迹通过回归分析校正 GNSS 轨迹，主要包括三个步骤：①坐标系转换；②时间校准和改进的 ICP 校准；③坐标系逆变换。

一般 GNSS 值是定义在地心坐标系下的，为了执行 GNSS 轨迹的回归分析，需要将 GNSS 值变换到局部空间坐标系，如东-北-天(east north up，ENU)坐标系。本节通过通用横轴墨卡托(Mercator)投影把地心坐标系变换为 ENU 坐标系，如式 (6.62)所示：

$$\begin{cases} x=k_0\left\{M+N\tan B\left[\dfrac{A^2}{2}+(5-T+9C+4C^2)\dfrac{A^4}{24}\right]+(61-58T+T^2+600C-330e_1^2)\dfrac{A^6}{720}\right\} \\ y=k_0N\left[A+(1-T+C)\dfrac{A^3}{6}+(5-18T+T^2+72C-58e_1^2)\dfrac{A^5}{120}\right] \\ T=\tan^2 B,\quad e=\dfrac{e_1^2}{1-e_1^2},\quad C=e^2\cos^2 B \\ A=(L-L_0)\cos B,\quad N=\dfrac{a}{\sqrt{1-e_1^2\sin^2 B}} \end{cases} \tag{6.62}$$

式中，$M=a[m_0B+m_1\sin(2B)+m_2\sin(4B)+m_3\sin(6B)]$，$m_0=1-\dfrac{e_1^2}{4}-\dfrac{3e_1^4}{64}-\dfrac{5e_1^6}{256}$，$m_1=-\dfrac{3e_1^2}{8}-\dfrac{3e_1^4}{32}-\dfrac{45e_1^6}{1024}$，$m_2=\dfrac{15e_1^4}{256}+\dfrac{45e_1^6}{1024}$，$m_3=-\dfrac{35e_1^6}{3072}$；$k_0$ =0.9996 为尺度因子；A 和 B 为经度和纬度；a 为赤道半径；L_0 为中央经线经度；e_1 =0.0818191908 为第一离心率。

通过考虑每个时间戳的权重改进原始迭代最近点算法[17]。首先，分别计算

第 4 章中视觉 SLAM 特征点和坐标变换后 GNSS 坐标值的三维质心。通过计算协方差矩阵进行奇异值分解来完成视觉 SLAM 轨迹和 GNSS 轨迹的配准，如算法 6.1 所示。

算法 6.1　改进的加权 ICP 算法

输入：视觉 SLAM 轨迹 p_i，GNSS 轨迹 q_i，权值 w_i，$i=1,2,\cdots,N$

输出：旋转矩阵 R 和平移向量 t

1　坐标质心 $\overline{p}=\left(\sum_{i=1}^{N} w_i p_i\right)\Big/\left(\sum_{i=1}^{N} w_i\right)$，$\overline{q}=\left(\sum_{i=1}^{N} w_i q_i\right)\Big/\left(\sum_{i=1}^{N} w_i\right)$；

2　坐标误差 $x_i=q_i-\overline{q}$，$y_i=p_i-\overline{p}$；

3　协方差矩阵 $S=XWY^{\mathrm{T}}$，其中，W 是对角矩阵，w_i 是对角元素；

4　奇异值分解 $S=U\Sigma V^{\mathrm{T}}$；

5　$R=UV^{\mathrm{T}}$，$t=\overline{q}-R\overline{p}$；

6　得到标定后的视觉 SLAM 轨迹 $p_i'=Rp_i+t$；

7　最小化 $\sum_{i=1}^{N} w_i\left\|q_i-\left(Rp_i+t\right)\right\|^2$，得到旋转矩阵 R 和平移向量 t

---

基于最小二乘法的传统 ICP 算法对于异常值不具有鲁棒性，在本研究中它们往往受到不良 GNSS 信号的影响，而这在智能车辆行驶环境中是常见的情况。为了提高校准的鲁棒性，导入最小绝对误差以消除异常值的影响，该问题可以通过迭代再加权最小二乘法解决。迭代的结果收敛于最小的绝对误差，即最小化 $\sum_{i=1}^{N} s_i\cdot\left\|q_i-(Rp_i+t)\right\|$，其中 $s_i=\left\|p_i-p_{i-1}\right\|$。最终权重是可信度的一种度量，时间戳的可信度 c_i 计算为

$$c_i=\frac{1}{\max\left(\delta,\left\|q_i-\left(Rp_i+t\right)\right\|\right)} \tag{6.63}$$

式中，R 和 t 分别为算法 6.1 中的旋转矩阵和平移向量；δ 为置信距离界限。用 $w_i=s_i c_i$ 更新权值，当满足 $\sum_{i=1}^{N} w_i\left\|q_i-\left(Rp_i+t\right)\right\|^2<e$ 条件时，终止迭代。

在两个轨迹校准之后，需要通过曲线拟合操作以减轻阶梯效应。一种简单的算法是加权平均。为了避免由速度变化引起的过采样，首先选择一系列近似等距的时间戳；然后在这些时间戳应用加权平均，其他时间戳经线性插值处理；该部分的最

后一个操作是坐标系逆变换，即逆 UTM 投影。经过投影，可以获得视觉 SLAM 与 GNSS 轨迹标定后全局位置信息：

$$\begin{cases} A = L_0 + \dfrac{1}{\cos B_f}\left[D - (1 - 2T_f + C_f)\dfrac{D^3}{6} + (5 + 28T_f + 24T_f^2 - 2C_f - 3C_f^2 + 8e''^2)\dfrac{D^2}{120}\right] \\ B = B_f - \dfrac{N_f \tan B_f}{R_f}\left[\dfrac{D^2}{2} - (5 + 3T_f + 10C_f - 4C_f^2 - 9e^2)\dfrac{D^4}{24}\right. \\ \qquad \left. + (61 + 90T_f + 45T_f^2 + 298C_f - 3C_f^2 - 252e^2)\dfrac{D^6}{720}\right] \\ e' = \dfrac{1 - \sqrt{1 - e_1^2}}{1 + \sqrt{1 + e_1^2}}, \quad e'' = \dfrac{e_1^2}{1 - e_1^2}, \quad M' = \dfrac{x}{k_0}, \quad D = \dfrac{y}{k_0 N'} \\ T' = \tan^2 B', \quad C' = e''^2 \cos^2 B', \quad N' = \dfrac{a}{\sqrt{1 - e_1^2 \sin^2 B'}} \end{cases} \tag{6.64}$$

式中，

$$B' = \phi + \left(\frac{3e'}{2} - \frac{27e'^3}{32}\right)\sin(2\phi) + \left(\frac{21e'^2}{16} - \frac{55e'^4}{32}\right)\sin(4\phi) + \frac{151e'^3}{96}\sin(6\phi)$$

$$\phi = \frac{M'}{a(1 - e_1^2/4 - 3e_1^4/64 - 5e_1^6/256)}$$

3. 基于 IMM 的车辆运动学/动力学模型概率计算

IMM 根据概率方式从其中一个模型切换至另一个模型，其中切换过程为一个马尔可夫序列。IMM 循环主要包含四个步骤：①条件模型的重新初始化，假设某特定模式在当前时刻有效，通过混合前一时刻所有滤波器的估计，得到与该特定模式相匹配的滤波器输入；②条件模型的滤波，对于每个模式进行并行滤波；③基于模型条件的似然函数，更新模式概率；④估计的组合，得到全面的状态估计，其为所有滤波器更新状态估计的概率加权和。

以 $\hat{x}_k^{-(j)}$ 、$p_k^{-(j)}$ 分别表示第 j 个模式匹配滤波器传递后的状态估计和相应的协方差；$\hat{x}_k^{+(j)}$ 、$p_k^{+(j)}$ 分别表示第 j 个模式匹配滤波器更新后的状态估计和相应的协方差；$\hat{x}_k^{+0(j)}$ 、$p_k^{+0(j)}$ 分别表示第 j 个模式匹配滤波器的混合初始状态估计和相应的协方差；$w_k^{(j)}$ 为模式概率；$w_k^{(i|j)}$ 为混合概率。模式概率首先初始化为 $w_0^{(j)} =$

$\frac{1}{M}(j=1,2,\cdots,M)$，$M$ 为滤波器个数。IMM 的一个循环过程如下，其中 $i=1,2,\cdots,M$，$j=1,2,\cdots,M$。

1) 模式概率

计算似然率为

$$p(\tilde{y}_k \mid \hat{x}_k^{-(j)}) = \frac{1}{[\det(2\pi E_k^{-(j)})]^{1/2}} \exp\left\{-\frac{1}{2}\left(e_k^{-(j)}\right)^{\mathrm{T}}\left[E_k^{-(j)}\right]^{-1} e_k^{-(j)}\right\} \tag{6.65}$$

式中，$E_k^{-(j)} = H_k^{(j)} P_k^{-(j)} \left(H_k^{(j)}\right)^{\mathrm{T}} + R_k^{(j)}$；$e_k^{-(j)} = \tilde{y}_k - \hat{y}_k^{-(j)}$。

模式概率的计算如下：

$$\begin{cases} w_k^{(j)} = w_{k-1}^{(j)} p(\tilde{y}_k \mid \hat{x}_k^{-(j)}) \\ w_k^{(j)} \leftarrow \dfrac{w_k^{(j)}}{\sum\limits_{j=1}^{M} w_k^{(j)}} \end{cases} \tag{6.66}$$

2) 滤波更新

更新方程同标准卡尔曼滤波方程，即

$$K_k^{(j)} = P_k^{-(j)} \left(H_k^{(j)}\right)^{\mathrm{T}} \left[H_k^{(j)} P_k^{-(j)} \left(H_k^{(j)}\right)^{\mathrm{T}} + R_k^{(j)}\right]^{-1} \tag{6.67}$$

$$\hat{x}_k^{+(j)} = \hat{x}_k^{-(j)} + K_k^{(j)} \left[\tilde{y}_k - \hat{y}_k^{-(j)}\right] \tag{6.68}$$

$$P_k^{+(j)} = \left[I - K_k^{(j)} H_k^{(j)}\right] P_k^{-(j)} \tag{6.69}$$

3) 相互作用和滤波传递

首先，计算混合概率，即

$$w_k^{(i|j)} = \frac{1}{\overline{c}_k^{(j)}} w_k^{(i)} p_{ij}, \quad \overline{c}_k^{(j)} = \sum_{i=1}^{M} w_k^{(j)} p_{ij} \tag{6.70}$$

式中，$\overline{c}_k^{(j)}$ 为归一化因子。

然后，计算混合初始条件，即

$$\hat{x}_k^{+0(j)} = \sum_{i=1}^{M} w_k^{(i|j)} \hat{x}_k^{+(i)} \tag{6.71}$$

$$P_k^{+0(j)} = \sum_{i=1}^{M} w_k^{(i|j)} \left\{P_k^{+(i)} + \left[\hat{x}_k^{+(i)} - \hat{x}_k^{+0(j)}\right]\left[\hat{x}_k^{+(i)} - \hat{x}_k^{+0(j)}\right]^{\mathrm{T}}\right\} \tag{6.72}$$

卡尔曼滤波利用混合初始状态估计和相应的协方差进行传递，即

$$\hat{x}_{k+1}^{-(j)} = \Phi_k^{(j)} \hat{x}_k^{+0(j)} + \Gamma_k^{(j)} u_k^{(j)} \tag{6.73}$$

$$P_{k+1}^{-(j)} = \Phi_k^{(j)} P_k^{+0(j)} \left(\Phi_k^{(j)}\right)^{\mathrm{T}} + \Upsilon_k^{(j)} Q_k^{(j)} \left(\Upsilon_k^{(j)}\right)^{\mathrm{T}} \tag{6.74}$$

4) IMM 估计

计算条件平均估计和状态估计协方差，即

$$\hat{x}_k^{+} = \sum_{j=1}^{M} w_k^{(j)} \hat{x}_k^{+(j)} \tag{6.75}$$

$$P_k^{+} = \sum_{j=1}^{M} w_k^{(j)} \left\{ \left[\hat{x}_k^{+(j)} - \hat{x}_k^{+} \right] \left[\hat{x}_k^{+(j)} - \hat{x}_k^{+} \right]^{\mathrm{T}} \right\} + P_k^{+(j)} \tag{6.76}$$

这里 IMM 估计器基于线性的离散时间模型。对于非线性模型，使用 EKF 取代线性卡尔曼滤波后，同样可以应用 IMM 估计器。

4. 实例结果与分析

为了验证本章提出的车辆运动学/动力学模型辅助的多源信息定位算法在真实复杂环境下的定位精度和鲁棒性，本节在校园环境下和复杂城市环境中进行测试验证。校园环境下，选择长安大学车联网与智能汽车测试场为测试场地，该场地拥有不同的道路路面，还配备了模拟隧道等设施，很好地模拟了高速道路信息。城市环境下，选择有真实隧道和高架立交桥的复杂环境开展测试，验证在 GNSS 信号遮挡的环境下算法的定位效果。本实验中的“信达号”智能车辆平台的相关参数如表 6.1 所示。

表 6.1 “信达号”智能车辆平台的相关参数

参数名称	符号	值	单位
整车质量	m	1395	kg
转动惯量	I_z	4192	kg · m^2
前轴轴长	L	1.04	m
后轴轴长	B	1.62	m
质心离地面高度	H	0.54	m
轮距	D	1.52	m
滚动阻力系数	F	0.02	—
轮胎滚动半径	R	0.335	m
迎风面积	F_A	1.8	m^2
空气阻力系数	C_D	0.343	—
空气密度	ρ	1.206	kg/m^3

1) 长安大学车联网与智能汽车实验场测试

在实验场测试过程中，速度为 0～55km/h(图 6.13)，经过拐弯(图 6.14 中的①/②/④处)和模拟隧道(图 6.14 中的③处)路段降低了速度。其中，模拟隧道路段速度控制在 5km/h 左右，目的是测试不同定位算法在 GNSS 信号受遮挡情况下的定位精度。在拐弯处方向盘角度发生明显变化，如图 6.15 所示。

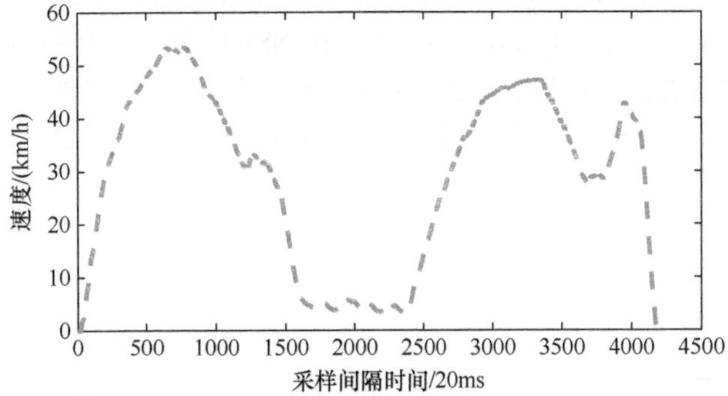

图 6.13　封闭测试场测试过程中车辆行驶速度

图 6.14　长安大学车联网与智能汽车实验场不同定位算法测试结果

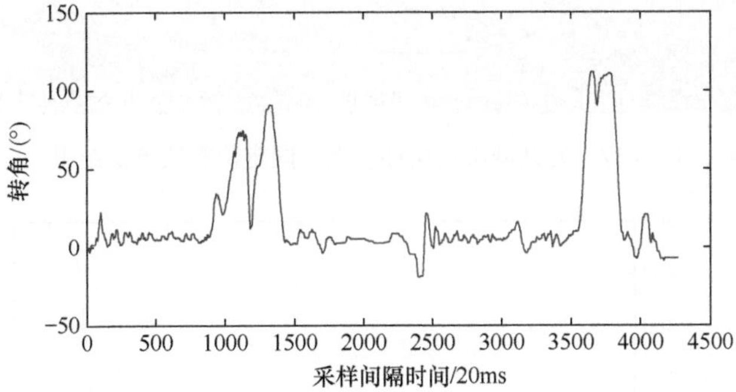

图 6.15　封闭测试场测试过程中车辆方向盘转角

实验表明，经过模拟隧道路段时，GNSS 信号受到遮挡，单 GNSS 数据不稳定，偏差较大；融合车身传感器数据(图 6.13 和图 6.15 所示的车速与方向盘转角)与 GNSS 数据，可以一定程度上约束 GNSS 的漂移和剧烈抖动，但仍然无法满足智能车辆定位需求；结合 SLAM 进行联合标定，可以得到全时空、高精度的定位信息。

2) 复杂城市道路环境测试

在城市道路环境下，由于车流量较大，速度为 0～45km/h(图 6.16)，并且在行驶过程中会由路况不确定和车辆拥堵造成车速不断变化，经过拐弯时方向盘转角发生明显变化，如图 6.17 中的①～⑤所示。

实验结果表明，隧道和高架立交桥都会遮挡 GNSS 信号，另外高层建筑物会造成 GNSS 信号多径效应，使 GNSS 定位结果不精确且不稳定；融合车身传感器数据(图 6.16 和图 6.18 所示的车速与方向盘转角)与 GNSS 数据，在一定程度上矫正了 GNSS 的漂移，但仍然存在误差；利用本节提出的车辆运动学/动力学模型辅助的多源信息融合定位算法更进一步地提高了定位精度，满足智能车辆全时空、高精度定位需求。

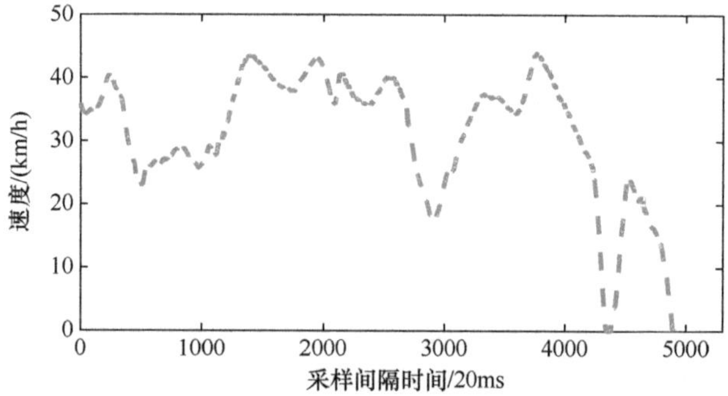

图 6.16　城市道路环境测试过程中车辆行驶速度

图 6.17　复杂城市道路环境下不同定位算法测试结果

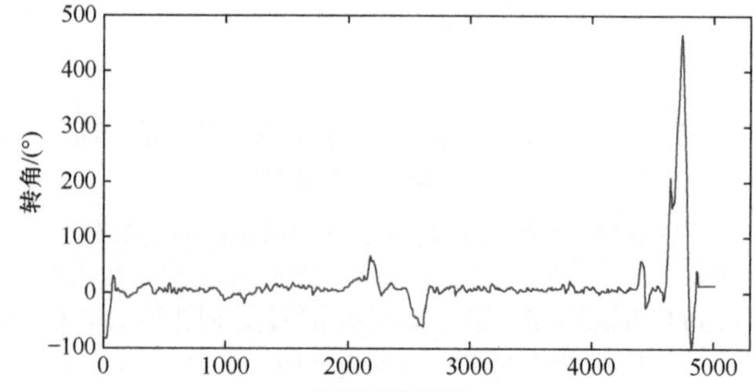

图 6.18　城市道路环境测试过程中车辆方向盘转角

参 考 文 献

[1] 严怀成, 黄心汉, 王敏. 多传感器数据融合技术及其应用[J]. 传感器技术, 2005, 24(10): 1-4.
[2] 霍尔. 多传感器数据融合手册[M]. 北京: 电子工业出版社, 2008.
[3] Huang J, Tan H S. A low-order DGPS-based vehicle positioning system under urban environment[J]. IEEE/ASME Transactions on Mechatronics, 2006, 11(5): 567-575.
[4] Rezaei S, Sengupta R. Kalman filter-based integration of DGPS and vehicle sensors for localization[J]. IEEE Transactions on Control Systems Technology, 2007, 15(6): 1080-1088.
[5] Fiengo G, Domenico D D, Glielmo L. A hybrid procedure strategy for vehicle localization system: Design and prototyping[J]. Control Engineering Practice, 2009, 17(1): 14-25.
[6] 吴小俊, 曹奇英, 陈保香, 等. 基于 Bayes 估计的多传感器数据融合方法研究[J]. 系统工程理论与实践, 2000, 20(7): 45-48.
[7] 黄瑛, 陶云刚. D-S 证据理论在多传感器数据融合中的应用[J]. 南京航空航天大学学报, 1999, 31(2): 208-211.
[8] Russo F, Ramponi G. Fuzzy methods for multisensor data fusion[J]. IEEE Transactions on Instrumentation and Measurement, 1994, 43(2): 288-294.
[9] Yadaiah N, Singh L, Bapi R S, et al. Multisensor data fusion using neural networks[C]. IEEE International Joint Conference on Neural Network, Vancouver, 2018: 236-244.
[10] van Dam J W M, Kröse B J A, Groen F C A. Neural Network Applications in Sensor Fusion for an Autonomous Mobile Robot[M]. Berlin: Springer, 1996.
[11] 谢彩香, 林宗坚, 刘召芹, 等. GPS/DR/MM 组合导航中的车辆定位精度研究[J]. 测绘科学, 2006, 31(1): 75-76, 6.
[12] 吴秋平, 高钟毓, 王永梁. 基于 DSP 的车载 GPS/DR/MM 组合导航仪[J]. 公路交通科技, 2002, 19(6): 131-135.
[13] 朱庄生, 王庆, 万德钧. 神经元实时辨识车辆导航系统中的 GPS 多径误差[J]. 公路交通科技, 2006, 23(1): 135-138.
[14] Min H G, Wu X, Cheng C Y, et al. Kinematic and dynamic vehicle model—Assisted global positioning method for autonomous vehicles with low-cost GPS/camera/in-vehicle sensors[J]. Sensors, 2019, 19(24): 5340.
[15] Mazor E, Averbuch A, Bar-Shalom Y, et al. Interacting multiple model methods in target tracking: A survey[J]. IEEE Transactions on Aerospace and Electronic Systems, 1998, 34(1): 103-123.
[16] Rajamani R. Vehicle Dynamics and Control[M]. Boston: Springer, 2012.
[17] Chetverikov D, Stepanov D, Krsek P. Robust euclidean alignment of 3D point sets: The trimmed iterative closest point algorithm[J]. Image and Vision Computing, 2005, 23(3): 299-309.

第 7 章　高精度定位技术在智能车辆中的应用实例

7.1　地下停车场

随着汽车数量的迅速增多，交通拥堵日益严重。汽车的停放与城市交通拥堵有着直接的联系，合理设计大型地下停车场对缓解城市交通拥堵具有重大意义。对于驾驶员，由于停车场结构复杂、指示标识不够清晰或不易理解，所以如何快速找到空闲车位是一件具有挑战性的事情。对于地下停车场这种较为封闭的环境，受到建筑物自身位置和内部构造影响，如图 7.1 所示，无线电波很难到达，因此无法采用类似北斗、GNSS 等全球导航卫星系统定位技术[1]。随着物联网技术的发展，基于无线技术的室内定位得到了发展，如蓝牙、WiFi、ZigBee 等。然而无线定位技术也存在一些不足之处，如 ZigBee 穿透能力差，蓝牙、WiFi 通信距离短[2]。因此，根据车辆当前位置和目标车位信息，针对复杂的地下停车场环境制定一套简单、精度高的定位方案，辅助驾驶员快速、精确地定位空闲车位并导航是亟待解决的问题。

图 7.1　地下停车场复杂内部结构场景示例

本节设计了一套基于视觉高精度定位算法的地下停车场定位导航系统，目的是快速找到空闲车位，并引导智能车辆(或有人驾驶车辆)行驶至目标车位；而在取车时也可以精确定位车辆位置。该系统框架如图 7.2 所示，车辆在停车场入口处，通过无线通信获得停车场当前空间车位情况，并激活车载视觉定位系统，根据当前位置及目的车位位置规划一条可通行的路径。

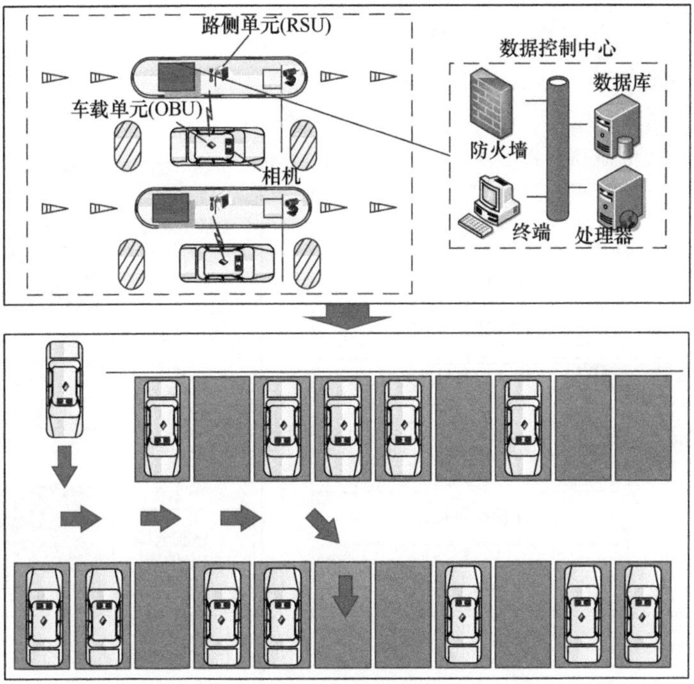

图 7.2　基于视觉的地下停车场智能车辆定位导航系统框架

地下停车场场景纹理较少，且光照不均匀，对基于视觉的定位算法带来了较大挑战。为了实现稳定且精确的地下停车场视觉定位系统，在第 4 章提出的双目视觉定位算法的基础上，实现了图像特征稳定匹配的视觉定位系统[3]，如图 7.3 所示。首先利用图像抗模糊算法选取高质量的图像，确保提取特征的准确性；然后选取 ORB 特征检测算法和 *K* 最近邻(*K*-nearest neighbor，KNN)图像匹配算法初步选取和匹配图像特征；利用外点去除算法滤除特征外点；在利用匹配的特征点计算出车辆的位置后，利用图优化算法进一步优化车辆定位结果。

为了验证基于视觉的定位算法在地下停车场的性能，本节进行了实际测试。与室外实验不同，实验中无法将 GNSS/INS 的定位作为参考轨迹，考虑到激光定位算法在地下停车场中环境特征丰富且不受光照变化的影响，因此将激光定位算法的结果看作真实轨迹来评估视觉定位算法的精度，同时实验和对比测试了 ORB-SLAM2 定位算法。图 7.4(a)左下方和图 7.4(b)左上方是用激光 SLAM 得到的定位结果。在实验过程中，ORB-SLAM2 视觉定位算法由于环境光线变化剧烈或者在减速带、转弯等地方抖动严重而定位失败，而本节提出的定位算法仍然能够保持较好的定位效果。

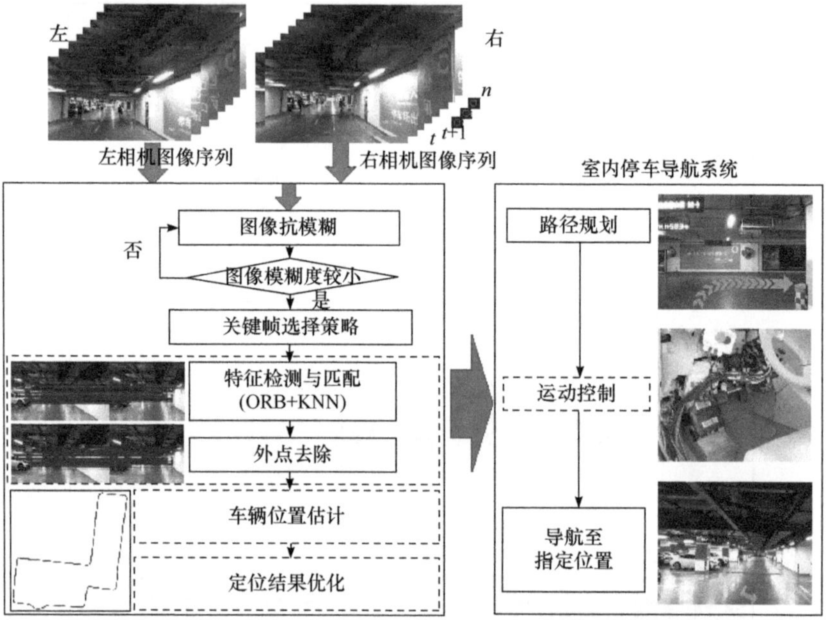

图 7.3　基于视觉定位的地下停车场车辆定位与导航系统流程图

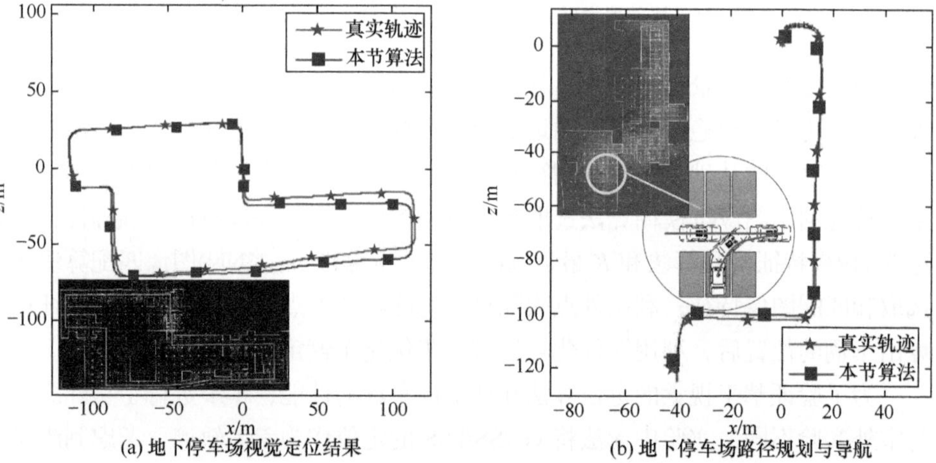

图 7.4　地下停车场的视觉定位及导航结果

7.2　隧道通行

当智能车辆经过隧道时，GNSS 信号受遮挡而无法提供高精度定位信息。在这种环境中，智能车辆若要保证定位系统的稳定性和精确性，需要结合 IMU 或者激光雷达等传感器进行辅助定位，如第 6 章所述。

长安大学车联网与智能汽车实验场是交通运输部认定的自动驾驶封闭测试基地，测试规范中明确要求设置模拟隧道，模拟信号被屏蔽时的场景，测试智能车辆定位系统在该类场景中的性能。根据该测试规范，长安大学车联网与智能汽车实验场设置了模拟隧道场景[4]，隧道长度为 50m，如图 7.5 所示。

图 7.5　隧道通行场景示例

为了弥补纯 GNSS 在隧道环境下定位的缺陷，结合视觉融合定位算法，为智能车辆提供高精度、高可靠的定位信息[5]。为了充分验证定位性能，隧道内车辆行驶速度小于等于 10km/h，实验结果如图 7.6 所示。在进入隧道前，纯 GNSS 定位和 GNSS/视觉融合定位算法都能提供高精度定位信息；进入隧道后，纯 GNSS 定位结果发生较大偏差，而 GNSS/视觉融合定位轨迹稳定、平滑，融合 IMU 信息的定位算法随着时间推移定位误差也逐渐增大；出隧道后，纯 GNSS

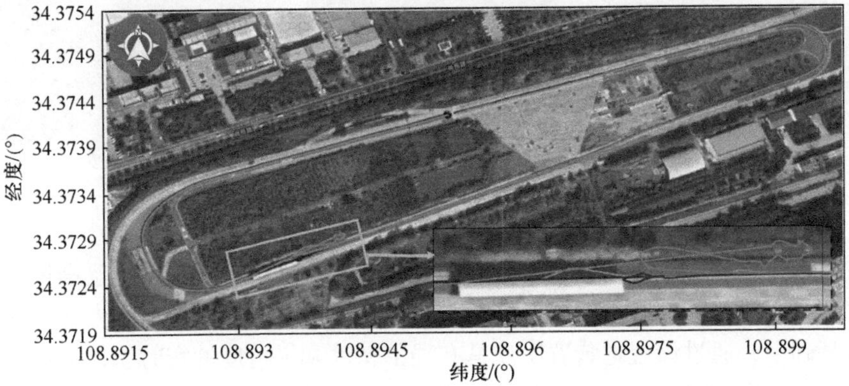

图 7.6　隧道通行场景中 GNSS 定位及 GNSS/视觉融合定位结果

定位精度由于重新获得卫星信号而逐渐恢复，而融合定位算法仍保持高精度定位状态。实验结果表明，基于 GNSS/视觉融合的定位算法可以满足智能车辆隧道环境行驶的高精度定位需求。测试距离总长度为 1589.760m，持续时长为 264.796s，具体对比结果如表 7.1 所示。

表 7.1　KITTI 数据集隧道环境下的定位误差比较

场景	测试时间/s	计算距离/m			RMSE/m		
模拟隧道	264.796	GNSS	GNSS+IMU	本节算法	GNSS	GNSS+IMU	本节算法
		1685.755	1582.860	1570.616	13.137	4.880	1.564

7.3　“城市峡谷”

随着城市发展步伐加快，城市高楼拔地而起，如图 7.7 所示。在这种场景下，无线电信号会被遮挡或被高楼连续反射而形成多径效应，对智能车辆的定位系统提出了严峻的挑战。为了弥补 GNSS 定位算法在“城市峡谷”场景下定位能力的不足，利用视觉信息进行辅助定位，结合第 6 章提出的融合定位算法，实现“城市峡谷”环境下智能车辆的高精度定位[5]。当前基于视觉的定位算法大多利用车辆前视摄像头来采集图像进行处理。但前视和侧视图像易受运动物体，如车、人等干扰且光照对两个视角采集的图像影响较大，使得图像特征匹配的鲁棒性变差进而降低，从而影响定位精度。考虑到路面比街景图像变化小且通过补光等算法使光照环境稳定，因此利用俯视路面图像实现车辆定位的算法受到关注。

(a) 纽约

(b) 香港

(c) 西安

图 7.7　城市高楼场景

随着越来越多的主动安全功能的完善，车辆上面的安全设备也逐渐增多。目前大部分车辆都安装有后视摄像头，如图 7.8 所示，在不额外增加专业和昂贵传感器基础上，通过该视觉装置实现具有局部精度和平滑度的实时轨迹估计，可以弥补 GNSS 在“城市峡谷”定位缺陷以改善定位性能。

图 7.8　正常行驶车辆后视摄像头可视的路面区域

使用标准后视摄像头采集图像，如图 7.9 所示，路面主要由高频率、自相似、有斑点的纹理组成。尽管这些图像中可以检测到许多特征点，但它们各自具有高度的模糊性，成功匹配图像的每个部分需要整个图像帧的支持。通过所有纹理来准确地测量从一帧图像到下一帧图像的偏量，从而实现对平坦地面上车辆运动的精确估计。

图 7.9　后视摄像头拍摄的四个视频帧样本

为了验证基于路面特征的单目视觉定位算法的效果，选取 KITTI 数据集中的城市环境下采集的数据进行处理。视觉定位和 GNSS 是相辅相成的，视觉定位提供了一个鲁棒、准确和平滑的局部估计，而 GNSS 提供了全球地图上的粗略测量。通过实时滑动窗口优化，将视觉定位和 GNSS 相结合提供准确无漂移的车辆定位。如图 7.10 所示，视觉定位辅助下的定位结果没有明显的轨迹抖动，比单纯 GNSS 定位结果更稳定和更精确，具体的定位结果如表 7.2 所示。

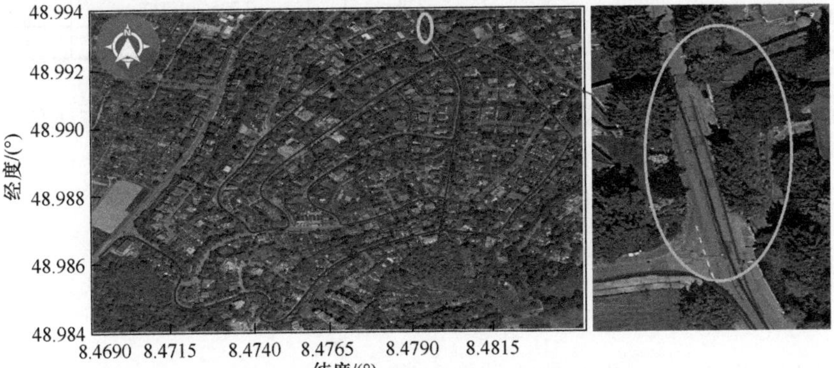

(a) KITTI数据集，住宅区环境

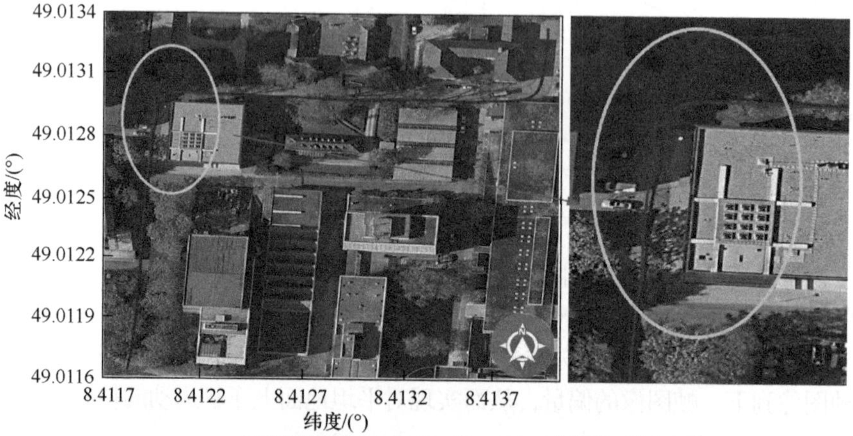

(b) KITTI中2011_09_29_drive_00117数据集，城市环境

(c) KITTI中2011_09_29_drive_0071数据集，城市环境

图 7.10　KITTI 数据集城市环境下的定位测试结果

表 7.2　KITTI 数据集城市环境下的定位误差比较

场景	序号	测试时间/s	GNSS/本节算法计算距离/m	RMSE/m
“城市峡谷”	2011_09_29_drive_00117	67.08	392.705/391.232	0.959
	2011_09_29_drive_0071	130.90	341.491/333.710	1.868

综上所述，本实例根据从后视摄像头获取的图像来估计准确的车辆位置，并与 GNSS 信息相结合，为智能车辆提供高精度的全局定位信息。该定位算法可靠有效，对未来的自动驾驶和安全系统具有重要意义。

7.4　校园物流配送

无人配送车一般工作在园区，用来替代派送员完成最后一公里的物流派送。

与在高速公路以及结构化城市道路场景中实现高精度定位相比，无人配送车在园区中实现高精度定位面临着更大的挑战[6]。

首先，无人配送车的 GNSS 在园区的很多地方会失效。如图 7.11 所示的一些园区典型场景，园区中人车混杂，并且存在很多高层建筑和林荫道，导致天空视野狭小，卫星可见数量变少，同时卫星位置之间的相关性变大，最终造成无人配送车的 GNSS 定位精度下降。此外，如图 7.12 所示的一些处于某些特殊俯仰角的卫星，这些卫星的信号经过地面、高层建筑的一次或多次反射后最终被 GNSS 接收机接收，这些反射后的信号会对 GNSS 接收机产生多径效应，进而影响 GNSS 的定位精度。

(a) 人车混杂　(b) 高层建筑　(c) 林荫道

图 7.11　园区中常见的场景

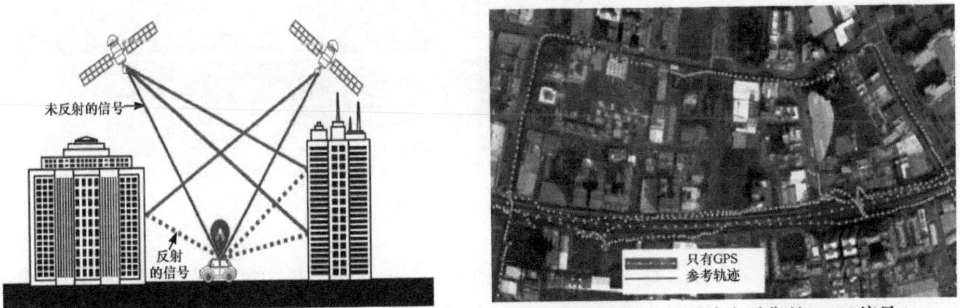

(a) 高楼遮挡造成多径效应示意图　(b) 高楼林立的环境中采集的GNSS信号

图 7.12　GNSS 多径效应

虽然 DGNSS 可以在一定程度上提高定位精度，但是解决不了信号遮挡和反射的问题。因此，当无人配送车行驶在高楼林立的园区中时，会发生如下问题：

(1) 信号丢失。GNSS 接收机在高楼周围很容易丢失某一方向的所有卫星信号，仅依靠另外三面的卫星信号求得的定位结果在精度上很难满足无人驾驶的需求。

(2) 多径效应。在高楼周围也可能出现原本收不到的卫星信号经过大楼楼体的镜面反射后被接收到，这种信号称为多径效应信号，如图 7.12(a)所示。从图中可以看出，采用多径效应信号解算出来的距离会明显大于实际的距离。无人配送车是很难判断当前接收到的信号是单径的还是多径的，如果接收到的信号是多径的，就会造成无人配送车定位漂移。如图 7.12(b)所示无人配送车在高楼林立的环境中采集的 GNSS 轨迹，从轨迹中可以看出无人配送车依赖 GNSS 定位出现了定位漂移。此外，由于卫星上升和下降，GNSS 信号不具有可重复性。

视觉系统可以为无人配送车园区定位提供低成本的解决方案，但是定位精度的高低取决于图像分辨率的高低，定位采用高分辨率图像需要无人配送车具有更高的算力。此外，园区有很多林荫道，林荫道中的树木枝叶茂盛，导致园区中存在很多阴影区域，阴影随着光照的变化而变化，如图 7.13 所示。无人配送车要经常在各种不同光照的场景中进行切换，视觉系统常常不能及时地适应场景光照的变化，最终导致基于视觉定位的无人配送车无法工作。园区中的建筑物结构复杂度、外立面轮廓光滑度、平整度变化都比较大，并且表面材质、颜色差异也很大，这些因素都会导致基于视觉的定位系统工作不稳定。

图 7.13　园区场景光照变化

同相机相比，激光雷达具有更强大的环境适应能力。激光雷达数据不受光照变化的影响，只要不出现大雨、大雪和大雾等极端天气，激光雷达都可以正常工作。并且，激光雷达在园区中扫描输出的激光点云特征信息丰富，非常适合园区这种全球导航卫星定位效果差、基于视觉的定位系统工作不稳定环境中的持续高精度定位。

为此，采用第 5 章描述的基于三维 NDT 扫描匹配的激光雷达定位算法建立覆盖配送区域的三维高精度地图，实现无人配送车的高精度定位。为了消除基于激光雷达定位算法产生的累积误差，在建图与定位过程中采用卡尔曼滤波算法融合 IMU 的航迹推算和 NDT 位姿估计的结果，并利用黑塞(Hessian)矩阵消除 NDT 位姿估计的不确定性，从而提高无人配送车在园区定位的鲁棒性和定位精度。其具体流程如图 7.14 所示。

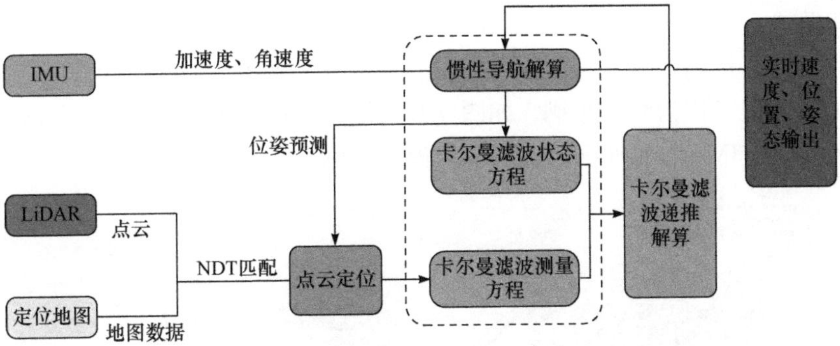

图 7.14　融合三维激光雷达点云于 IMU 的定位流程

首先基于 NDT 扫描匹配算法建立三维高精度点云图，如图 7.15 所示。地图被划分成一组体素。假设 $P_i=(p_{i,1},p_{i,2},\cdots,p_{i,N})$ 表示包含在体素 i 中的点云。体素 i 包含点云的一个均值点和一个协方差矩阵，体素的集合组成了三维正态分布地图。

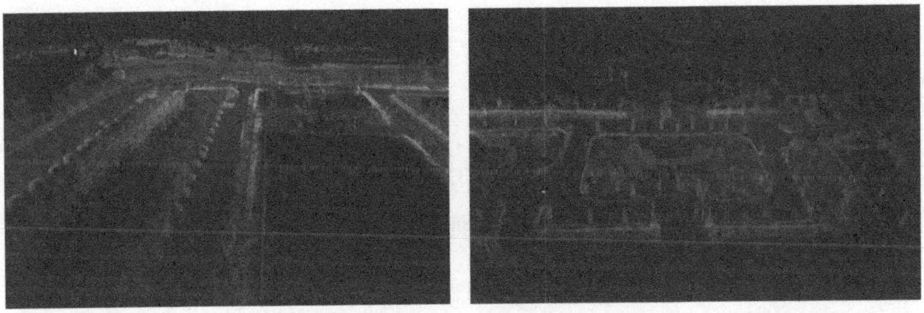

图 7.15　构建的激光高精度点云图

然后基于三维高精度地图定位。在计算运动模型 $g(x_{t|t-1},u_t)$ 和预测的姿态 $x_{t|t-1}$ 之前,首先使用航迹推算读数更新先前估计的姿态 x_{t-1}。航迹推算读数包括 xy 平面上的平移和航向移动量。姿态 x 代表车辆后轮轴的中心，因此采用差速驱动模型作为运动模型。在 NDT 扫描匹配前，首先利用体素网格滤波的算法对三维激光雷达输出的点云进行下采样，以提高扫描匹配的速度，地图和滤波器的体素大小设置为 2。

为了融合 NDT 和 IMU 航迹推算得到的两个定位结果，首先使用协方差矩阵定义它们的不确定性。$x_{t|t-1}$ 和 $P_{t|t-1}$ 用作航迹推算中的预测位姿和该位姿的协方差矩阵。其中 $P_{t|t-1}=F_tP_{t-1}F_t^{\mathrm{T}}+G_tQ_tG_t^{\mathrm{T}}$，$F$ 和 G 分别表示基于位姿 x 和 IMU 航迹推算 u 的运动模型的雅可比矩阵，Q 表示与运动模型过渡噪声相关的协方差矩阵。

在实现过程中，车辆的高程、横滚角和俯仰角相关的值设置为 0，通过卡尔曼滤波器融合 NDT 估计的位姿和 IMU 航迹推算的结果计算出车辆的位姿 x_t 和协

方差矩阵 P_t 。

为了验证提出的算法在园区中定位的有效性，采用了长安大学与企业联合开发的无人配送车作为测试车辆，如图 7.16 所示。该无人配送车配备了 16 线的三维激光雷达、IMU、轮速编码器和双目视觉相机。

图 7.16　长安大学与企业联合开发的无人配送车

本节选取园区的一段道路进行测试，构建的场景高精度点云图如图 7.17(a)所示，场景中有高楼、上下坡、隧道等。

无人配送车的平均速度约为 15km/h，在建立高精度点云图的基础上，首先采用手动驾驶并按照上述算法进行定位获得车辆的行驶轨迹，然后基于实时高精度定位和轨迹跟随实现无人配送车自主导航(图 7.17(b))。

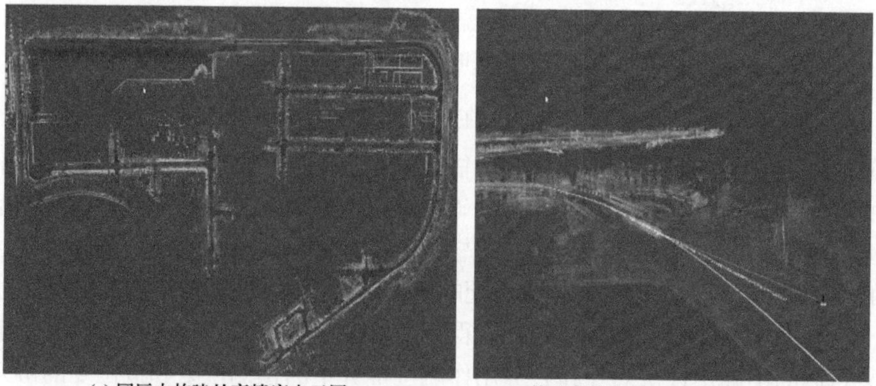

(a) 园区中构建的高精度点云图　　(b) 基于高精度点云图的车辆自主导航

图 7.17　无人配送车高精度地图及实时定位

参 考 文 献

[1] Cai C S, He C, Santerre R, et al. A comparative analysis of measurement noise and multipath for

four constellations: GPS, BeiDou, GLONASS and Galileo[J]. Survey Review, 2016, 48(349): 287-295.

[2] Lee J S, Su Y W, Shen C C. A comparative study of wireless protocols: Bluetooth, UWB, ZigBee, and Wi-Fi[C]. The 33rd Annual Conference of the IEEE Industrial Electronics Society, Taipei, 2007: 46-51.

[3] Zhao X M, Min H G, Xu Z G, et al. An ISVD and SFFSD-based vehicle ego-positioning method and its application on indoor parking guidance[J]. Transportation Research Part C: Emerging Technologies, 2019, 108: 29-48.

[4] 李骁驰, 赵祥模, 徐志刚, 等. 面向智能网联交通系统的模块化柔性实验场[J]. 中国公路学报, 2019, 32(6): 137-146.

[5] Min H G, Wu X, Cheng C Y, et al. Kinematic and dynamic vehicle model-assisted global positioning method for autonomous vehicles with low-cost GNSS/camera/in-vehicle sensors[J]. Sensors, 2019, 19(24): 5430.

[6] Li B, Liu S, Tang J, et al. Autonomous last-mile delivery vehicles in complex traffic environments[J]. Computer, 2020, 53(11): 26-35.